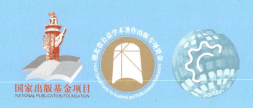

国家出版基金资助项目
"十四五"时期国家重点出版物出版专项规划项目
湖北省公益学术著作出版专项资金资助项目
工业互联网前沿技术丛书

高金吉 鲁春丛 ◎ 丛书主编
中国工业互联网研究院 ◎ 组编

工业互联网与智能物流关键技术

沈卫明 史彦军 王征 ◎ 编著

INDUSTRIAL INTERNET AND SMART LOGISTICS: KEY TECHNOLOGIES

华中科技大学出版社
http://press.hust.edu.cn
中国·武汉

内 容 简 介

本书是作者团队根据其在工业互联网与智能物流关键技术领域的多年研究成果编著而成的,重点介绍了作者团队在该领域的最新研究及应用。全书共7章,包括工业互联网与智能物流概述、工业互联网赋能智能物流的关键技术、5G互联网技术在智能物流场景的应用、工厂内物流规划关键技术、工厂内物流调度关键技术、工业园区仓储物流关键技术以及5G工业园区智能物流案例。

本书采用理论与案例相结合的形式,方便读者基于实际案例理解工业互联网下的智能物流技术,可供工业互联网领域的IT/OT技术人员、垂直行业解决方案架构师、寻求企业数字化转型方案的管理决策人员以及高等院校相关专业的师生查阅、参考。

图书在版编目(CIP)数据

工业互联网与智能物流关键技术/沈卫明,史彦军,王征编著.—武汉:华中科技大学出版社, 2023.8

(工业互联网前沿技术丛书)

ISBN 978-7-5680-9593-8

Ⅰ.①工… Ⅱ.①沈… ②史… ③王… Ⅲ.①互联网络-应用-工业发展 ②智能技术-应用-物流管理 Ⅳ.①F403-39 ②F252.1-39

中国国家版本馆CIP数据核字(2023)第150713号

工业互联网与智能物流关键技术　　　　　　　　　　　　　　　沈卫明　史彦军
GONGYE HULIANWANG YU ZHINENG WULIU GUANJIAN JISHU　　　　王　征　编著

出 版 人:阮海洪
策划编辑:俞道凯　张少奇
责任编辑:杨赛君
封面设计:蓝畅设计
责任监印:周治超
出版发行:华中科技大学出版社(中国·武汉)　　电话:(027)81321913
　　　　　武汉市东湖新技术开发区华工科技园　　邮编:430223
录　　排:武汉市洪山区佳年华文印部
印　　刷:湖北新华印务有限公司
开　　本:710mm×1000mm　1/16
印　　张:15.5
字　　数:278千字
版　　次:2023年8月第1版第1次印刷
定　　价:138.00元

本书若有印装质量问题,请向出版社营销中心调换
全国免费服务热线:400-6679-118　　竭诚为您服务
版权所有　侵权必究

工业互联网前沿技术丛书

顾 问

李培根（华中科技大学） 黄 维（西北工业大学） 唐立新（东北大学）

编 委 会

主任委员： 高金吉（北京化工大学） 鲁春丛（中国工业互联网研究院）

委　员：

朱洪波（南京邮电大学）　　　　刘　驰（北京理工大学）

江志农（北京化工大学）　　　　孙建国（西安电子科技大学）

李　骏（南京理工大学）　　　　李军旗（富士康工业互联网股份有限公司）

邱才明（华中科技大学）　　　　佟为明（哈尔滨工业大学）

沈卫明（华中科技大学）　　　　张　俊（武汉大学）

明新国（上海交通大学）　　　　郑　英（华中科技大学）

郑泽宇（中国科学院沈阳自动化研究所）　贾云健（重庆大学）

黄　罡（北京大学）　　　　　　黄　韬（北京邮电大学）

彭木根（北京邮电大学）　　　　蔡　亮（浙江大学）

蔡鸿明（上海交通大学）　　　　管海兵（上海交通大学）

工业互联网前沿技术丛书

组编工作委员会

组编单位： 中国工业互联网研究院

主任委员： 罗俊章　　王宝友

委　　员： 张　昂　　孙楚原　　郭　菲　　许大涛　　李卓然　　李紫阳　　姚午厚

作者简介

▶ **沈卫明** 华中科技大学教授、博士生导师。加拿大工程院院士、IEEE会士、加拿大国家研究院前任首席研究员。担任国际期刊 *IET Collaborative Intelligent Manufacturing* 共同主编，*IEEE Transactions on Systems，Man，and Cybernetics:Systems*、*IEEE Transactions on Automation Science and Engineering* 等杂志副主编。主要从事协同设计与制造、智能制造、生产调度、工业互联网、大数据、智能体理论与应用等方面的研究。牵头科学技术部重点研发计划项目、国家自然科学基金委员会联合基金项目等多个项目，在国际杂志及会议上发表论文600多篇，其中SCI检索280多篇，谷歌论文被引19000余次，谷歌学术h指数69。曾获IEEE加拿大唐纳工业领袖奖和加拿大联邦大楼最佳能效奖，连续两年入选爱思唯尔"中国高被引学者"榜单。

史彦军 大连理工大学教授，博士生导师。复杂装备MBSE联盟数字孪生及使能技术委员会副主任委员，中国机械工程学会工业大数据与智能系统分会委员，中国计算机学会协同计算专业委员会委员。担任 *IET Collaborative Intelligent Manufacturing* 等多个国际期刊的副主编或编辑，组织和举办了多次 IEEE CSCWD/IEEE Smart IoT系列会议。主要研究领域包括5G车联网系统规划与控制、多智能体的协同规划与调度系统、智慧物流技术等。主持包括科学技术部重点研发计划项目、国家自然科学基金面上项目等多个项目，相关成果于2010年获辽宁省自然科学学术成果一等奖。

作者简介

▶ **王 征** 大连海事大学教授,博士生导师。美国亚利桑那大学访问学者,中国优选法统筹法与经济数学研究会高等教育管理分会副秘书长,中国系统工程学会智能制造系统工程专业委员会委员,"新兴电子商务的信息与物流管理"国家创新群体和教育部创新团队重要成员。担任多个国际知名期刊审稿人。作为第一完成人,获中国商业联合会科学技术奖科技进步奖一等奖、中国物流与采购联合会科技进步奖一等奖,获中国物流与采购联合会科技创新人物荣誉。主要研究领域包括复杂物流与供应链系统的优化方法、基于运筹学与数据科学的智能决策系统。主持国家自然科学基金项目、辽宁省重点研发计划项目、大连市重点学科重大课题等项目19项,在管理科学UTD24顶级期刊 *Production and Operations Management* 以及 *Transportation Research Part B: Methodological*、*Transportation Research Part E: Logistics and Transportation Review* 等国内外重要学术期刊发表论文70余篇。

总序一

  工业互联网是新一代信息通信技术与工业经济深度融合的全新工业生态、关键基础设施和新型应用模式。它以网络为基础、平台为中枢、数据为要素、安全为保障,通过对人、机、物全面连接,变革传统制造模式、生产组织方式和产业形态,构建起全要素、全产业链、全价值链全面连接的新型工业生产制造和服务体系,对提升产业链现代化水平、促进数字经济和实体经济深度融合、引领经济高质量发展具有重要作用。

  "工业互联网前沿技术丛书"是中国工业互联网研究院与华中科技大学出版社共同发起,为服务"工业互联网创新发展"国家重大战略,贯彻落实深化"互联网+先进制造业""第十四个五年规划和2035年远景目标"等国家政策,面向世界科技前沿、面向国家经济主战场和国防建设重大需求,精准策划汇集中国工业互联网先进技术的一套原创科技著作。

  丛书立足国际视野,聚焦工业互联网国际学术前沿和技术难点,助力我国制造业发展和高端人才培养,展现了我国工业互联网前沿科技领域取得的自主创新研究成果,充分体现了权威性、原创性、先进性、国际性、实用性等特点。为此,向为丛书出版付出聪明才智和辛勤劳动的所有科技工作人员表示崇高的敬意!

  中国正处在举世瞩目的经济高质量发展阶段,应用工业互联网前沿技术振兴我国制造业天地广阔,大有可为!丛书主要汇集高校和科研院所的科研成果及企业的工程应用成果。热切希望我国IT人员与企业工程技术人员密切合作，促进工业互联网平台落地生根。期望丛书绚丽的科技之花在祖国大地上结出丰硕的工程应用之果，为"制造强国、网络强国"建设作出新的、更大的贡献。

中国工程院院士

中国工业互联网研究院技术专家委员会主任

北京化工大学教授

2023 年 5 月

 # 总序二

工业互联网作为新一代信息通信技术与工业经济深度融合的全新工业生态、关键基础设施和新型应用模式,是抢抓新一轮工业革命的重要路径,是加快数字经济和实体经济深度融合的驱动力量,是新型工业化的战略支撑。习近平总书记高度重视发展工业互联网,作出深入实施工业互联网创新发展战略,持续提升工业互联网创新能力等重大决策部署和发展要求。党的二十大报告强调,推进新型工业化,加快建设制造强国、网络强国,加快发展数字经济,促进数字经济和实体经济深度融合。这为加快推动工业互联网创新发展指明了前进方向、提供了根本遵循。

实施工业互联网创新发展战略以来,我国工业互联网从无到有、从小到大,走出了一条具有中国特色的工业互联网创新发展之路,取得了一系列标志性、阶段性成果。新型基础设施广泛覆盖。工业企业积极运用新型工业网络改造产线车间,工业互联网标识解析体系建设不断深化。国家工业互联网大数据中心体系加快构建,区域和行业分中心建设有序推进。综合型、特色型、专业型的多层次工业互联网平台体系基本形成。国家、省、企业三级协同的工业互联网安全技术监测服务体系初步建成。产业创新能力稳步提升。端边云计算、人工智能、区块链等新技术在制造业的应用不断深化。时间敏感网络芯片、工业5G芯片/模组/网关的研发和产业化进程加快,在大数据分析专业工具软件、工业机理模型、仿真引擎等方向突破了一批平台发展瓶颈。行业融合应用空前活跃。应用范围逐步拓展至钢铁、机械、能源等45个国民经济重点行业,催生出

平台化设计、智能化制造、网络化协同、个性化定制、服务化延伸、数字化管理等典型应用模式,有力促进提质、降本、增效、绿色、安全发展。5G 与工业互联网深度融合,远程设备操控、设备协同作业、机器视觉质检等典型场景加速普及。

征途回望千山远,前路放眼万木春。面向全面建设社会主义现代化国家新征程,工业互联网创新发展前景光明、空间广阔、任重道远。为进一步凝聚发展共识,展现我国工业互联网理论研究和实践探索成果,中国工业互联网研究院联合华中科技大学出版社启动"工业互联网前沿技术丛书"编撰工作。丛书聚焦工业互联网网络、标识、平台、数据、安全等重点领域,系统介绍网络通信、数据集成、边缘计算、控制系统、工业软件等关键核心技术和产品,服务工业互联网技术创新与融合应用。

丛书主要汇集了高校和科研院所的研究成果,以及企业一线的工程化应用案例和实践经验。囿于工业互联网相关技术应用仍在探索、更迭进程中,书中难免存在疏漏和不足之处,诚请广大专家和读者朋友批评指正。

是为序。

中国工业互联网研究院院长
2023 年 5 月

前言

　　本书依托国家重点研发计划"面向可持续制造的能源与资源效率提升方法研究及系统开发"(项目编号:2022YFE0114200)等项目的研究成果,从关键技术、平台架构和创新应用三个维度,阐述了工业互联网赋能智能物流的理论、方法、技术和应用,以有助于基于工业互联网的智能物流系统的状态感知、实时分析、科学决策与精准执行的实现,形成智能物流新模式,服务国民经济的发展。

　　本书重点论述了笔者团队在5G网络和智能物流关键技术领域的最新研究及其在工业互联网中的前沿应用,为读者提供了一个全新的视角来看待工业互联网下智能物流系统的新模式,为行业的发展提供新的思路和方向。

　　本书围绕工业互联网与智能物流的关键技术展开,共7章,其中:第1章工业互联网与智能物流概述,介绍了工业互联网与智能物流的内涵、意义及其使能技术,提出了工业互联网与智能物流的体系架构,并系统阐述了工业互联网对智能物流的推动作用;第2章工业互联网赋能智能物流的关键技术,围绕工业互联网赋能智能物流的使能技术,将工业互联网赋能智能物流的关键技术一分为三,并详细探讨了关键技术背后的关键问题,归纳总结了核心关键技术的发展现状,同时结合智能物流场景讨论了相关技术领域的未来发展方向;第3章5G互联网技术在智能物流场景的应用,基于前两章给出了相应的5G边缘计算应用框架,并结合智能物流系统的多个应用场景对该应用框架进行了详细说明;第4章工厂内物流规划关键技术,基于传统的系统设计理论,分析了车间设备布局以及工业物流机器人系统的规划理论、耦合关系以及协同优化设计方法,并在此基础上提出了一种车间设备布局与 AGV 系统集成协同设计的新方法;第 5 章工厂内物流调度关键技术,以实际自动化装配生产线为背景,研究 AGV 系统配送物料的任务调度方法,并在调度模型的基础上提出了一种新的算法,得到了优化的项目调度方案;第 6 章工业园区仓储物流关键技术,针对工业互联网下仓储技术中机器人移动货架系统的拣选优化问题,基于数据挖掘、运筹优化等理论和方法,提出了一种提高拣选效率的新的优化方法;第 7 章 5G 工业园区智能物流案例,针对工业园区的制造任务和运输任务的协同方案,研究了 5G 工业园区智能物流系统,建立了车联网系统框架,并对智能运输和自主配置子部分进行了设计。

本书由沈卫明总体策划,由史彦军和王征统稿。其中,第 1 章由沈卫明和宁诗铎撰写,第 2 章由邓植云和杨晨撰写,第 3 章由史彦军和韩俏梅撰写,第 4 章由曲欣然和刘庄成撰写,第 5 章由史彦军和潘耀辉撰写,第 6 章由王征撰写,第 7 章由韩俏梅和曲欣然撰写。最后,宁诗铎、邓植云和曲欣然对全书进行了整理和校对。

本书可供工业互联网领域的 IT/OT 技术人员、垂直行业解决方案架构师、寻求企业数字化转型方案的管理决策人员以及高等院校相关专业的师生查阅、参考。

编著者
2022 年 12 月

目录

第1章 工业互联网与智能物流概述 /1
  1.1 工业互联网的内涵与意义 /1
    1.1.1 概念、发展与演变 /1
    1.1.2 内涵与定义 /3
    1.1.3 知识体系 /3
    1.1.4 学科建设 /4
  1.2 智能物流内涵及使能技术 /4
  1.3 工业互联网与智能物流的体系架构 /5
  1.4 工业互联网对智能物流的推动作用 /7
  1.5 小结 /7

第2章 工业互联网赋能智能物流的关键技术 /8
  2.1 互联与信息集成技术 /8
    2.1.1 技术简介及其特点 /8
    2.1.2 核心关键技术 /9
    2.1.3 技术难点 /10
  2.2 智能规划与调度技术 /11
    2.2.1 技术简介及其特点 /11
    2.2.2 核心关键技术 /12
    2.2.3 技术难点 /12
  2.3 工业互联网平台技术 /13
    2.3.1 技术简介及其特点 /13
    2.3.2 核心关键技术 /14
    2.3.3 技术难点 /17
  2.4 小结 /18

第3章　5G互联网技术在智能物流场景的应用　/19
 3.1　智能制造的信息物理系统架构　/19
 3.2　5G互联网关键技术　/20
  3.2.1　5G架构　/20
  3.2.2　5G技术支持的应用场景　/20
  3.2.3　网络切片　/22
  3.2.4　NFV/SDN技术　/23
  3.2.5　多接入边缘计算　/23
  3.2.6　D2D通信技术　/23
 3.3　5G互联网技术在智能物流场景中的应用研究　/26
  3.3.1　智能物流场景下的应用　/26
  3.3.2　新型5G边缘计算应用框架　/28
 3.4　5G互联网技术的应用展望　/30
 3.5　小结　/31

第4章　工厂内物流规划关键技术　/32
 4.1　当前工厂内物流规划技术分析　/32
  4.1.1　物流规划技术概述　/33
  4.1.2　工程实际需求　/36
  4.1.3　设备布局研究现状　/37
  4.1.4　AGV路径规划研究现状　/38
  4.1.5　工业互联网下的物流规划技术　/42
 4.2　车间设备布局与AGV系统规划协同　/43
  4.2.1　问题描述　/43
  4.2.2　WACO问题模型　/45
  4.2.3　求解框架　/47
  4.2.4　求解算法　/51
  4.2.5　结果比较　/54
 4.3　工业互联网技术在物流规划领域的应用展望　/55
 4.4　小结　/55

第5章　工厂内物流调度关键技术　/56
 5.1　工厂内物流调度现状分析　/56
  5.1.1　物流调度技术概述　/56
  5.1.2　工程实际需求　/57
  5.1.3　AGV任务调度研究现状　/58
  5.1.4　资源受限项目调度研究现状　/59

5.1.5　工业互联网下的物流调度技术　/61
　5.2　AGV调度方法与技术　/61
　　　5.2.1　AGV系统的基本架构　/61
　　　5.2.2　AGV系统任务调度描述　/64
　　　5.2.3　AGV系统任务调度要素分析　/65
　　　5.2.4　AGV系统任务调度模型构建　/66
　5.3　资源受限情况下基于粒子群算法的AGV系统
　　　任务调度研究　/67
　　　5.3.1　粒子群优化算法概述　/68
　　　5.3.2　粒子群优化算法的基本流程　/69
　　　5.3.3　粒子群优化算法的参数分析　/70
　　　5.3.4　离散粒子群优化算法设计　/71
　　　5.3.5　测试集验证　/80
　5.4　案例　/83
　　　5.4.1　制造车间实例求解　/84
　　　5.4.2　任务要素改变　/87
　　　5.4.3　AGV系统调度分析　/90
　　　5.4.4　AGV系统集成　/92
　5.5　工业互联网技术在物流调度领域的应用展望　/94
　5.6　小结　/95

第6章　工业园区仓储物流关键技术　/96
　6.1　当前仓储物流现状分析　/97
　　　6.1.1　概述　/97
　　　6.1.2　货位分配优化　/98
　　　6.1.3　机器人调度优化　/99
　　　6.1.4　工业互联网下仓储物流技术　/101
　6.2　机器人移动货架系统概述　/102
　　　6.2.1　机器人移动货架系统仓库布局　/103
　　　6.2.2　机器人移动货架系统硬件设备　/103
　　　6.2.3　机器人移动货架系统运作流程　/104
　　　6.2.4　机器人移动货架系统拣选优化　/105
　6.3　机器人移动货架系统货位分配决策与优化　/105
　　　6.3.1　问题描述与分析　/106
　　　6.3.2　模型构建　/108
　　　6.3.3　问题复杂性分析　/112

6.3.4　模拟退火算法设计　/112
        6.3.5　实验分析　/116
        6.3.6　管理启示　/124
    6.4　机器人移动货架系统调度优化　/125
        6.4.1　问题描述与分析　/125
        6.4.2　模型构建　/126
        6.4.3　问题复杂性分析　/130
        6.4.4　货架选择的改进的模拟退火算法设计　/131
        6.4.5　搬运机器人调度的禁忌搜索算法设计　/133
        6.4.6　实验分析　/141
        6.4.7　管理启示　/155
    6.5　工业互联网技术在仓储物流领域的应用展望　/155
    6.6　小结　/156

第7章　5G工业园区智能物流案例　/157
    7.1　5G工业园区物流的现状分析　/158
        7.1.1　车联网技术的研究现状　/158
        7.1.2　车联网仿真平台的研究现状　/160
    7.2　5G工业园区物流系统框架　/162
        7.2.1　总体设计方案　/162
        7.2.2　子系统的设计方案　/162
        7.2.3　智能运输层设计及功能优化　/165
    7.3　5G工业园区智能物流方法　/177
        7.3.1　分析目标级联方法　/177
        7.3.2　自主配置层的架构及工作流程　/177
        7.3.3　应用于工业园区车联网系统的ATC机制　/180
        7.3.4　ATC和AIO在应用场景中的比较分析　/183
    7.4　5G工业园区智能物流案例分析　/189
        7.4.1　工业园区车联网系统仿真平台设计　/189
        7.4.2　工业园区车联网系统交通仿真　/191
        7.4.3　工业园区车联网系统通信网络仿真　/193
        7.4.4　车联网系统仿真的测试评估方法　/195
        7.4.5　车联网系统仿真实验　/202
    7.5　小结　/214

参考文献　/216

第 1 章
工业互联网与智能物流概述

1.1 工业互联网的内涵与意义

1.1.1 概念、发展与演变

随着计算技术和互联网技术的发展,人类社会发生着巨大的变化。如图 1-1 所示,人类社会从 20 世纪 60 年代开始步入主机计算时代,80 年代走进个人计算时代,21 世纪迈入移动计算时代,目前正在进入人机物三元融合计算的新时代,计算生态每隔 20 年发生一次重大变革[1]。同时,由于因特网的诞生特别是 TCP/IP(transmission control protocol/internet protocol)协议的制定与应用,以及万维网、移动互联网、物联网的不断发展,互联的终端设备从数十台快速扩展至十亿台,且随着万物互联时代的到来,千亿台计算设备联网已然可期[2]。

图 1-1 计算技术与互联网技术的发展演进

2012年美国通用电气(General Electric,GE)公司第一次提出"工业互联网"这一概念,它将工业互联网解释为在物联网的基础上,综合应用大数据分析技术和远程控制技术,以优化工业设施和机器的运行与维护,提升资产运营绩效[3]。为了应对经营成本不断上升、运营回报率持续承压的现状,GE公司提出通过工业互联网来引领工业设备市场和行业发展,并借此机会转型为专门提供分析和预测服务的软件公司。在GE公司的推动下,AT&T(American Telephone & Telegraph Company)、思科、GE、IBM(International Business Machines Corporation)及Intel(英特尔)等五家分别来自电信服务、通信设备、工业制造、数据分析和芯片技术领域的行业龙头企业,联合组建了工业互联网联盟(Industrial Internet Consortium,IIC),旨在制定通用标准,打破技术壁垒,利用新一代信息技术激活传统工业过程,促进物理世界与数字世界的融合,吸引了全球制造和信息行业骨干企业的加入。美国国家科学技术委员会在2012年公布了《国家先进制造战略计划》,由美国商务部、国防部和能源部牵头,相关联邦部门参与,旨在协调各部门推行先进制造政策。2018年,美国发布《先进制造领先力战略》,以确保美国在全工业先进制造领域的领先地位,维护和保持美国国家安全和经济繁荣。

德国政府推出了"工业4.0"战略,旨在通过互联网来提升制造业的信息智能化水平,将生产中的供应、制造、销售过程数据化、智能化,最终达到快速、有效、个性化的产品供应,从而提高德国工业的竞争力,在新一轮工业革命中占领先机。"工业4.0"战略主要分为三大主题:① 智能工厂,重点研究智能化生产系统及过程,实现分布式生产设施的网络化;② 智能生产,主要涉及整个企业的生产物流管理、人机互动以及3D技术在工业生产过程中的应用等,力图使中小企业成为新一代智能化生产技术的使用者和受益者;③ 智能物流,主要通过互联网、物联网、物流网,整合物流资源,大幅提高现有物流资源供应方的效率,而需求方则能够快速获得服务匹配,得到物流支持[4]。

当前我国工业正处在由数量和规模扩张向质量和效益提升的关键时期。面对发达国家制造业高端垄断和发展中国家中低端分流的双重挤压,我国工业界迫切需要加快创新发展步伐,推动工业经济从规模、成本优势转向质量、效益优势,促进新旧动能接续转换,快速构建我国制造业竞争优势,抢占未来发展主动权。因此,在2015年5月,国务院印发的《中国制造2025》对工业互联网的内涵进行了补充,指出工业互联网不仅包含利用物联网和大数据实现生产环节的数字化、网络化和智能化,还包括利用互联网与工业融合创新,实现制造产品的精准营销和个性化定制,重塑生产过程和价值体系,推动制造业的服务化发展[5]。

1.1.2 内涵与定义

我国工业互联网产业联盟在《工业互联网体系架构2.0》[6]白皮书中对工业互联网的内涵进行了深入的阐述:"工业互联网是互联网和新一代信息技术与工业系统全方位深度融合所形成的产业和应用生态,是工业智能化发展的关键综合信息基础设施,其本质是以机器、原材料、控制系统、信息系统、产品以及人之间的网络互联为基础,通过对工业数据的全面深度感知、实时传输交换、快速计算处理和高级建模分析,实现智能控制、运营优化和生产组织方式变革。"在此基础上,工业互联网产业联盟在宏观层面和技术层面分别给出了工业互联网的定义:从宏观层面看,工业互联网通过工业经济全要素、全产业链、全价值链的全面连接,支撑制造业数字化、网络化、智能化转型,不断催生新模式、新业态、新产业,重塑工业生产制造和服务体系,实现工业经济高质量发展;从技术层面看,工业互联网是新型网络技术、先进计算技术、大数据技术、人工智能技术等新一代信息通信技术与制造技术融合的新型工业数字化系统,它广泛连接人、机、物等各类生产要素,构建了支撑海量工业数据管理、建模与分析的数字化平台,提供端到端的安全保障,以驱动制造业的智能化发展,引发制造模式、服务模式与商业模式的创新变革。

1.1.3 知识体系

工业互联网的知识体系应该覆盖"感、联、知、控",整个系统应包括感知、联网、分析处理、控制服务几大方面[5]。针对工业互联网的特点,在感知方面,工业互联网关注工业全要素、全场景、全流程、多尺度的信息获取;在联网方面,工业互联网关注设备、生产线、工厂、供应商、产品和客户的紧密联系程度,以实现工业经济中各种要素资源的共享,实现大连接、低时延的互联互通;在分析处理方面,工业互联网重点关注工业大数据的处理速度和建模分析能力;在控制服务方面,工业互联网关注精准执行控制,注重按需提供,推动制造业转型发展。

工业互联网知识体系具有如下鲜明特色:① 多学科交叉,工业互联网几乎涵盖了信息领域的所有学科,例如计算机、通信、控制、电子、机械、材料等学科;② 多应用驱动,工业互联网应用场景具有多样性,新需求层出不穷,通过实践应用,可以推动知识体系的不断完善,带动各学科的发展;③ 多技术融合,工业互联网融合了物联网、人工智能、大数据、云计算、机器人、移动通信、智能制造、柔性材料等多种前沿技术。

1.1.4　学科建设

工业互联网涉及计算机科学与技术、控制科学与工程、电气工程、电子科学与技术、信息与通信工程、网络空间安全等多个学科的知识,因此难以将其划分为一个独立的学科门类[7]。工业互联网存在鲜明的学科集成特色,这为工业互联网领域人才的培养增加了很大的难度。仅仅对相关学科进行简单的叠加拼凑,这样培养出来的学生在各个学科方面基础比较薄弱、理论深度不够,很难满足工业互联网创新性人才培养的需求。

综上,工业互联网更适合采用集成型学科的建设理念,即注重集成创新,选择具有较强技术关联性和产业带动性的重大战略产品,实现关键领域的突破;组建面向国家战略任务和国际学术前沿的跨学科平台和团队,对重大专项课题进行攻关,解决社会发展和经济建设中的关键问题,构建以人才集成和知识集成为核心的集成型学科体系框架,推进优化-集群-关联-拓展的学科整合。

当今时代,科学综合化发展的内在要求是跨越学科障碍、打破学科壁垒。仅依靠一个学科就实现工业互联网的创新发展显然是不可能的,需要考虑相近学科或相关学科构成的学科群集成建设[8]。集成除了有组合的含义外,更有集中、突出重点之意,不同于一般性的汇聚,集成不是对各种资源要素的简单汇聚,而是包含了主动性的优选行为,体现了经过有目的、有意识的比较选择后,各种资源要素既能够发挥出各自最大优势,又能够实现优势互补。工业互联网集成学科建设,应紧抓工业与互联网两个重点,以计算机科学与技术、控制科学与工程为核心,整合其他相关学科,把握关键核心技术。另外,立足大学学科整体进行大学科集成建设,主要体现在基础研究、应用研究与开发研究之间,以及不同学科之间的交流,甚至包括与企业、科研机构以及其他高校之间的合作。在多方的相互促进下,形成良性互动的创新网络,实现学科水平的整体提高。

1.2　智能物流内涵及使能技术

工业互联网可以保证各环节实现实时信息共享[9],在供应链的所有参与方之间建立联系,从而使所有参与方都可以了解物料/零件流程以及生产周期,在潜在问题发生之前找出问题并制定正确的措施。各参与方可以实时访问需求、供应和反馈等信息,消除信息不对等问题。这将对即时或精益生产的有效实施产生重大影响。

由于各种因素的影响,市场需求不是一成不变的,这对生产商、贸易商、经销商的供货能力提出了更大的考验[10]。随着全球市场一体化进程的推进和信息技术呈指数级增长，客户需求也呈现出多样化的趋势。基于工业互联网，企业可以构建供应链网络和建立完善的信息同步与共享平台，根据历史订单数据和实时数据以及外部环境因素，实现对客户需求的实时预测。准确的需求预测可以降低库存的数量。科学的库存决策是企业生产计划的重要组成部分，是企业实现降本增效的重要武器，也是快速响应顾客和市场需求的有力保障。同时，制造商与客户之间实现数字化实时对接，可以从整体优化的角度去研究企业生产与运输协同调度问题，同时确定订单生产排序与车辆运输路径，从而在有限的资源下实现较高的客户服务水平，实现供应链协同优化。

1.3 工业互联网与智能物流的体系架构

在当前的工业生产模式下，参与工业生产的企业之间存在着信息壁垒[11]，这在一定程度上割裂了产业链上下游生产要素的联系，阻碍了供应链智能物流的高效协同。未来的企业应基于工业互联网建立网络协同制造平台，各个企业组合为一个实体，企业之间可以自由建立各种业务联系，各业务之间彼此隔离。工业互联网在供应链智能物流层的整个应用模型分为控制层、标识层、数据层和应用层四层，如图 1-2 所示。其中：控制层主要负责对企业在标识层、数据层、应用层中的各种活动进行约束管理；标识层负责为企业的产品提供唯一标识，

图 1-2 工业互联网在供应链智能物流层的应用模型

标识作为产品身份证明被记录在数据层管理的数据中;数据层对企业的各种数据进行管理,紧密支撑上层业务应用;应用层提供基于数据层的具体应用模式。

在工业互联网环境下,企业之间的合作显得尤为重要,同时各方也期望能够利用更多相关数据进行机器学习训练,以提升企业的生产效率。联邦学习完美契合这一需求[12]。一方面,相似企业往往拥有相似的数据,这些数据的特征重叠度较高,而样本身份几乎不重叠,构成了横向联邦学习;另一方面,处于同一供应链的上下游企业,可能在样本身份上重叠度较高而数据特征重叠度较低,构成了纵向联邦学习。区块链可以记录每个企业更新的贡献程度,可以对更新溯源,从而防止恶意攻击,而且企业的贡献程度也可以作为企业的信用记录,用于企业挑选联邦学习合作方。

利用网络协同制造平台采集、分析企业供应、经营、市场的相关海量数据,对物料需求、价格波动等进行预测研判[12],自动完成供需匹配,实时形成最佳决策,对采、产、销全供应链智能物流业务进行协同优化。在工业互联网中,利用射频识别技术、GPS等先进工业互联网技术以及信息处理和网络技术平台,可在物流业运输、仓储、配送、包装、装卸等基本活动环节,实现货物运输过程的自动化和高效率优化管理,提高物流行业的服务水平,降低成本,减少自然资源和社会资源的消耗。

制造企业可通过云协同制造平台实现供应链智能物流协同、服务协同、生产协同、客户定制化协同、设计协同以及企业内部协同等,从而动态共享制造资源和制造能力,优化流程制造传统的运作模式,提升生产柔性和敏捷性,并实现价值共创以及资源利用率、生产效率等的提升甚至最大化,如图1-3所示。利用工业互联网协同制造平台,有效助力企业协同共赢。

图1-3 云协同制造平台服务架构

离散制造与流程制造在供应链智能物流层的未来发展趋势基本相同,此处不再分开讨论。

1.4 工业互联网对智能物流的推动作用

供应链物流网络规划,是指企业通过综合考虑产品特点、客户分布、成本等因素,确定采购点、生产工厂、存储仓库位置等要素[13]。企业基于工业互联网,运用大数据分析,可以实现数据驱动新零售选址、量化评估客流和人群画像等,获得高可靠性、便捷、高质量的数据供参考,从而确定生产工厂、采购点以及存储仓库的地址以及规模等,提高成功率以及企业效益,为后期有序经营奠定坚实基础,同时也节省调研成本与开店成本。

实现上述目标的前提是供应链物流网络必须是开放的,同时必须是上下游协同的。建设协同/开放型的供应链物流网络,企业除了布局自营的网点设施外,还需要考虑将上游供应商的网点设施包含到整体网络布局中,利用自营库存和供应商库存构建高度协同的供应链物流网络和运作体系,也需要考虑与更广大的市场末端的区域型服务商合作,共享设施资源。同时,考虑到流程制造产品可能具有时效性以及贮存条件特殊等,在确定物流方案的时候约束更多。

1.5 小结

本章介绍了工业互联网概念、发展与演变,对其特征进行了总结;根据工业互联网知识体系内容和形成模式,阐述了工业互联网的学科内涵,总结出工业互联网具有多学科交叉、多应用驱动、多技术融合的特点。围绕智能物流领域的应用需求,分析并总结了工业互联网推动工业生产变革和相关产业升级的积极作用,阐明了工业互联网对智能物流应用的战略价值。

第 2 章 工业互联网赋能智能物流的关键技术

工业互联网赋能智能物流的关键技术主要包括以下三个：① 互联与信息集成技术，即针对工业互联网异质工业实体与异构互联网络，设计面向大规模异质实体的高效自适应互联技术，它能实现泛在工业互联网数据实时传输和信息高度共享，为智能物流中的智慧决策提供依据。② 智能规划与调度技术，即利用物流现场采集到的大数据，基于 AI 数据大脑得出各类资源的实时利用水平，结合历史数据对未来供应链的资源需求做出预测，做出比人依据经验所做出的决策更加精准的智能化调度决策的技术。③ 工业互联网平台技术，即基于大数据、云计算、人工智能、物联网及区块链等技术，构建支持人、机、车、设备一体化互联的自动化管理和云端协同平台，对工业资源提供有效管理，并支撑高效的工业场景应用开发的技术。

2.1 互联与信息集成技术

工业互联网是新一代信息通信技术与工业经济深度融合的新型基础设施和应用模式，旨在全面连接工业经济中的各个生产要素，实现要素的优化配置，推动工业经济向前发展[14]。为了实现要素的优化配置，必须统筹工业互联网中的各类要素信息，辅助进行科学决策，因而工业互联网中的信息集成成为亟待解决的重要问题[15]。

互联与信息集成技术是指将工业设备、自动化系统、生产过程、物流、维护等各个环节的信息集成在一起的技术，其作用是将各个环节的信息进行融合，使之成为一个整体，以便于对生产过程或物流运输进行全面的监控和管理。

2.1.1 技术简介及其特点

在智能物流领域中，互联与信息集成技术主要有两大方面的应用：① 信息传递，即通过网络将物流运输数据传递给相关的管理系统，从而实现对物流运输的监控和控制。比如,可以利用互联与信息集成技术,将货物的运输路径、运输过程中货物状态、运输车辆的位置等信息实时传递给管理系统,从而实现对货物运输的实时监控和管理。② 信息交互,即物流运输与管理系统之间的信息交换,从而方便管理并提高效率。比如,利用互联网与信息集成技术,通过管理系统可以实现对货物配送的实时监控和管理,也可以根据管理系统的反馈对配送路径、货物状态等信息进行优化。

互联与信息集成技术具有以下几个特点:① 网络化。互联与信息集成技术通过网络将工业设备、生产过程、物流运输等各个环节的信息集成在一起,使之成为一个整体。② 智能化。互联与信息集成技术通过对工业设备、生产过程、物流运输等各个环节的信息进行分析和处理,使之成为有用的信息,有助于对生产过程或物流运输进行决策。③ 自动化。互联与信息集成技术可实现对生产过程或物流运输的自动化控制。④ 可视化。互联与信息集成技术通过人机界面将集成的信息展示出来,方便企业对生产过程或物流运输进行监控和管理。⑤ 数字化。互联与信息集成技术将工业设备、生产过程、物流运输等各个环节的信息数字化,方便进行存储、分析和处理。

2.1.2 核心关键技术

在智能物流场景中,互联与信息集成的实时性、可靠性和确定性对系统运行效率、质量和可靠性具有重要的影响。要保障信息互联与集成的实时性、可靠性和确定性,需要解决以下关键技术问题。

(1) 网络架构和协议:工业互联网的信息交互与集成是通过网络实现的,而网络架构和协议是保障信息交互与集成的实时性、可靠性和确定性的关键。应选择能够符合实时性、可靠性和确定性要求的网络架构和协议,例如可靠的无线网络、时延小的以太网或者高可靠性的专用网络等。

(2) 数据传输:在信息交互与集成过程中,需要保证数据能够及时、准确地从一个系统传输到另一个系统。这就需要在数据传输过程中使用适当的协议和技术,如消息队列、可靠数据传输协议等。

(3) 数据存储和处理:在信息交互与集成过程中,数据可能需要在多个系统中进行存储和处理。这就需要使用能够满足实时性、可靠性和确定性要求的数据存储和处理技术,例如内存数据库技术、分布式数据库技术等。此外,还需要考虑数据的一致性、容错性和可用性,以保证数据在传输和存储过程中的可靠性。

(4) 设备接入和集成:在工业互联网中,会有大量不同类型、不同厂家和版本的设备需要接入网络并集成。这就需要使用统一的设备接入和集成技术,采用标准接口协议,例如工业控制系统协议、工业物联网协议等,使得不同设备能够在统一的框架下交互和集成。

(5)安全:信息交互与集成过程涉及大量敏感的数据和设备,因此必须考虑安全性问题。它包括对网络、数据和设备进行安全配置和保护,以及使用适当的安全协议和技术,包括进行加密、认证和授权等,从而避免信息被窃取或破坏。

(6)系统管理和监控:为了保障信息交互与集成的实时性、可靠性和确定性,需要进行系统管理和监控,包括对网络、设备和数据的监控、维护和升级等。这就需要使用能够支持实时监控和故障诊断的系统管理和监控技术,例如网络管理系统、设备管理系统、数据监控系统等。这些系统可以利用数据分析、预测分析、告警等手段,实时监测和管理系统的状态和性能,以保障信息交互与集成的实时性、可靠性和确定性。

上述核心关键技术共同构成了智能物流规划调度系统,它能够帮助企业进行高效、精确的运输管理决策。智能物流规划调度系统不仅能够解决常见的运输问题,还能够应对复杂、突发的运输情况。例如,在运输路径受到阻碍、资源出现故障、任务需要紧急完成等情况下,智能物流规划调度系统可以自动调整运输路径、分配备用资源、调整任务优先级等,以保证运输任务的顺利完成。在当前快速发展的物流行业中,智能物流规划调度技术已经成为企业提高运输效率、降低成本、提升服务质量的重要手段。未来,随着人工智能、云计算、物联网等技术的发展,智能物流规划调度技术将进一步发展,为企业带来更多的便利和更高的效率。

2.1.3 技术难点

智能物流要实现泛在感知和网络互联,将面临多个技术难点。首先,在智能物流中应用工业互联网技术需要考虑如何实现信息交互,包括在物流过程中如何处理大量的数据,如何确保数据的安全性和可靠性,以及如何提高数据的分析能力。这需要在物流过程中使用适当的数据收集、存储和分析技术,以及采用合适的数据安全措施。其次,在智能物流中应用工业互联网技术还需要考虑如何实现信息集成,即如何在物流系统中整合来自各种不同的信息源,如设备、传感器、物流平台和仓储系统的信息。这就需要使用适当的集成技术来实现信息的流动和共享,以及采用合适的信息模型来统一数据格式和描述方式。同时,还需要使用协同技术来实现物流过程中的信息共享和协作,即在物流过程中使用适当的自动化和协同技术,如物联网技术、机器人技术和人工智能技术。最后,在智能物流中应用工业互联网技术还需要考虑如何确保系统的可靠性和安全性,包括如何应对系统中出现的各种故障和问题,如何应对各种安全威胁。这就需要在物流过程中采用适当的可靠性和安全性措施,如备份、冗余和安全管理。

2.2 智能规划与调度技术

智能规划与调度技术是工业互联网技术的重要组成部分,它通过数据分析和人工智能算法,辅助企业实现对生产、物流、运输等的规划和调度,提高效率,降低成本和风险[16]。利用智能规划与调度技术,物流企业可以实现对货物运输、仓储、清关等环节的优化,提升运营效率和服务质量[17]。此外,智能规划与调度技术还可以帮助物流企业实时监控货物流通状态,及时发现问题并采取应对措施,降低运营风险。

2.2.1 技术简介及其特点

在智能物流场景中,智能规划与调度技术可以帮助物流企业实现对货物的运输路径、运输工具、装载方式、清关流程等环节的优化。例如,在进行货物运输路径规划时,可以利用数据分析技术预测交通流量、道路状况、天气等,为货物选择最优的运输路径[18];在进行装载方式优化时,可以利用人工智能算法对货物的尺寸、质量、形状等特征进行分析,为货物选择最佳的装载方式[19];在进行清关流程规划时,可以利用数据分析技术预测海关放行率、清关时间等,为货物的流通做好准备[20]。此外,智能规划与调度技术还可以帮助物流企业实现对运输工具、仓储设备、人员等资源的优化配置。例如,在进行运输工具调度时,可以利用数据分析技术预测车辆使用率、维修需求等,有助于运输工具分配[21];在进行仓储设备调度时,可以利用人工智能算法对货物的存储位置、出库频率等特征进行分析,为货物选择最佳的存储位置[22];在进行人员调度时,可以利用数据分析技术预测人员工作效率、休假需求等信息,有助于人员分配[23]。

智能规划与调度技术具有以下几个特点:① 自动化。智能规划与调度技术能够自动分析物流流程,并进行规划和调度,有效减少人工干预,提高物流效率。② 效率高。智能规划与调度技术能够根据实时的物流需求和条件进行规划和调度,使得物流运输更加高效。③ 精确度高。智能规划与调度技术能够利用大数据分析和机器学习等技术,进行精确的物流规划和调度,有效降低物流运输的误差，提高物流质量。④可追溯性强。智能规划与调度技术能够对每一物流环节进行记录，方便追溯物流过程，有效解决物流过程中的问题，提高物流质量。⑤可扩展性强。智能规划与调度技术可以根据企业的物流需求进行定制，并且能够随着企业的发展而扩展，有效提高企业的竞争力。

2.2.2 核心关键技术

智能物流规划与调度是指在物流运输过程中，利用计算机程序自动完成路径规划、资源分配、任务指派等运输管理决策的技术[24]。在智能物流应用中，智能规划与调度技术所涉及的核心关键技术如下。

(1) 路径规划：指确定运输路径的技术。通常使用地图信息和道路权值（如路程、时间、费用等）进行路径规划，常用的路径规划算法包括 Dijkstra 算法、A* 算法、最短路径树算法等。

(2) 资源分配：指合理安排运输资源（如车辆、人员等）的技术。在物流规划调度中，通常需要考虑资源数量、能力、成本、时间等因素，以合理分配资源，保证运输任务高效完成。

(3) 任务指派：指将运输任务分配给具体的资源（如车辆、人员等）的技术。在物流规划调度中，需要考虑任务的时间、地点、规模、紧急程度等因素，以合理指派任务，保证运输任务高效完成。

(4) 运输跟踪：指实时监控运输资源的位置、状态、进度等信息的技术。运输跟踪通常使用 GPS 定位、无线通信等技术，实时获取运输资源的位置信息，方便对运输过程进行监控和调整。

(5) 运输优化：指通过数据分析、模型建立、算法设计等手段，优化运输规划和调度的技术。运输优化的目的是通过合理安排运输资源、优化运输路径、提高运输效率等，降低运输成本，提升运输质量。

(6) 数据管理：指对运输过程中产生的大量数据进行组织、存储、管理的技术。在物流规划调度中，需要对运输任务、资源、路径、费用等信息进行管理，以便在规划调度过程中进行参考和决策。

(7) 人机交互：指在物流规划调度过程中，人类和计算机之间进行信息交流和协作的技术。人机交互通常使用图形用户界面交互、语音交互等方式。

2.2.3 技术难点

在智能物流场景中，智能规划与调度技术面临的主要技术难点包括：① 运输环境复杂。在实际运输中，环境条件复杂，运输路径受到多种因素的影响，如交通状况、天气状况、道路限制等。这些因素会对物流规划调度产生很大的影响,使得物流规划调度变得困难。② 运输需求多变。在实际运输中,运输需求经常发生变化,如新增运输任务、修改运输路径、增加运输资源等。这些变化会导致物流规划调度系统不稳定,使得物流规划调度变得困难。③ 运输资源多样化。在实际运输中,运输资源种类繁多(如汽车、轮船、飞机等),每种资源都有自己的特点和限制(如运输能力、费用、速度等方面的特点和限制)。这些因素使得物流规划调度变得复杂。④ 数据管理难度大。在物流规划调度过程中,需要管理大量的数据,如运输任务、资源、路径、费用等相关数据。不仅如此,还需要对包括货物信息、运输信息、仓储信息等在内的物流数据进行分析和处理,即进行数据清洗、数据集成、数据挖掘等。这些数据关联性强,管理难度大,使得物流规划调度变得困难。⑤ 算法复杂度高。在物流规划调度过程中,常常需要使用复杂的算法来解决问题,如最短路径算法、资源分配算法、任务指派算法等。这些算法复杂度较高,在处理大规模数据时,运算时间可能较长,使得物流规划调度变得困难。⑥ 人机交互难度大。在物流规划调度过程中,人类和计算机之间的交互是必要的。但是,人类的思维方式和计算机的运算方式不同,使得人机交互难度较大。例如,人常常通过图形界面、语音等方式与计算机进行交互,但是这些方式并不总是方便和直观的,使得物流规划调度变得困难。

2.3 工业互联网平台技术

工业互联网平台是指工业环境中提供应用程序的硬件或者软件集合。工业互联网平台汇集多种工业互联网技术,可为技术间相互集成、协调和部署提供支撑,是工业全要素链接的枢纽与工业资源配置的核心,也是工业互联网落地实施与生态建设的关键载体,在工业互联网体系架构中有着至关重要的地位[25]。

2.3.1 技术简介及其特点

工业互联网平台融合新一代信息与通信技术,以物联网、信息物理系统(cyber-physical systems,CPS)技术为底层框架[26],利用无处不在的网络与强大的数据存储和分析处理能力连接、感知和调控工业生产中的全部要素,把传统工业生产中不同制造与物流流程相互割裂的工业环境整合到一起。针对平台中工业环境网络化、生产制造数字化、调度决策智能化等需求,人工智能技术和大数据采集分析算法通过云-边-端协同机制构建了工业智能运营和服务体系,对整个生产与物流控制进行全局优化调度和远程管理,可极大地提升制造柔性和制造效率,实现工业互联网技术的个性化、定制化赋能。同时,工业互联网平台技术具有综合集成、开放共享、智能化、安全可靠、高效灵活等特点。

类似互联网将计算设备连接起来之后需要操作系统、中间件等系统软件来管理网络化计算资源并支撑上层应用和服务的开发,当工业要素和资源通过互联与信息集成技术接入工业互联网之后,同样需要系统软件来管理各类物流资源,并提供场景化工业应用的开发能力。我国工业互联网产业联盟在《工业互联网平台白皮书(2019 讨论稿)》中明确指出,工业互联网平台对制造业数字化转型的驱动能力正逐渐显现,无论是大企业依托平台开展工业大数据分析,以实现更高层次的价值挖掘,还是中小企业应用平台上的云化工具,以较低成本实现信息化与数字化普及,抑或是基于平台的制造资源优化配置和产融对接等应用创新模式,都正在推动制造业向着更高发展水平迈进。

2.3.2 核心关键技术

工业互联网平台是指将工业设备、生产流程、物流运输等系统连接到互联网上,实现数据采集、信息交流、资源共享、远程监控等功能的平台[27]。

工业互联网平台将信息物理系统(CPS)、边缘计算及软件定义网络(software defined network,SDN)技术深度融合,构建了云-边-端协同的多层级高柔性系统,可以支持灵活高效的可重构制造模式。该系统主要由资源层(device layer)、边缘层(edge layer)以及云层(cloud layer)三个部分构成,如图 2-1 所示。

资源层处于工业系统的最底层,涵盖基本的工业资源要素,需要集成和接入工业互联网平台。该层包括能够完成各类制造任务的制造设备(manufacturing machine),如数控机床、工业机器人等,它们负责在物理空间完成实际的物品铸造、加工、装配任务,原材料和产品的配送过程(即工厂外物流)由货运、铁路、船舶等完成,考虑到原材料的有效期和产品的配送时间,还需要对整个配送供应链进行质量管理[28]。而工厂内物流,即原材料/部件在工厂内的运输过程(生产物流),主要由传送带和 AGV 辅助完成;同时,利用传感器和物联网技术将所有制造设备及作业流水线上的制造半成品的实时状态转化成数据信息传入基于 SDN 框架的网络,并通过网络传输给各个数据信息需求者、消费者,例如融合视觉传感器数据的制造设备控制器、云中心多维制造大数据的综合分析处理应用;制造设备/实体的实时状态数据先传输、汇聚至其所属的边缘制造节点(edge manufacturing node,EMN),靠近制造设备的 EMN 可提供数据缓存、

第 2 章 工业互联网赋能智能物流的关键技术

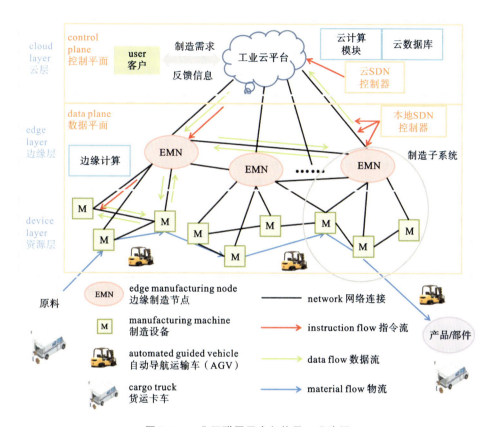

图 2-1 工业互联网平台架构及工业资源

实时处理和决策服务，快速响应制造设备的计算和数据服务请求。

边缘层包含若干 EMN 以及本地 SDN 控制器。每个 EMN 都配备了比制造设备算力更强的服务器或小型云中心（Cloudlet），具有数据存储和计算等功能，可对资源层中制造设备产生的实时状态数据进行合并、清洗、分析和处理，以及将处理后的数据转发至其他 EMN 或上传至云层（可大幅减少网络传输的数据量），并负责或参与车间制造资源调度的仿真模拟及优化决策。EMN 也负责其下属制造资源的监控、协调和管理，以及与其他制造子系统间的协调。一个 EMN 及其覆盖管理的若干制造实体共同组成一个边缘制造子系统。在边缘制造子系统中，EMN 与制造实体之间，以及不同的制造实体之间通过 SDN 设备连接，进行指令流（instruction flow）和数据流（data flow）的传输，而 EMN 与云平台以及其他 EMN 之间同样存在着基于 SDN 框架的网络连接。本地 SDN 控制器（即融合边缘计算理念的 SDN 控制器，对应云 SDN 控制器）负责本车间

· 15 ·

内 SDN 设备及网络资源的灵活调度,可支持自由定义车间制造系统网络中各数据流的传输路径优化,避开拥挤网络路径,实现对网络流量的精细控制,在满足数据传输时效性约束的情况下,按需为制造实体间的数据传输提供优化的网络服务,提升车间协同制造效率。基于车间制造资源调度(任务分配执行)的决策结果,本地 SDN 控制器可定义执行制造任务时数据流的传输过程,以满足制造过程实时性的要求,消除网络设备负载不均衡情况和降低平均时延。

云层主要包括云计算模块(cloud computing module)、云数据库(cloud database)和云 SDN 控制器(cloud SDN controller)。云计算模块主要承担客户制造任务分解、生产资源管理、大数据分析处理、资源调度决策等计算任务。云数据库则主要存储客户订单任务信息、子任务信息、车间制造系统时序状态信息、决策模型参数信息以及优化调度结果信息等,它们共同构成一个制造大数据的云池。云 SDN 控制器与本地 SDN 控制器相对应,部署在各车间制造系统之上的云层,负责制造车间之间 SDN 资源的监控与管理,支持通过软件编程方式灵活编排和管控网络设备,实现车间之间网络流量的灵活控制[29]。

这样一个由三个层级的云-边-端协同系统构建的工业互联网平台所涉及的核心关键技术如下。

(1)工业操作系统:指专门针对工业生产的操作系统。工业操作系统具有高可靠性、高安全性、高性能等特点,能够支持大规模、多变的工业生产环境。工业操作系统通常使用嵌入式技术,将云-边-端协同机制引入具体的工业生产中。

(2)工业云计算:指将云计算技术应用于工业生产的技术。工业云计算可以利用云服务器、云存储、云计算等技术,为工业生产提供大规模、灵活、安全的数据处理和应用服务。工业云计算可以为企业提供大规模、弹性的计算资源,支持企业的数据分析、模型建立、应用开发等工作。基于工业云计算,企业可以快速获得计算资源,提升生产效率。

(3)边缘计算:指将计算资源接近数据源,使得数据处理过程更加高效的技术。边缘计算系统是在工业生产现场设置的分布式计算系统,它能够在工业设备、生产流程、物流运输等现场进行数据处理和应用服务,实现对数据的实时采集、处理、分析和响应。边缘计算节点可以对终端设备进行分散和自主的决策,实现即插即用的自主实时车间数据采集和协调[30]。在智能物流场景中,边缘计算可以应用于运输跟踪、仓储管理、物流配送等方面,支持实时数据处理和决策。

(4) 大数据技术：工业生产过程将产生海量、高增长率、多样化的数据。这些数据包括生产数据、设备数据、物流数据等。大数据技术包括数据挖掘、机器学习等技术，可以实现对数据的深入分析和应用，从数据分析、模型建立、预测分析等方面为企业提供决策支持。

(5) 人工智能技术：指通过计算机模拟人类的智能行为，实现自动学习、自动决策等功能的技术。在工业互联网平台中，人工智能技术可以支持工业决策的自动化和优化。例如，人工智能技术可以通过机器学习算法自动分析工业数据，并根据分析结果自动生成决策方案。同时，人工智能技术还能够支持设备的自动化控制和维护，提升工业生产的效率和稳定性。

(6) SDN 技术：指通过软件进行工业互联网中底层设施的动态配置，进而满足不同工业环境的需求，并获取包含要素节点和云层等整个系统的全部信息，结合每个实体要素的工作情况进行即时的调度分配和管理，在具体生产环节中提升系统柔性的技术[31]。

工业互联网平台所涉及的这些核心关键技术能够为智能物流场景中的企业提供技术支持，使得企业能够更加高效地管理和运营运输资源，提升服务质量和客户满意度。只有应用这些核心关键技术，工业互联网平台才能实现工业设备、生产流程、物流运输等系统的互联互通，提升工业生产的效率和质量。未来，随着人工智能、云计算、边缘计算、大数据等技术的发展，工业互联网平台将为企业带来更多的便利和更高的效率。

2.3.3　技术难点

在智能物流应用场景中，工业互联网平台可能面临的技术难点包括：① 海量、多类、异构、跨域资源管理。在工业互联网平台中，需要管理海量的数据、资源，如运输任务、运输资源、运输路径等。这些数据、资源类型多样，具有异构性，来自不同的系统、平台、区域，需要进行跨域管理。这些数据、资源的管理难度较大，需要开发适用的资源模型、管理模型集成接入工业互联网平台中，并且设计最优的数据模型用于分析和存储平台中的大量、异构数据。在不同的应用场景中，异构数据的优先级不同，通信要求不同，难以设计一个统一、有效的处理模式嵌套到工业互联网架构中，因此数据的通信传递是工业互联网核心技术难点。② 需求多变、形态多样、环境不确定。在工业互联网平台中，需求经常发生变化，如新增运输任务、修改运输路径、增加运输资源等。这些变化使得平台的运输需求多变，需要不断地调整物流规划调度方案。此外，运输需求的形态多样，如单点运输、多点运输、时间窗运输等，需要开发适用的物流规划调度方法。同时，运输环境常常不确定，如交通状况、天气状况、道路限制等。在工业应用开发过程中，还可能会受到政策、法规、市场、技术的影响，这些因素都会对物流规划调度产生影响，使得平台的运输需求难以预测。因此，需要开发适用的数据分析方法、决策支持方法，帮助企业应对这些变化和不确定性因素的影响。解决了这些技术难点，工业互联网平台才能够在智能物流应用场景中发挥最大的作用，帮助企业实现智能化、自动化的运输管理。

2.4 小结

本章围绕工业互联网赋能智能物流的关键技术，探讨了互联与信息集成技术、智能规划与调度技术、工业互联网平台技术三大关键技术背后的关键问题与核心技术，归纳总结了这些核心关键技术的发展现状和技术难点，并结合智能物流场景讨论了相关技术领域的未来发展方向。

第3章 5G 互联网技术在智能物流场景的应用

随着智能工厂对智能物流的数字化、自动化、智能化和协同化等的需求日益迫切,新型工业物联网技术在工业领域的应用越来越得到各国重视[32,33]。2011年德国提出"工业4.0"[34],期望建立提供高度个性化、数字化的产品与服务的智能生产模式[35]。随后,美国提出了"工业互联网",将其定义为一个开放的面向全球的网络,用于连接人、数据和机器[36]。2015年,日本提出了"工业4.1J",将智能制造从单一的工厂延伸到工业的整个价值链。同样地,我国相应地提出了"中国制造2025"战略[37],强调信息化和工业化的深度融合。

3.1 智能制造的信息物理系统架构

发展智能物流,首先要了解智能制造的体系。当前"工业4.0"[34]、"工业互联网"[36]、日本"工业4.1J"和"中国制造2025"[38]这些战略的核心可视为信息物理系统[39]的应用。其中,Lee等[40]提出的一个5层信息物理系统(即5C)架构较为经典,如图3-1所示。该5C架构由智能连接层、数据-信息转换层、网络层、认知层和配置层组成,内在关系如下:首先从智能连接层收集的传感器数据通过数据-信息转换层,转换为底层设备相关的信息;然后这些信息被传递到网络层,网络层执行云计算服务,将数据融合;融合信息被传递到认知层,用于工人操控机器;配置层做出智能决策,根据具体情况自适应地调整参数配置。

智能制造生产目标是实现自我感知、自我预测、智能匹配和自主决策等功能。实现这些目标面临许多通信方面的严峻挑战,包括设备高连接密度、低功耗以及通信质量的高可靠性、超低时延、高传输速率等。5G作为一种先进通信技术,具有更低的时延、更高的传输速率以及无处不在的连接特点,可应对上述挑战。

图 3-1　信息物理系统的 5C 架构[40]

3.2　5G 互联网关键技术

自从 5G 概念被定义以来,许多组织已经研究了相关标准规则和技术。早在 2013 年,就有多个国家建立了官方的 5G 组织[41],包括中国的 IMT-2020(5G)推进组、欧洲的 5GIA(5G 基础设施协会)、日本的 5GMF(第五代移动通信促进论坛)以及美国的 5G Americas 等,开展 5G 关键技术研究。

3.2.1　5G 架构

第三代合作伙伴项目(3rd generation partnership project,3GPP)在 R15 协议中定义了 5G 架构[42],如图 3-2 所示。该 5G 架构实现了核心网控制面与用户面的分离以及策略控制功能(policy control function,PCF)和会话管理功能(session management function,SMF)等控制面功能的集中部署,用户面功能(user plane function,UPF)下沉部署到网络边缘。5G 网络支撑边缘应用时,其应用功能(application function,AF)向网络开放功能(network exposure function,NEF)或 PCF 发送 AF 请求,其中包含 N6 路由需求、终端(又称用户设备,user equipment,UE)信息等一系列参数。PCF 根据 AF 提供的这些信息参数,通过 SMF 选择一个合适的 UPF(如靠近用户位置),并把目标业务流通过 N6 接口传输到目标应用实例。

3.2.2　5G 技术支持的应用场景

根据目前的通信需求,5G 技术主要支持三种典型场景:增强型移动宽带

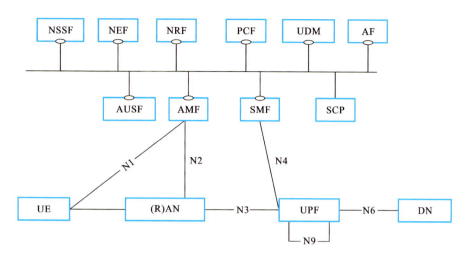

图 3-2　5G 架构[42]

NSSF—网络切片选择功能(network slice selection function);NRF—网络存储功能(network repository function);UDM—统一数据管理(unified data management);AUSF—认证服务器功能(authentication server function);AMF—接入及移动性管理功能(access & mobility management function);SCP—服务通信代理(service communication proxy);(R)AN—(无线)接入网((radio)access network);DN—数据网络(data network)

(enhanced mobile broadband,eMBB)、大规模机器型通信(massive machine-type communications,mMTC)和低时延高可靠通信(ultra-reliable and low-latency communications,URLLC)。

eMBB 场景的主要需求是以人为中心的通信性能(如用户体验速率);mMTC 场景的基本需求包括高连接密度、长电池寿命和低成本;URLLC 场景有两个关键传输需求,即低时延和高可靠性。

(1) 增强型移动宽带(eMBB)将拓宽无缝连接的范围,提升用户体验,因此 eMBB 场景对数据速率和用户体验速率有较高的要求,而对时间延迟、可靠性及灵活性的要求不高。例如欧盟 5G-MEDIA[43]项目旨在通过 5G 网络,实现高速率、大带宽的移动媒体流,以提升用户体验。

(2) 对于大规模机器型通信(mMTC)场景,其终端设备一般数量多、体量大,从而对连接密度以及连接设备的多样性和可变性提出了很高的要求。此外,由于大多数设备是静止的,mMTC 对时延和移动性的要求相对较低。

(3) 低时延高可靠通信(URLLC)场景对时延和可靠性有比较严格的要求,成为未来通信网络的重要特性之一。URLLC 不仅需要精确控制信号的端到端传输,而且可将时延从几十毫秒减少到几毫秒。

3.2.3 网络切片

网络切片是 5G 按需配置网络的一种实现方式。由于难以通过建立一个网络来适应多个通信需求完全不同的场景,网络切片技术应运而生。网络切片技术不仅可以支持 eMBB 切片,还可以支持 URLLC 和 mMTC 切片,从而实现端到端系统所在 5G 网络切片的按需配置。

网络切片通过编排架构可以灵活部署,因此利用其实现对不同企业的差异化服务也是可行的。Challa 等[44]提出了一种基于网络切片的多域 5G 无线网络架构。Wang 等[45]提出了一种移动驱动网络切片来实现 5G 网络中的移动管理。

工业垂直领域使用面向特定用例的网络切片,将每个网络功能动态分配给各个切片,这些切片共享相同的基础物理网络。就智能制造而言,其端到端切片可由来自水平切片网络的特定用例切片组成,具有类似子网的架构,如图 3-3 所示[46]。低时延服务可以在本地服务器或边缘云上处理,而对时延要求不高的服务,可以使用集中式服务器处理。

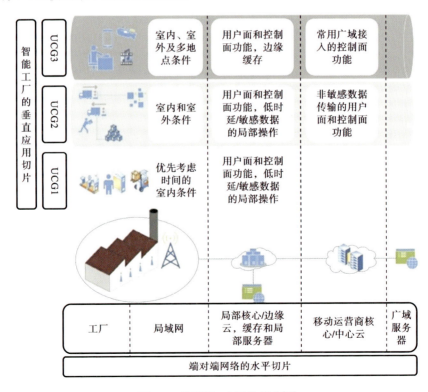

图 3-3 端到端 5G 网络切片[46]

3.2.4　NFV/SDN 技术

网络功能虚拟化(network functions virtualization,NFV)是实现网络切片的先决条件。本质上,NFV 是将专用设备的软件和硬件功能转移到虚拟机(virtual machine,VM)。这些虚拟机是基于行业标准、具有低成本和简单安装特性的商用服务器。为实现 NFV,软件定义网络(SDN)定义了软件控制网络并充分扩展网络容量,其体系结构具有两个主要特征:① 控制表面和数据表面分离;② 控制表面集中。引入 SDN,可以将传统电信网络的封闭架构转变为一种灵活且面向服务的架构。

Ordonez-Lucena 等[47]描述了一个支持 SDN 的 NFV 部署示例,如图 3-4 所示,若干切片在一个通用 NFV 基础设施上运行。该部署包括两个租户,每个租户管理一组特定的切片;每个切片均由虚拟网络功能(virtual network function,VNF)单元组成,这些 VNF 单元进行了适当的组合和链接,以支持和构建切片,并将对应的网络服务交付给用户。

3.2.5　多接入边缘计算

多接入边缘计算(multi-access edge computing,MEC)技术可以满足 5G、Wi-Fi、固定网络等的多接入需求,同时降低传输时延,缓解网络拥塞,便于在分布式条件下部署服务,就近提供边缘智能业务。MEC 提供了接近用户的云计算能力,其基于 NFV 提供虚拟化软件环境,管理第三方应用资源。第三方应用以虚拟机(VM)形式部署于边缘云端,通过统一的服务开放框架获取无线网络能力。

Schneider 等[48]认为应在智能工厂边缘层实现以下数据服务:① 工厂边缘服务(NS1),以实时收集和监控机器数据并将其转发到云;② 机器互联服务(NS2),每台机器部署一次并将其连接到机器园区的网络;③ 管理门户服务(NS3),每个机位部署一次,用于图形化、交互式服务配置。如图 3-5 所示。

3.2.6　D2D 通信技术

当前 5G 设备对设备(device-to-device,D2D)通信可以是设备之间的直接通信,也可以是通过网络设备来完成的通信[49]。由于终端的容量限制,大多数 D2D 通信都需要网络设备的辅助。因此,5G 技术被用来实现 D2D 功能,以提高移动终端的续航能力,降低近距离传输功率。同时,由于数据参数直接在设备之间传输,不需要经过基站,因此这样不仅可以减轻基站的通信负担,实现短距离高速传输,而且可以提高区域的总吞吐量和频谱利用率。

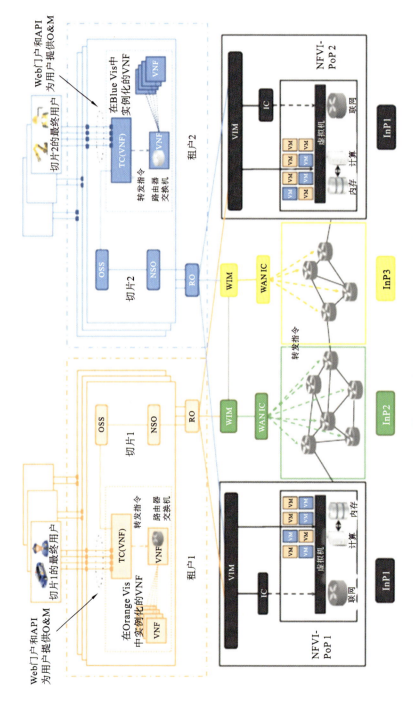

图 3-4 支持 SDN 的 NFV 部署案例[47]

注：O&M—运行与维护（操作与保养）；RO—请求对象，用于各种请求类型的对象封装；
WIM—传输SDN协调器（WAN基础结构管理器）

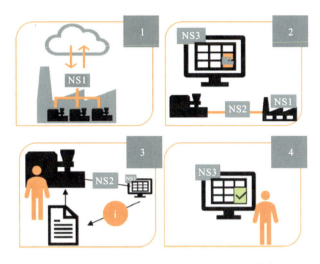

图 3-5　智能工厂的多接入边缘计算服务[48]

D2D 通信技术在工业领域有许多应用。例如，Botsov 等[50]提出了一种基于位置的车辆安全应用移动 D2D 通信资源分配方案；Lien 等[51]介绍了设备到设备接近服务（ProSe），该服务支持用户设备之间的直接数据交换。D2D 通信技术在实现机器对机器（M2M）通信方面发挥着重要作用，尤其在当前工业领域机器存在通信过载问题的情况下。

图 3-6 为 5G 蜂窝网络 D2D 架构的设备层。邻近设备和用户设备（UE）可以在有无基站（BS）的情况下直接进行通信，邻近设备通信由操作员控制，用户设备通信由设备控制，用户设备可以直接将数据发送到目的地，也可以充当继电器将数据进一步传输到目的地[52]。

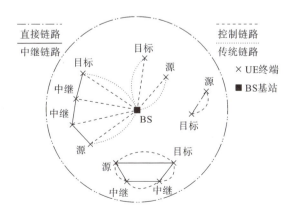

图 3-6　5G 蜂窝网络 D2D 架构的设备层[52]

从上述 5G 互联网关键技术可见,5G 技术将促进信息化与工业化的深度融合。在未来的工业领域,5G 技术也将实现人与物的连接,达成无处不在的深度协作和个性化定制,从而形成一个新的工业生态系统。

3.3　5G 互联网技术在智能物流场景中的应用研究

3.3.1　智能物流场景下的应用

当前 3GPP 发表的白皮书等权威文献将智能制造过程划分成五大场景:① 人机界面(HMI)与生产信息技术管理;② 流程自动化;③ 工厂自动化;④ 物流和仓储;⑤ 监测和维护。下面对这些场景的需求进行分析,为集成 5G 技术提供方案。图 3-7 所示为智能制造工厂的基本流程,其中物流和仓储是智能制造

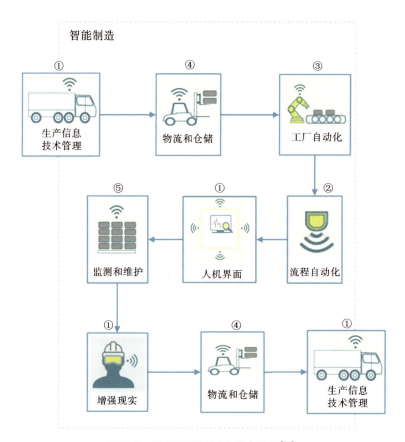

图 3-7　智能制造工厂的基本流程[53]

工厂流程中的重点环节。

　　工厂自动化是大规模生产的驱动因素，需要所有机器之间能进行通信以执行任务，比如控制和协调工件，将其从一个设备切换到另一个设备。随着制造过程中产生的数据的增加，联网的机器数量也会增加，因此工业生产需要为多种终端设备搭载 5G 等先进通信技术。工厂自动化场景包括数据-信息转换层的机器到机器控制用例、网络层的运动控制和移动机器人用例，以及配置层的基于安全的自动化控制用例等。这些用例一般基于云计算系统开展实时报警和故障位置定位，以快速、准确地解决问题，实现预测性维护。因此，5G 通信时延和服务可靠性的高要求有助于工厂自动化场景落地应用。

　　物流和仓储是指制造系统中物料、半成品和最终产品的配送和储存。移动机器人在这方面的应用非常广泛，它们可实现物流物资的配送、运输和分拣等自动化过程。同时，室内和室外物流都需要与公共网络进行大量的交互，因此在物流和仓储业务领域需要基于 5G 增强移动机器人的灵活性，以及增加其对周围情况做出预测性感知及维护的功能。

　　物流和仓储场景包括智能连接层的大规模无线传感器网络用例、网络层的移动机器人用例、认知层的远程访问和控制用例以及配置层的预测性维护用例，这些也是 5G 的重要应用领域。

　　Munz 等[54]使用 7 块软件定义无线电（software defined radio，SDR）板对工厂自动化水平进行测试和评估，具体对工业机器人铣削加工金属工件进行评估。整个车间由若干自动化单元组成，这些自动化单元涵盖了机床、工业机器人、控制器（RC）、执行器和传感器等。工业机器人由控制器控制。这些 SDR 板在图 3-8 中显示为从 1 号到 7 号组件，板 3 放置在机器人旁边并模拟其无线接口，板 6 模拟控制器的接口。其他 SDR 板则模拟机床等工业设备。控制器以循环方式工作，在输入期间等待来自各种现场设备的值，然后将输出发送到板 3 处。

　　Cardarelli 等[55]提出从传感系统和协调策略两方面对工厂 AGV 搬运系统进行优化，如图 3-9 所示。传感系统由车载传感器和基础设施传感器组成，二者配合可提高 AGV 的障碍感知能力，从而可在动态变化的环境中做出决策；协调策略需要集中控制单元从 AGV 获取位置信息，建构交通模型，最后协调搬运流程和路线，提高系统整体性能。值得注意的是，AGV 需要不断地与集中控制单元通信，避免物流交通混乱和拥堵。因此，该系统对通信网络的稳定性和可靠性有较高要求。

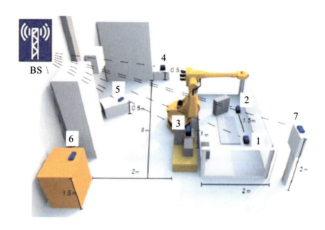

图 3-8　工厂中的自动化机器人协同工作[54]

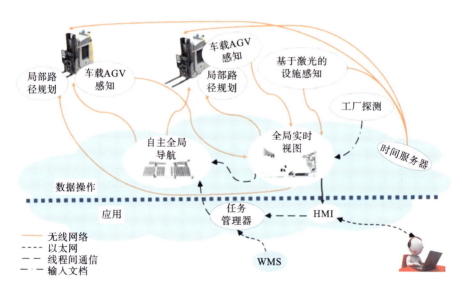

图 3-9　工厂多 AGV 系统的协调[55]

注：WMS—仓库管理系统

3.3.2　新型 5G 边缘计算应用框架

工业物联网中大部分设备和存储元件都靠近数据收集和处理点，因此要将工业物联网的思维和决策能力分配到更接近感知的位置。针对以上制造场景，基于 3GPP 定义的 5G 架构，本小节给出了新型 5G 边缘计算应用框架，包括

MEC 系统侧和边缘节点侧,如图 3-10 所示。其中:边缘节点侧比如在接入网(eNodeB)机房或者接入/汇聚机房,一般使用分布式部署;而系统侧比如在核心网或者其他更集中的位置,一般使用集中式部署。MEC 系统可以与 5G 系统控制面交互,提供应用基础设施资源编排、应用实例化、应用规则配置等功能,其功能相当于应用控制器。

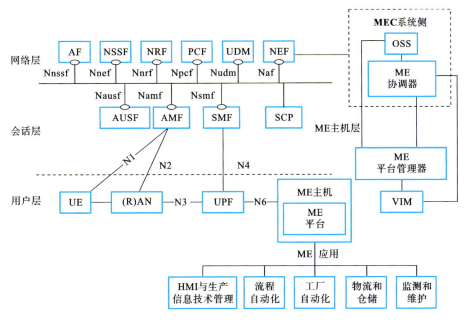

图 3-10 智能制造场景的 5G 边缘计算应用框架

注:ME—移动边缘

该框架中的 MEC 作为一个多接入系统,需要处理与 Wi-Fi、固定接入网络等系统的交互消息;操作支持系统(operation support systems,OSS)负责运维;ME 协调器负责编排,可以让 MEC 针对 5G 系统的交互独立升级演进,以避免操作支持系统与 ME 协调器互相影响。

该框架中,MEC 系统在一定区域内的边缘节点集上实例化第三方边缘应用,包括前文提到的 HMI 与生产信息技术管理、流程自动化、工厂自动化、物流和仓储、监测和维护,制造期间将实时信息通过应用功能(AF)请求发送给 5G 核心网,当用户设备(UE)向移动网络发起 ME 应用的业务请求时,5G 核心网就能选择合适的边缘位置的用户面功能(UPF)。同时,当用户设备(UE)移动导致用户面功能(UPF)位置改变时,MEC 系统侧可以接收从 5G 核心网发送过来的用户面(UP)消息,给出目标用户面功能(UPF)位置信息,MEC 根据该信息判断是否需要在相应的目标 MEC 节点上新建该应用实例或者重新定位该 ME 应用实例。

5G 第三方边缘计算应用除了需要处理与业务本身相关的内容外,还需要处理的共性内容[56]有设备的海量数据管理与处理、多接入设备与数据集成、数据建模分析、计算资源分配等。其实现的关键技术主要包括:

(1) 多接入网络互联互通技术。利用 5G 核心网用户面功能下沉实现边缘部署,保证时延在空口、传输、应用服务等多环节得到端到端的保障,实现 URLLC 等场景。同时 5G 与时间敏感网络(time sensitive networking,TSN)技术和用于过程控制的 OLE(OLE for process control,OPC) UA 技术相结合,实现传感器层、控制器层和自动化软件层间的通信和传输,支持边缘侧的网络接入。

(2) 微服务与服务计算迁移技术。微服务技术围绕特定边缘业务构建小型独立可部署服务,使得 5G 边缘应用可在各自进程中运行,并用轻量级机制通信,具有占用资源少、可在边缘侧灵活部署的优点。服务计算迁移技术是将计算密集型应用任务迁移至资源较充足的设备中执行,实现资源合理规划利用,提升计算效率。

(3) 计算卸载技术。边缘节点配备计算或存储功能后,可以提高工业物联网的服务质量(QoS)和减轻网络负载。在实现 5G MEC 的无线数据传输过程中,需要卸载计算,这可能会导致无线信道的拥塞,因此需要应用计算卸载技术,在整个通信与计算一体化的智能制造系统中分配边缘节点的通信资源和计算资源。

(4) 边缘智能技术。边缘智能可实现 5G 边缘侧轻量级、低时延、高效的人工智能计算框架,这需要构建边缘侧的建模能力、数据汇聚和分析能力,并从内存占用量和能效等方面,开展边缘计算节点上智能推理加速和多节点训练算法的联动。以深度学习为例,需要通过边缘-云数据中心协同实现智能训练。云数据中心将现场设备的数据信息记录并传输到边缘计算节点,边缘计算节点构建样本后将样本上传到云数据中心,云数据中心再对样本进行训练并得到模型,然后传回到边缘节点处应用该模型。这种协同运行模式可在边缘侧运用智能算法模型库、强化学习和迁移学习等技术,实现制造系统智能化。

3.4　5G 互联网技术的应用展望

智能制造的 5G 应用面临着一系列挑战。

(1) 5G 标准化进程的影响。随着 3GPP R15 的发布,5G SA(独立组网)功能已于 2018 年 6 月冻结，其主要关注 eMBB 服务，URLLC 在 R16 中得到增强。标准的不确定性影响了 5G 的工业场景应用。

（2）频谱授权和运营商模型的影响。频谱可用性是智能制造场景部署 5G 应用的重要方面。为满足极其苛刻的时延和可靠性要求，需要匹配合适的频谱和运营商模型，故需考虑工业领域的特定要求，在所有利益相关者之间开展建设性讨论。

（3）5G 安全性影响。当前的安全性体系结构和解决方案需要基于 5G 技术对智能制造场景的需求进行研究，制定相应的安全政策，进行 5G 架构支持关键型工业应用的安全分析，以调整现有的体系结构和解决方案，最终满足安全性要求。

3.5 小结

随着 5G 标准的逐渐确定，针对智能物流场景的多接入边缘计算可以就近提供边缘智能业务。本章给出了相应的 5G 边缘计算应用框架，可充分运用 5G 工业物联网，实现智能物流系统的多个应用场景。尽管面临一系列的挑战和困难，开展 5G 技术和智能制造的融合，实现异构网络融合、边缘智能等，仍然具有可能性。

第 4 章 工厂内物流规划关键技术

4.1 当前工厂内物流规划技术分析

工厂内部运输及物流系统是企业的循环系统,是连接企业供应、生产、销售等各生产经营环节的纽带,还是在供应链中与上下游企业联系的接口。从原材料入厂到产品生产中的加工、中转、贮存、装配等各个环节,是通过各种物流作业的连接才构成一个有机的、能够顺利完成一定生产任务的统一整体。没有合理的厂内运输及物流系统,就谈不上工厂总体规划的合理性。而在工厂物流环节中,最重要的就是车间物流。

车间物流是企业在生产过程中所发生的物流,一般原材料、外购件投入生产后,经过下料、发料而运送到各个加工点和存储点,以在制品的形态,从一个生产工位流到下一个生产工位,依照生产的工艺流程进行加工、存储、运输,这样就构成了车间物流的全过程。因此,车间物流起于原材料、外购件的投入,止于成品库,贯穿了生产的全过程。

车间物流的实现离不开自动导引车(AGV),它是指安装有电磁或光学等导引装置的运输小车,能够沿事先规定的路径行驶,并具有安全保护以及各种移载功能。工业应用中,AGV 以蓄电池为动力来源,通常采用上位机来控制其行走路线以及装卸行为。

AGV 具有行动快捷、工作效率高、可控性强、结构简单、安全性能好等优点。与其他的物料输送设备相比,AGV 所在的活动区域由于不需要铺设轨道和安装支座架等固定装置,因此它不受道路、场地和空间的限制。在自动化物流系统中,AGV 能够充分地发挥其运输优势,实现高效、快捷、灵活和经济的无人化生产。根据 Gotting KG 公司统计,20 世纪初已经有超过 20000 多台 AGV 运用于生产车间。

4.1.1 物流规划技术概述

物流规划时,不仅要满足企业当前的需求,也要满足企业后续的发展需求。经典的车间物流规划内容如下。

1. 入厂物流模式

入厂物流模式有 Milk-Run(循环取货)、供应商 JIT 直送、供应商 JIS 直送、供应商自送货等几种方式,其中,Milk-Run 是指制造企业委托第三方物流企业,令其按照委托企业发布的窗口时间、集货计划以及既定的集货路线依次到各供应商处取货,然后将货物统一运送到指定存储地点的入厂物流模式。这种模式在中短距离的物流配送中较为普遍。供应商 JIT 直送是指供应商根据制造工厂发出的看板时间提前备好零部件材料,并将其送至指定地点的入厂物流模式。这种入厂物流模式需要供应商有较强的响应能力。供应商 JIS 直送是指供应商根据制造工厂发出的零部件使用顺序信息,在规定时间内将零部件排序好后自行送至指定地点的模式。采取这一入厂物流模式,需要供应商积极响应工厂的需求,配送距离不宜超过 2 km。供应商自送货方式,适用于地理分布不集中且离制造工厂较远的供应商。

2. 工厂物料仓储规划

仓储规划是对仓库的地理位置、平面布局、规模大小、库内设施设备以及物流动线等进行精心设计。无论是新建的仓库,还是扩建和改建的仓库都属于仓库规划的范畴,仓库规划也是企业物流规划的重要内容。在规划之前,需要明白物料库存不是越少越好,也不是越多越好,而是要控制在合理的范围内,既要方便制造车间合理调配,从而不影响产品的生产与销售,也要减少资金及空间的占用。为了促进仓储资源的合理分配,制造厂需提前调查各供应商的产能情况,并依据这一信息来制订生产计划,避免无序生产和生产质量不高的情况出现,从而促进仓储质量的提升。

3. 存储策略和货位分配原则

存储策略的科学性,将直接关系到物料入库需要移动的距离,且对作业的时间和效率都会产生显著的影响。存储策略是指将物料存储在合理的存储区的方法和原则,主要分为定位存储、随机存储、分类存储和分类随机存储几种类型。其中,定位存储是指每种货物存放于固定位置的存储方式,主要适用于对存储条件具有高稳定性要求的货物。随机存储是指随机分配货物存储位置的存储方式,每个存储位置适用于任何货物。这种存储方式有利于提升仓储空间利用率,适用于空间有限的仓库和周转率较高的物品。但由于随机存储库位不可控,有可能周转率高的物品被存放在不利于出入库的位置,或者特性相互影响的物品因相邻存储而造成损失。分类存储是指按照物品的特性将每种物品放在固定位置的一种存储方式。这种存储方式弹性较大,利于货物的分类管理。分类随机存储是指每一类货物有固定存放位置,但在各类的储区内,每个货位的指派是随机的。

仓库是存放物品的场所,仓库管理就是对入库、在库和出库的物品进行合理管理。部分物品不会在购买后就立即投入使用,需要存放在一定的位置以备不时之需,这是仓库存在的意义之一。在仓库管理的过程中,需要对货位进行合理规划,这一过程需遵循库位分配原则。库位分配原则包括周转率原则、产品互补性原则和先进先出原则等。在仓库管理过程中,可以首先对物品的周转率进行排序,并将序列进行分段,以便将同一级别的物品存储在同一区域中,使周转率越高的物品尽可能越靠近仓库出口位置以节省物品的存取时间。对于同一类型的替代型物品,可以将其放在同类型物品相邻的位置,一种物品缺货后可以用同类型物品代替。最后,在管理的过程中还需要做到先入库的物品先出库。

4. 物料配送模式

物流配送模式分为如下几种。

(1) JIT 供线模式,通过物理看板、电子看板、按灯、空盒等发出需求指令,根据这些指令安排货物的配送。该方法对通用件较为适用。

(2) Kitting 供线模式,这种配送模式也叫作成套配送模式,就是利用 Kitting 供料小车将生产线上一个成品所需的全部零部件集中拣选出来,转移到在制车中,运送到指定生产地点的物料配送模式,适用于多品种件,以及体积小、装配工位较为集中的颜色件。

(3) Sequence 供线模式,指的是按照产品的生产顺序,将相同种类的零件筛选出来并放置在排序料架上,然后根据产品的生产顺序发送到生产线边的一种配送模式,适用于体积大、装配工位相同的零件。

5. 包装策略

包装具有保护商品、分类商品等作用,在销售中发挥着至关重要的作用,可以让消费者第一时间认出商品的品牌。为了保障生产的有序进行,需要利用一定的容器及辅助材料等来对商品进行包装,使其在生产物流配送中发挥识别和保护商品的作用。包装根据包装环节、包装材料、包装尺寸等有不同的分类,比如按照使用环节的不同,包装可分为运输包装、供线包装两种;按照包装材料的不同,包装可以分为塑箱包装、金属箱包装、纸箱包装、木箱包装等类型;根据使用次数的不同,包装可以分为循环包装和一次性包装两种;根据包装尺寸的不同,包装可以分为标准包装和非标准包装。产品零部件在被运送到制定装备车间之前,也需要采取一定的包装策略,保证零部件在运输、仓储、搬运等过程中质量不受影响。为了实现这一目的,制造商应尽可能选择循环包装、标准包装,选用方便卸货、对操作者不构成安全威胁、包装质量较好的包装材料,其他包装方式可作为备选。

6. 物流作业流程

物流作业流程由货物入库、出库和逆向物流等环节构成。产品零部件的入库环节还可以细分为收货、上架流程;出库环节可分为 JIT、JIS、Kitting、直供、Milk-Run、零星出库等几种;逆向物流主要包括退回不合格产品至仓库、退回不合格产品至供应商、检验不合格产品退至供应商、合格产品退库、合格产品退回供应商等过程。

7. 物流信息系统规划

物流效率的有效提升,少不了物流信息系统的支持。目前常见的物流信息系统有运输管理系统(TMS)、仓库管理系统(WMS)等,这些系统分别处于物流的不同环节。在产品生产物流中使用这些物流信息系统,可以使得产品零部件在从供应商工厂出来到组装成成品的整个过程中都处于被控状态,确保产品的有效生产。物流信息系统虽然有很大的作用,但需要大量资金投入,系统之间要相互联系和交互,每个系统不能处于孤立状态,所有系统的相互合作为产品生产提供信息基础。目前,制造执行系统(MES)在制造企业中应用较多,弥补了传统仓库的管理缺陷,使得信息流可以随着实物流顺利流动。

8. 物流布局规划

1) 仓库节点的规划

根据不同零件的入厂方式以及周转率的差异,物流仓库可分为存储区和暂存区两类,其中,存储区主要用于需要有一定库存量的零部件的存储,便于大批量存储和小批量分发;暂存区则一般紧挨组装车间零件的收货口,主要用于供应商排序零件的存储,仅储存 2~4 h。

2) 仓库布局的规划

仓库布局规划的科学性将直接影响到作业效率以及生产运作成本,但是仓库布局规划涉及多项内容,较为复杂,需要对功能区、货场、通道等进行规划。可将仓库功能区分为物流作业区和辅助作业区,其中物流作业区分为卸货区、待检验区、仓储区、拆包区、待配送区、空包装回收区,辅助作业区包括办公区域、车辆停放区域、车辆充电区域和通道等。不同的区域有不同的功能。而仓储区有很多种类型,都需要进行合理规划。

9. 物流设备的规划

物流设备作为制造生产中不可或缺的一部分,其规划的合理性也会影响到仓库的自动化水平和运作效率。在设备配置方面,可以遵循适用性、经济性和先进性等原则。总装物流仓库需要对物料进行存储、包装、拣选以及供线等,可能会用到货架、车辆、Andon系统、DOLLY小车等设备,在规划这些设备时可以采取如下措施:一是对于货架的规划,可以根据实际使用范围的情况选择货架的类型。二是对于车辆的选择,可以结合实际情况选择叉车、牵引车或AGV等,这三种车辆用于不同的作业。例如,叉车可用于卸货、入库、出库和货物转移等操作。牵引车和AGV则适用于零件配线,其中AGV相比牵引车来说,自动化程度更高,可以实现无人配送,从而节省人力成本。三是在Andon系统的使用方面,可以利用按钮实现对管理信息系统的开关操作,及时发现生产制造中存在的问题,然后利用车间各处的灯光或声音来报警,使得异常情况被及时发现,确保故障在第一时间得到解决,以免影响生产的正常进行。Andon系统常用于处理生产线物料需求信息,以使备料和配送不受影响。四是对于DOLLY小车,因为使用牵引车或AGV进行配线时货物包装需配有牵引机构及脚轮装置,但标准塑料周转箱、金属箱等没有这种装置,这时就需要使用DOLLY小车进行辅助。

4.1.2 工程实际需求

AGV路径规划和设备布局作为柔性车间的两大重要内容,具有很强的耦合关系。虽然AGV路径规划和车间设备布局问题在理论研究上已经获得了许多成果,但是这些研究与实际应用有一定的脱节,导致许多研究无法运用到实际生产中,即理论研究无法与实际生产相结合。

在柔性车间的设计阶段,设计人员需要综合考虑设备的布局和AGV路径规划问题,以确定车间的具体设计方案。

工厂的AGV路径规划都是在设备布局完成后才确定的,但是实际上设备布局设计时更多的是考虑工序的前后和约束关系等因素,很少考虑车间物料运输成本。而车间物料运输成本占生产成本的20%~50%,因此设计人员还需要考虑物料运输带来的成本增加问题。较好的设备布局可以提高AGV运输效率,降低生产成本,有利于自动化仓库的建立。

在车间的设计过程中,车间设备的布局是未知的,设计人员需要对物料运输成本进行运算,确定设备的布局。

4.1.3 设备布局研究现状

布局问题就是指把一些物体(即待布对象)按一定要求合理地放置在某个空间(即待布空间)内,使得所用的成本或者所占的空间尽可能小。车间布局则是指在已确定的生产空间内,对厂房、仓库、工厂大门、厂内道路、机器设备及各种辅助设施等生产要素进行合理安排和布置,使得物流路线简短快捷,以提高物料在厂内运输、流转的效率,降低物流费用和产品的生产成本[57]。

研究表明,生产过程中,用在物料处理上的成本占总操作成本的20%~50%,而有效的设备规划可以将该费用降低到10%~30%,因此在很多时候企业可以对生产规划进行重新制定来提高生产效率、降低成本[58]。设备布局直接影响到车间生产的工艺流程、操作条件、安全运行,同时对设备的维护检修、建筑投资、经济效益都有极大的影响。良好的设备布局有利于提高企业的生产效率,降低运输成本,减少生产浪费。因此,在设备布局过程中,企业需要对影响设备布局的因素进行综合评定,并在所有的可选方案中选择一个最优的布局方案。

1. 设备布局类型与布局形式

设备布局根据设备之间的相对位置关系可分为产品原则布置、固定工位布置、成组原则布置、工艺原则布置;按照设备所布置的形状可分为单行布局和多行布局,其中单行布局又可细分为线形、半圆形、Z形、L形、U形和S形布局。在实际的设备布局中,需要根据企业的生产系统的类型和特点来选择相对应的布局形式。通常情况下影响车间设备布局的因素有以下几点:产品的种类、工艺和数量、物料运输系统、车间的大小和层数、设备的形状和数量等[59]。

2. 设备布局的建模与求解方法

设备布局问题是典型的多目标优化问题,属于NP完全问题。目前针对设备布局的建模方式主要有块状建模和详细建模两种。目前有关块状布局的研究相对较多。所谓块状布局,是指只确定设备在待布区域内的相对位置,而不考虑设备的大小和形状对布局空间的影响,具有代表性的研究有遗传禁忌混合搜索算法求解单向环形布局问题[60]、基于改进模拟退火(simulated annealing, SA)的线形设备布局求解[61]和基于遗传算法(genetic algorithm, GA)的单行与多行布局问题求解[62]等。而详细布局则不仅要考虑设备的大小和形状,还得确定设备在待布区域内的坐标和方位,为了降低问题的复杂度和求解难度,一般将待布对象和待布区域近似视为规则形状(多以矩形为主),其具有代表性的研究有混合整数规划法、基于分支定界法、遗传算法[63]等。

3. 设备布局的发展趋势

在系统设计方法被提出之前,人们多采用经验设计法求解设备布局问题,就是他们根据多年来在设计和建造过程中所累积的经验、数据和资料,对设备布局进行设计。设备布局的模型主要源于人们在设计过程中的经验积累,而设备布局的求解算法则主要依靠人们对问题的深入分析和计算机技术的不断进步。总之,设备布局的发展与物流系统和生产系统的发展紧密相连。

4.1.4 AGV 路径规划研究现状

所谓路径规划,就是指在有障碍物的环境中,按照一定的评价标准,寻找一条从起始状态到目标状态的无碰撞最佳路径。在实际生产中,AGV 在行走过程中会遇到许多突发事件,比如随机性障碍、车辆间冲突等事件,因此 AGV 路径规划问题是在静态规划的基础上同时处理动态不确定因素的动态路径规划问题。

Kim 和 Tanchoco[64]提出了在工厂里机器与工作站的轨道模式,主要分为单向模式(unidirectional model)、双向模式(bidirectional model)、多轨道模式(multiple-lane model)和混合模式(mixed model)四大类,如图 4-1 所示。

单向模式因为操作控制较简单,因此常常被企业所采用,不过单向的限制使得生产效率降低许多;而双向模式与多轨道模式皆可以克服单向模式这方面的缺点,但是其控制方法比单向模式复杂;而混合模式则综合了以上三种模式的优点。

柔性生产中的 AGV 路径规划,根据所使用的 AGV 数量不同,可分为单 AGV 路径规划和多 AGV 路径规划;根据路径规划的范围可分为全局路径规划和局部路径规划,其中全局路径规划算法主要有 A^* 算法、D^* 算法、Dijkstra 算法和虚拟力法等,而局部路径规划算法有蚁群算法、遗传算法和神经网络等[65]。陆琳[66]分别采用最大熵分布估计法、自感应蚁群算法和混合粒子群算法来求解不确定信息车辆路径问题,为求解复杂的不确定信息车辆路径问题提供了必要的数学模型。Pillac 等[67]从信息量和发展角度,对动态车辆路径规划问题的应用和求解方法进行了综述。对于不确定因素较多的柔性车间中的 AGV 路径规划问题,其建模和求解更加困难。

带性能约束的 AGV 路径规划不仅要考虑碰撞和冲突问题,同时还要考虑其他方面的约束,诸如装载量和装载空间、续航能力等,它融合了车辆路径规划

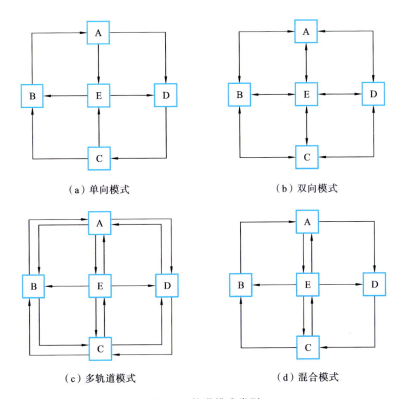

图 4-1 轨道模式类型

问题和二维装载(装箱)问题这两个经典难题,是典型的 NP-hard 问题,也是近几年 AGV 路径规划研究的热点。在该问题的建模与求解方面,王征等[68]提出一种包含初始解生成、选择、交叉、局部搜索等算子的 Memetic 算法。Juan 等[69]提出将蒙特卡罗和启发式相结合的概率搜索算法用来求解带装载约束的 AGV 路径规划问题。Leung 等[70]提出了带启发式局部搜索的模拟退火算法来求解带二维装载约束的异构车队车辆路径规划问题。

根据 AGV 的路径布置方式,AGV 系统可分为以下四类。

1) 网络式 AGV 系统

传统的 AGV 路径设计大多采用网络式,如图 4-2 所示。这种系统的研究内容主要包括以下几方面:轨道架构、物料装卸点的设立、生产力的估计、车辆需求数以及空车的派遣。网络式路径布置虽然工作弹性较高、灵活性较好,但是轨道互相交错,造成 AGV 系统调度和控制极为复杂。特别是当系统中车辆数目较多时会造成系统死锁、车辆拥塞和车辆冲突等问题。

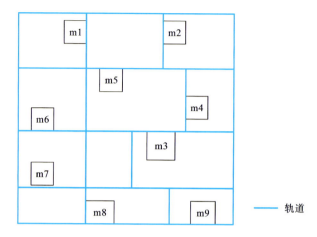

图 4-2 网络式 AGV 系统

2）串联式 AGV 系统

串联式 AGV 系统也称协力式 AGV 系统，如图 4-3 所示。其主要特征在于将机器和路径划分成数个互不交错的循环，其路径可以是单向的，也可以是双向的，而每个区域只有一台 AGV，所以交通控制较简单，也不会出现车辆碰撞、拥挤等现象。当有工件需要跨区域加工时，则将工件运送到该区域的中转站，通过中转站将工件运送到其他区域进行加工。

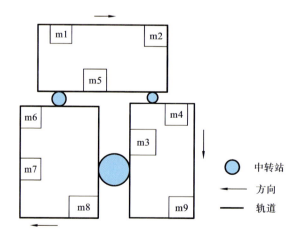

图 4-3 串联式 AGV 系统

本章主要研究串联式 AGV 系统,串联式 AGV 系统的优点主要体现在以下几个方面:

① 由于各个回路只有一台 AGV,因此控制系统较为简单,同时避免了车辆碰撞、车辆拥挤和系统死锁等问题;

② 设备数目和回路数目增加对整个 AGV 系统影响不大,因此系统弹性更强;

③ 各个回路的 AGV 既可单向运行,也可双向运行;

④ 由于各个回路相同,所以可以使用相同的控制系统,降低设置成本。

3) 单回路式 AGV 系统

Tanchocof 和 Sinriech[71]提出单回路式 AGV 系统,如图 4-4 所示。这个系统是在设备位置已知的情况下,找出一条能经过所有工作站而且总距离最短的路径,并连接成一个循环。采用这种布置方式时,轨道由一个不会交错的循环构成,车辆单向前进,因此没有碰撞的问题。但是,在这种系统下车辆必须走完整圈轨道,所以其比网络式 AGV 系统的效率低,若需要相同的产能则需增加车辆数目;不过,其控制方法比网络式 AGV 系统简单。

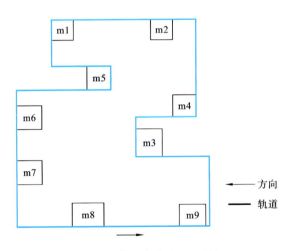

图 4-4 单回路式 AGV 系统

4) 分段式 AGV 系统

分段式 AGV 系统是在 Sinriech 和 Tanchoco[72]提出分段式轨道设计方式基础之上产生的 AGV 系统,如图 4-5 所示。该系统将无人搬运车的轨道分成许多互不交错的区段。与串联式 AGV 系统不同,这里形成的是区段而不是循环,而与串联式 AGV 系统相似的是,一个区段只有一台 AGV,所以也不会有车辆碰撞的问题。

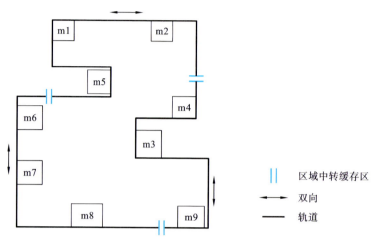

图 4-5　分段式 AGV 系统

4.1.5　工业互联网下的物流规划技术

统筹推进传统基础设施和新型基础设施建设,打造工业系统完备、高效、实用、智能、绿色、安全、可靠的现代化基础设施体系,加快建设新型基础设施,可以为物流规划提供基础。

工业互联网下的物流规划包括设施布局,以及建设信息基础设施、融合基础设施、创新基础设施等。推动工业互联网的全面发展,加快构建厂区一体化大数据中心体系,积极稳妥发展工业设备互联,加快厂内交通、能源消耗等方面的数字化改造,构建新型厂区基础设施标准体系,推动工业互联网下物流规划技术的发展;推进机器运输、人力运输、混合运输各种运输方式一体化融合发展,构建 AGV、叉车等运输工具的车联网,集中调度、集中规划;建设清洁低碳、安全高效的能源体系,减少能耗。工业互联网下的物流规划技术以减少能源消耗作为目标,最终建立绿色制造体系。

作为新时代厂内物流规划技术的核心驱动力,工业互联网平台是推动制造业转型升级的有效途径。在工业互联网平台企业与企业集群成长过程中,不能将物流规划与工业互联网割裂开来,两者应是彼此影响、互相赋能的关系[73]。

4.2 车间设备布局与 AGV 系统规划协同

4.2.1 问题描述

车间布局问题是新工厂规划建设时面临的首要问题,也是柔性可重构车间重构时必须要考虑的重要问题,长期以来一直受到企业界和学术界的广泛关注和研究。广义上的车间布局问题包括车间内所有设备、建筑、管线的布置,甚至人流通道、物流通道、消防通道、物料缓存区、半成品库区、工作区、休息区的设计都可纳入其中。而对生产车间来说,最重要的任务就是生产产品,生产产品所需的各种设备的位置对整个车间的布局影响最大。狭义的车间布局就是指车间生产设备的布局,国内外对车间布局的研究也多集中在车间设备布局上。车间设备布局问题主要研究如何合理放置待布生产车间内的所有机器设备,达到最优的设计目标(如物料运输成本最低、车间面积占用最小、加工时间最短等)。相关统计分析表明,车间内物料运输成本占总生产成本的 20%~50%,如何优化车间设备布置、减少物料运输成本也就格外具有现实意义了。目前,车间设备布局的相关研究也大多以物料运输成本最低作为优化目标。

环形布局方式将待布设备布置在一个封闭的环形区域内,设备沿环形排列[74]。环形布局方式下,物料运输自由,不同加工工序容易衔接,物料运输成本较低,在企业中实际应用较多,在理论研究上也受到诸多学者的关注。

随着社会的发展和进步,我国的劳动力成本显著增加。这就使得"机器换人"、自动化生产成为一种必然的趋势。自动化不仅可节约人力成本,而且能减少人为错误,降低安全风险。随着技术的进步,车间物流系统的自动化程度将越来越高。AGV 自动化程度高,兼具使用灵活、高效、安全、无污染等特点,加之又可大幅提升制造系统的柔性和生产效率及自动化程度,故在物流系统中的应用范围不断扩大,有关 AGV 系统的研究也不断增多。AGV 系统集成了光、机、电、计算机等现代先进的理论和技术。广义的 AGV 系统研究包括控制系统研究、导航/导引系统研究、机械系统研究、路径规划系统研究等方向。本章对 AGV 系统的研究主要是 AGV 路径规划方面。

AGV 路径规划期望按照某一性能指标搜索一条从起始到目标状态的最优或近似最优的无碰撞路径,这依赖于车间设备布局信息和可达性等有关的环境信息,而车间设备布局的优劣对车间物流系统性能的高低有着极为重要的影响。可见 AGV 的路径规划和车间设备布局是密切相关的,具有强耦合性。车间设备布局时应考虑 AGV 路径，布局结果也可作为 AGV 路径规划时构建线路模型的依据。但是，这两类问题本身都较为复杂，目前相关研究大多只针对车间设备布局与 AGV 路径规划问题中的一个，较少考虑二者之间的相互联系和影响。针对这一现象，本小节拟将车间设备布局与 AGV 路径规划这两个具有强耦合关系的实际工程问题进行集成研究。

目前 AGV 在国内的普及率还比较低，一些应用了 AGV 的工厂，其 AGV 系统规划都是在设备布局完成后进行的，而调整设备布局较为困难，故 AGV 系统规划时不得不迁就已有设备布局，使物料运输成本增加。如果能在设计之初同时考虑车间设备布局与 AGV 系统规划，可以有效地降低物料运输成本，提高生产效率，进而降低生产成本，提高生产效益。因此，合理的车间设备布局与 AGV 系统规划对降低物料运输成本而言意义重大。

对于新建车间或者柔性可重构的制造系统，车间设备布局是可变的，这种情况下多区域 AGV 系统设计更为复杂，而如果能对 AGV 系统和车间设备布局进行综合设计是有可能获得全局最优解的。Rezapour 等[75]初步考虑了含 AGV 系统的车间设备布局问题，对传统的多区域 AGV 系统设计流程进行了改进，给出了一种串行的设计流程。这种流程分为四步：第一步，将设备分配到各区域。这一步需应用模拟退火算法，以区域间流量最小为目标，求得一个较好的设备分配方案，从而确定设备和区域的对应关系。文献[75]在计算区域间流量时没有考虑 AGV 路径的影响，只是对区域间的流量进行了简单累加。第二步，使用模拟退火算法，以区域内流量最小为目标对每个区域内设备的相对位置进行优化。此时的区域内流量是基于上一步区域分配方案确定的，而且没有考虑区域位置变化或者区域分配方案变化的影响。第三步，将各区域放置在车间内。第四步，应用最小生成树算法来设计一个转运中心以连接各区域。这种分步串行求解方法在求解车间布局时虽然考虑了 AGV 的影响，但是该方法没有深入分析 AGV 路径规划问题和车间布局问题之间的耦合关系，没有建立二者的协同一体化模型，只是将原问题生硬地分割为 4 个子问题，然后对子问题分别进行求解。其本质上没有将车间设备布局与 AGV 系统规划进行协同设计，而是分步串行设计，每一步只单独考虑了一个子问题。

车间设备布局与 AGV 系统协同优化（workshop equipment layout and AGV system collaborative optimization，WACO）问题可描述如下：为完成一批已知加工顺序工件的加工计划，需要给出最佳的车间设备布局和物料运输（通过 AGV 完成）路径方案，目标是使车间物料运输总成本最低。车间布局采用多环形区域布局形式,每个区域中均设置一个转运站(负责跨区域物料运输)以及一台 AGV(负责区域内的物料搬运任务)。各个区域之间存在物料的流动,物料通过转运站进行跨区域运输,转运站之间也由 AGV 负责物料搬运。需要确定环形区域和 AGV 的数量、设备分组到各区域的方案、各个区域中设备的位置、各个区域转运站的位置、各个区域在车间的位置、各 AGV 行走路径等,从而构成车间设备布局与 AGV 系统整体设计方案,以最小化整个生产过程中所产生的物料运输总成本。

现将车间布局与 AGV 系统中的若干子问题集成在一个框架内进行集成协同设计,期望得到一个包含 AGV 系统的最优综合布局方案,使得一定加工批次内所需要的总物流运送量最小。这是将车间设备布局与 AGV 路径规划两个 NP 问题相结合产生的一个新问题。由于二者之间存在密切、复杂的联系,只有将二者结合在一起协同设计,才能保证获得最优的全局布局方案。

4.2.2 WACO 问题模型

对于车间设备布局,如果在研究过程中不考虑设备的大小和方向,那么这个问题就转变为环形布局问题。同时在环形布局内的 AGV 路径优化问题也变得简单,在满足 AGV 转弯半径的情况下,使得 AGV 路径统一到环形布局的轨道上。下面先讨论环形布局问题的数学模型,再给出 WACO 问题的一体化模型。

4.2.2.1 环形布局问题

WACO 问题的一个子问题是环形布局问题,各个区域一般采用单向环形布局。之所以采用单向环形布局,是因为其相对其他布局方式存在以下优点。

(1) 容易调度。采用环形布局可以保证任何两设备之间都可以通过直接的路径相连,同时满足加工多种零件的调度需求,生产调度比较方便。

(2) 成本较低。单向环形布局初始投资成本低,内部不同设备之间容易连接,总的物流量较小。

(3) 柔性好,扩展性强。环形布局下物料队列能够比较自由地排列,不同设备所需的零部件装卸次序也便于调整,在有插单或新订单时能够较方便地调整零部件加工和物料运输的顺序,较灵活地安排新工序,具有良好的柔性和可扩展性。

(4) 适于 AGV 路径规划。采用环形布局,使得 AGV 路径规划较为容易,特别是采用单向环形布局,只需在满足安全距离的约束下确定沿设备顺时针或者逆时针方向环形行走,即可得到一条可行的AGV路径。这样实质上将环形布局优化问题和环形布局内的AGV路径规划问题合二为一,可同时求解。

4.2.2.2 WACO问题的一体化模型

针对所研究的WACO问题的难度和特点,结合对车间设备布局与AGV系统规划的耦合关系的分析,提取关键目标和约束,进行科学、合理简化,建立更具一般性的一体化设计模型。

(1) 问题描述。

待布车间采用多环形区域布局,每个区域都采用单向环形布局形式。每个区域设置一个转运站。每个区域内有一台AGV负责区域内物料运送;区域间有一台AGV负责区域间物料的运送。

(2) 假设条件。

每个区域内AGV唯一且单载、单向运行,设备间有安全距离,设备坐标都是整数,每个区域的形状均为矩形(只要区域内的设备确定,则可以通过设备间的安全距离来确定区域的周长,但长宽却不固定,选择矩形是为了简化区域内的AGV路径规划)。区域内计算采用沿环的曼氏距离,区域间则用不考虑避障的曼氏距离(考虑避障的话问题复杂度太高)。

(3) 已知条件。

设备间的物流矩阵、设备间的安全距离(间接反映设备的大小)、车间的长度和宽度、AGV数量(即每个区域AGV的数量已知)、每个区域转运站的安全距离(相当于缓冲区大小)。

(4) 设计变量。

设备的分配方案、设备在区域中的相对位置、转运站的位置。

(5) 优化目标。

总的目标是物流量最小(即区域内物流量和区域间物流量之和最小)。

(6) 约束条件。

车间面积约束,各个区域之间不相互干涉,区域之间有一定的安全距离,区域内设备之间有一定的安全距离。

4.2.2.3 模型分析

本小节针对WACO问题,分析车间设备布局与AGV路径规划之间的耦合关系,建立了一类柔性车间设备布局与AGV系统规划协同优化数学新模型。该协同优化数学模型的构建考虑了如何满足系统的柔性和可重构要求,以及系统中各子问题之间的关联关系。由于车间设备布局和 AGV 系统规划都很复杂，过去多对二者分别进行研究，各自建立独立模型，虽然已取得丰硕成果，但是缺乏二者集成的协同优化数学模型。近年来虽也有少量研究者采用分步求解方式研究二者，例如先求解车间设备布局问题，再求解 AGV 系统规划问题。但是其实质是串行求解处理方法，并非协同优化设计，不利于车间区域内设备的数量和型号调整（分群）及设备布局与 AGV 系统规划的灵活和适当匹配，因此还不能满足制造车间的柔性和可重构要求。

4.2.3 求解框架

4.2.3.1 协同框架设计思路

WACO 是一个复杂工程系统设计优化问题，车间设备布局和 AGV 系统规划分属于不同的研究领域，需要不同的学科知识，且它们之间有较强的耦合性。多学科设计优化（multidisciplinary design and optimization，MDO）是求解这一类问题的有力工具。美国航空航天局的资深科学家 Sobieszczanski-Sobieski 于 1982 年在一篇研究大型结构优化的论文中首次提出"MDO"思想，并将系统按层次分为"分层系统""非分层系统""混合分层系统"三类。1990 年 Sobieszczanski-Sobieski 提出面向多学科设计的分解方法，被认为是关于 MDO 理论的开创性的工作[76]。

基于合作式算法（Potter's CC），本小节提出了一种协同设计框架，该框架采用系统分解方式求解，主要依靠整体的协调机制和优化迭代来保证系统整体一致性，即进化算法在其中扮演着重要角色。该框架的特点是不利用全局灵敏度分析的系统分解方法以及复杂的响应面近似技术，一般不设耦合变量，而根据车间布局与 AGV 系统规划问题特点，采用非严格的数学耦合关系描述和基于一致性约束的协调机制。

4.2.3.2 协同框架描述

所提的协同设计框架如图 4-6 所示，协同设计框架实现的伪代码如图 4-7 所示。本协同设计框架采用合作式协同进化的设计思想，即将高维工程问题按维度分解为若干个子问题，各个子问题（子种群）通过模拟自然界物种之间的合作共生的关系进行合作协同进化。针对所研究的车间设备布局与 AGV 路径规划集成设计问题的特点，如果按学科分解则较为困难，难以处理两者之间的耦合关系，无法简化问题。但若对车间设备布局进行物理结构分解，将整个车间划分为若干个区域,每个区域作为一个子系统,在每个区域内考虑车间设备布局与 AGV 系统规划问题,就可降低问题的难度,且在一定的约束条件下各子系统相对独立,互相依赖程度低。按物理结构将原系统分解成若干个子系统(区域)后,各子系统可以相对独立并行地协同进化,实现"分而治之",个体评价时选择合作个体进行系统级评价,进而实现系统级的全局优化。

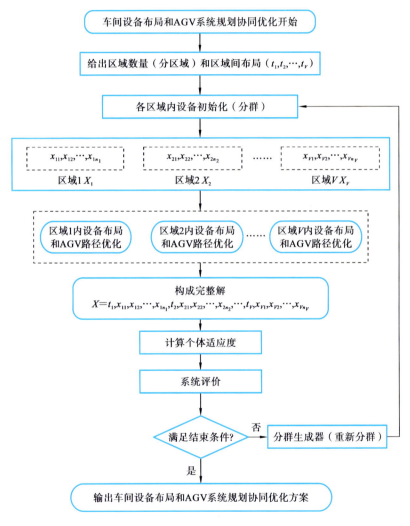

图 4-6　协同设计框架

基于协同设计框架的协同设计方法求解 WACO 问题流程如下:将原来复杂的系统按物理结构分解为多个子系统;采用协同进化算法对分解后的多个子

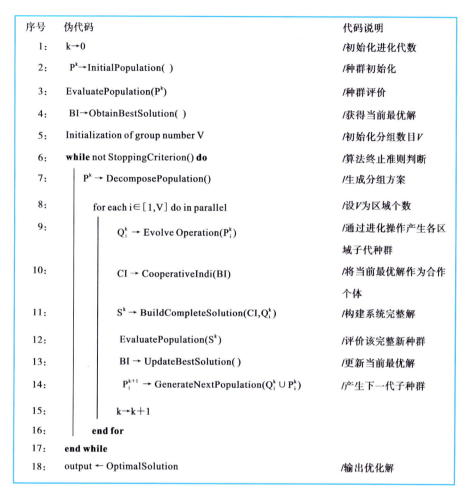

图 4-7 协同设计框架的伪代码

系统进行进化求解,即每一个子系统用一个算子种群独立进行进化求解;在各子系统并行进化求解的过程中,基于隐式协同进化机制来保证多个子系统的协调一致性。先通过分群发生器,根据给定的区域数量 V,将所有设备随机分配到各个区域,生成一个设备分配方案。这个方案涉及区域中设备数量、区域中设备构成。然后根据区域分配方案将原系统 X 按区域分成 V 个并行子系统 $X_1, X_2, \cdots, X_V$,各个子系统负责各区域内的优化(区域内 AGV 路径规划),并通过系统级交流来计算整体适应度值,进行协同和优化。与传统的协同进化算法不同,所提的协同优化算法包含系统分解策略和子系统优化两个主要环节。

在设计优化每个子系统时可暂不考虑其他子系统的影响,只要求满足本子系统的约束。各个子系统设计优化结果的不一致性通过系统级评价和优化来协调,如果当前方案未达到终止条件,则通过分群发生器重新生成设备分群方案,根据新的设备分群方案再进行子系统的分解和优化迭代。经过各子系统级和系统级的多次优化迭代,最终形成一个达成一致性的最优方案设计。

4.2.3.3 协同方法

1. 种群协同方法

当前种群协同是实现协同框架最主要的方式。根据种群协同侧重环节的不同,种群协同方法分为两大类:第一类是基于种群间相互评价的评价环节协同,主要借鉴生物学领域的多物种协同进化原理,利用存在相互作用的不同物种彼此适应来实现共同进化;第二类是基于子种群划分与迁移的搜索环节协同,主要借鉴同一物种内部多子种群协同进化的原理,利用子种群的划分与迁移直接实现协同搜索,也可称之为分布式进化算法[77,78]。本小节主要研究第一类种群协同方法,即种群间相互评价的评价环节协同方法。

种群间相互评价的评价环节协同,根据种群评价方式的不同又可分为竞争式与合作式。竞争式协同进化框架主要基于自然界中广泛存在的竞争关系,例如捕食者-猎物关系、寄生者-寄主关系等,给出竞争式协同进化算法(competitive CEA)。其借鉴生态学科的种间竞争原理,主要有两类种群间竞争思路:① 某个种群的改善会对其他种群造成选择压力,从而促进其他种群的进化[79]。② 某个种群的改善会夺取其他种群的生存资源,从而抑制其他种群的进化。该类方法通过种间竞争对不同的种群进行评价,然后对评价结果为较优的种群分配更多的生存资源。合作式协同进化框架是一种模拟生物系统中的协同进化现象的计算模型。该框架通过引入合作和协同进化的机制,将个体之间的竞争和合作关系融合在一起,从而更加真实地模拟生物系统中的进化进程。WACO问题属于共生共赢问题,竞争式协同进化框架不适合所提出的一体化模型,而合作式协同进化框架较为适合该问题。

2. 个体协同方法

个体协同是群体进化算法最基本的协作方式,这种协同框架借鉴自然现象、生物或社会行为,通过多个体协同实现群体的进化。个体协同方法包括遗传算法、粒子群算法、分布估计算法、差分进化算法,其中:遗传算法通常采用轮盘赌的方式选择具有高适配值的个体,进而通过交叉操作实现个体间的协作;粒子群算法利用个体的历史最优信息以及整个种群的全局最优信息,以融合多元信息实现个体的进化;分布估计算法基于精英个体集的信息更新概率模型,多个精英个体的融合有利于通过采样概率模型进一步获取优良个体;差分进化算法随机选择多个不同的个体,在各维度上通过变异与交叉实现个体间的协作。

笔者所提出的协同框架的进化引擎采用微蜂群算法和野草算法,其实现个体之间进化的协同方法如下:① 微蜂群算法通过随机生成的引领蜂、侦查蜂和跟随蜂等搜索食物源,基于蜜蜂间信息交换实现个体协作;② 野草算法通过有性繁殖得到的种子或孢子殖民化过程,基于相邻植株的相互影响实现植株个体扩散和进化。

3. 操作协同方法

当前协同框架中的种群进化是通过单一或多类进化操作来实现搜索的,例如选择、交叉、变异等。同类操作又可以有多种实施方式,例如选择操作包括轮盘赌、锦标赛等;排序问题的变异可采用互换、逆序、插入等操作实现。同时不同的搜索方式在不同的邻域搜索可生成新解。由于操作方式多样,对于不同的工程问题,因为没有较好的指导经验,故可采用多操作协同搜索的方法,这样既可丰富搜索模式,在一定程度上又可避免单一模式陷入局部极小解。对于车间设备布局与 AGV 系统规划问题的求解,利用其问题的特性非常重要,在使用侧重于全局搜索的智能算法(比如野草算法)时,结合侧重于所研究问题特性的局部搜索,可增强算法的整体寻优能力,并提高搜索效率。

4.2.4 求解算法

4.2.4.1 改进的蜂群算法——微蜂群算法

微蜂群算法是基于标准人工蜂群算法,针对 WACO 问题进行改进而得到的。所谓"微",即小种群。微蜂群算法是受到微遗传算法(micro genetic algorithm,MGA)的启发。微遗传算法源自 Goldberg 的研究,他证明了不管表示个体的基因串有多长,一个包含三个个体的种群就足以实现算法收敛。基于这个结论,微遗传算法对标准遗传算法进行了改进,在初始化时采用小种群且重复初始化,具有种群规模小、收敛到近优区域速度快等特点。而 WACO 问题计算复杂,在工程实际应用中也期望能够快速得到设计方案,这就要求所采用的算法在保证优化性能的同时能够快速收敛。因此考虑将微遗传算法中"微"的思想引入人工蜂群算法中,构成微蜂群(micro artificial bee colony)算法,简称 MABC 算法。图 4-8 为 MABC 算法的流程。

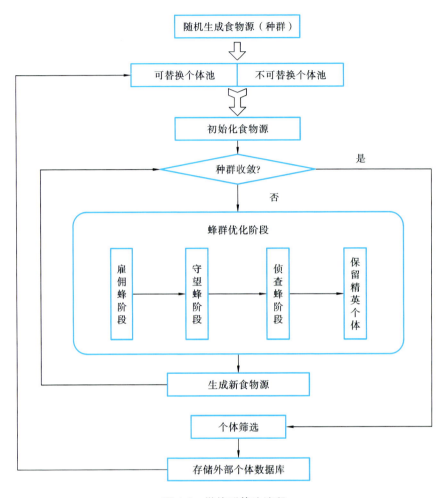

图 4-8 微蜂群算法流程

MABC 算法在初始化时首先随机生成少量的蜜源,种群数量为偶数个,一半为可以被替换掉的个体,另一半为不可替换的个体。然后对种群收敛性进行判断,并进入蜂群迭代计算。在每一轮的迭代过程中,雇佣蜂负责实施所附蜜源邻域的局部搜索,如果在搜索过程中发现更好的蜜源就对原来依附的蜜源进行更新。守望蜂监控和评价雇佣蜂提供的蜜源信息,根据评价结果来选择蜜源,选择好蜜源后守望蜂"飞到"所选择的雇佣蜂附近,在其邻域内进行局部搜索,搜索过程中如果发现更好的蜜源则会将蜜源位置告诉给所选择的雇佣蜂。蜜源的质量决定了被吸引过来的守望蜂的数量。持续的邻域搜索使得蜜源频繁进化。当某个蜜源进化停滞(陷入局部最优解)时,该蜜源的雇佣蜂转变为侦察蜂,并放弃原蜜源,在解空间内通过随机搜索获得新蜜源,从而跳出局部最优解,避免早熟。

完成一次蜂群迭代计算后,进入重新初始化阶段,生成新食物源,并对其种群收敛性进行判断。若种群收敛,则对该种群进行个体筛选,并记录在外部档案中。若种群不收敛,则再重新开始进行蜂群优化循环。外部档案中的精英个体可以再次进入可替换个体池,重新进行迭代寻优计算。微蜂群算法每次在重新初始化时都会筛选出精英个体,并将其纳入可替换个体池进行下一轮的迭代。所提出的微蜂群算法对标准蜂群算法的主要改进之处在于初始化时采用小种群以及在重新初始化阶段引入精英个体池。采用小种群的目的是获得较快的迭代速度,而引入精英个体池的目的是避免产生新个体时的盲目性,保证算法的优化性能。

4.2.4.2 改进的野草算法

野草算法(IWO)作为一种较新的优化算法具有寻优能力强、运算速度快、结构简单、易于改进等优点。野草算法的基本思想是先发掘一些当前未被占用的空间并通过扩散的方式入侵这些未被占用的空间,随后利用殖民化过程来逐渐侵袭并占据这些空间,接下来借助其本身的生物多样性在原来野草的基础上进化出许多不同种类的变种植物,这些变种植物能够很好地适应空间环境并进行进一步的探索学习。经过不断的探索学习,它们在适者生存法则下进行局部适应和种群改进,从而在新的环境中更好地生长;随着时间的演进,在野草生命的最佳时期,这种特性被传播得越来越广,进而使它们的适应性最大化[80]。野草算法不仅在传统的数值优化问题上体现出较强的搜索能力,在解决诸如 QAP(二次分配问题)时也展现出了不错的性能。下面探索如何对野草算法进行优化,以求解复杂的 WACO 问题。

在前期研究工作中笔者发现野草算法在迭代优化过程中,在保存精英种群以促进整体进化的同时并没有放弃具备产生全局最优解潜质的次优解,从而拥有较强的局部搜索能力,这也保证了其在数值优化方面的卓越性能。但在解决整数规划问题上,野草算法还存在一定的局限性。野草算法的编码形式决定了其在解决整数规划问题时需要相应的实数到整数的映射过程。同时,野草算法特有的种子生成准则,会导致高适应度值的个体充斥整个空间,虽然低适应度值的个体有机会生成种子并参与迭代,但随着进化过程的进行,大部分低适应度值的个体会被湮没在高适应度值的个体中,从而产生"强者愈强"的现象,降低种群个体的多样性,进而有可能使整个算法在某个区域内过度搜索而导致陷入局部最优解,这与算法的健康进化是相悖的。为解决上述问题,尝试对标准野草算法进行改进,使用一个综合进化机制来提高野草算法的整体优化性能。

引入一个模糊调节系数(fuzzy number)来改进野草算法的个体生成法则,改进的野草算法称为 FIWO。FIWO 的改进之处在于提出了一种具有交叉、变异和重生成三种进化策略的综合进化机制。模糊调节系数和综合进化机制的结合,进一步增强了算法的局部搜索能力和全局搜索能力。

4.2.5 结果比较

本章所提出的协同设计框架方法所立足的求解基础要优于非协同设计的分步设计方法。这个基础就是前文所给出的协同一体化设计模型。该协同一体化设计模型是在充分分析了车间设备布局与 AGV 路径规划间的耦合关系的基础上得到的,这个模型集成了系统的所有变量,反映了系统的完整解。而分步设计方法缺乏完整的模型,不能系统分析车间布局与 AGV 系统二者之间的耦合关系。分步设计方法将原问题分四步解决,每一步得到的优化解都是部分解,如该分步设计方法第一步的目的是得到一个设备分配方案,其优化的目标仅仅是区域间物流量最小。由于此时所有设备的位置尚未确定,所有设备间的距离也无法确定,该方法没有考虑物料运输距离,仅累加了各个区域内设备到该区域转运站的物流量。显然采用这种方法规划的路径,所需付出的物料运输成本与实际物料运输成本的差异较大,此外计算时亦没有考虑区域内设备布局变化对最终物料运输成本的影响,所以由这种方法得到的设备分配方案很难成为最优方案。该方法的第二步是优化区域内布局,其优化目标是区域内物流量最小。但是其计算模型仅考虑了单独一个区域内部的物流量,没有考虑区域内设备与其他区域之间的物流量关系,忽略了每个区域内设备位置变化对其他区域以及车间整体的物料运输成本的影响,这就带来了解空间的损失,从而也无法获得真正意义上的最优解。此外,本章所提出的协同设计框架方法的另一优势就是其协同设计进化机制。这种协同进化机制将原问题分解为若干子问题,采用"分而治之"的协同进化策略,可降低问题的复杂程度,各个子问题不相互依赖,子种群选择合作个体时采用贪婪选择法,选择各子种群中当前最优个体参与系统级评价,评价函数对应的解为完整解,因此相较于分步设计方法,其更容易获得全局最优解。

在计算耗时上,非协同设计的分步设计方法的耗时要远少于协同设计算法,这是由于非协同设计的分步设计方法计算过程与协同设计算法不同,其每步的优化目标都是该步骤对应的小问题的优化目标,相比本章所提出的协同一体化设计模型以全局目标为优化目标，计算量要小得多。此外，分步设计采用的模拟退火算法，是一种单点算法，比其他进化算法，在耗时上有先天优势。

综上可见，在求解 WACO 问题上，协同设计算法在很多方面要好于非协同设计的分步求解算法，但耗时较长。

4.3 工业互联网技术在物流规划领域的应用展望

建设智能物流工业互联网平台，促进智能物流服务平台应用 5G、物联网、大数据、人工智能等技术，通过平台化的资源集聚、智能调度、全链协同，服务生产资料和生活资料高效流通，为工业企业提供协同、高效、低成本的物流供应链服务，推进制造业转型升级，促进工业互联网在物流领域的融合应用。《国务院办公厅关于印发"十四五"现代物流发展规划的通知》提到，支持生态融合发展。统筹推进工业互联网和智慧物流体系同步设计、一体建设、协同运作，加大智能技术装备在制造业物流领域应用，推进关键物流环节和流程智慧化升级。打造制造业物流服务平台，促进制造业供应链上下游企业加强采购、生产、流通等环节信息实时采集、互联共享，实现物流资源共享和过程协同，提高生产制造和物流服务一体化运行水平，形成技术驱动、平台赋能的物流业制造业融合发展新生态[81]。工业互联网技术在厂内物流规划领域的研究还不够成熟，将其应用于厂内物流规划的例子较少，而随着网络基础设施的快速发展，数字化、网络化供应链平台运作时间缩短，为优化厂内物流规划提供了平台支持[82]。企业数字化转型的关键在于企业物流设施规划、供应链的转型，工业互联网促进企业数字化转型，因此工业互联网对供应链数字化转型的重要性不言而喻[83]。优化物流网络的布局可以提高企业供应链的运作效率，提高企业的市场竞争力[84]。

4.4 小结

车间设备布局与 AGV 系统规划是柔性、可重构制造系统的重要研究课题。如何满足柔性、可重构制造系统的柔性与可重构要求是一个具有挑战性的前沿课题，也是当前急待解决的重要课题。

本章根据车间设备布局与 AGV 系统规划理论，以及耦合分析和协同优化设计方法，提出一种将车间设备布局与 AGV 系统规划二者集成的协同设计新方法，克服了传统的将二者分别研究或者采用分步串联计算的非协同设计方法难以满足柔性、可重构要求的缺点。

第 5 章

工厂内物流调度关键技术

5.1 工厂内物流调度现状分析

5.1.1 物流调度技术概述

物流调度技术是战术层面的研究课题,分为宏观调度技术与微观调度技术。

物流宏观调度,直观地说,就是对加工过程进行作业计划调度。对加工过程进行合理调度可有效提高资源的利用率和生产效益。生产作业调度问题的研究源于 20 世纪 50 年代,由于该研究的实用性和重要性,随之在运筹学和工业工程等学科中形成一个独立的分支方向。近几十年来,随着市场竞争的加剧和客户需求的个性化,现代生产正在朝着"品种多样、批量变小、注重交货期、库存减少"的方向发展,制造系统的调度问题愈来愈受到重视,成为离散事件动态系统领域的一个热点研究方向。调度问题的核心是模型和算法,前者涉及问题建模、调度规则和目标函数等,后者则包括问题可解性、计算复杂性和有效算法等。作业调度问题(job shop scheduling problem,JSP)是一类经典的调度问题。从某种意义上说,作业调度问题是一种资源分配问题。这里的资源主要是指设备资源,问题的求解目标是要找到一个将一组工件安排给设备,使作业为"最优"的完成方案。通常,约束的数目很大,使 JSP 成为一个非常难解的组合问题。流水车间调度问题(flow shop scheduling problem,FSP)则是具有更严格条件的 JSP 的特例,并可简化为旅行商问题(traveling salesman problem,TSP)。尽管相对作业调度问题而言,流水车间调度问题的工艺约束比较简单,但它仍旧是一个非常复杂和困难的组合优化问题,其 NP-hard 特性和强大的工程背景使其一直成为理论界和工程领域研究的热点问题。Johnson 在 1954 年发表了第一篇关于流水车间调度问题的论文,研究了 n 个工件和两台机器的流水车间调度问题,提出了工件排序的 Johnson 规则。在此基础上,其他研究人员探讨了机器数量 $m \geq 3$ 的流水车间调度问题,并证明了流水车间调度问题是 NP-hard 问题($m > 3$)。现在,许多用于求解流水车间调度问题的最优方法被提出,包括分支定界法、动态规划法、拉格朗日松弛法和神经网络映射算法等,但由于问题本身难度很大,多数现有的最优算法只适用于规模较小的情况。另外,工业界许多依靠经验或计算机模拟生成可行调度,这些可行调度不能保证性能最好。从根本上说,评价调度算法的性能很困难,因为获取规模很大且最优调度结果已知的测试问题本身就很困难。遗传算法在作业调度上的应用,是近几年才发展起来的,它对研究复杂工业过程的建模、控制和优化有十分重要的意义。

微观调度技术是指物流底层的调度技术,如物流装备 AGV 的调度。通常 AGV 调度独立于机器调度,首先调度好机器的加工序列,然后调度 AGV 以满足加工过程的需求,这种方法在 AGV 数量少且利用率高的场合十分有效,但应用范围极为有限。在大多数的生产控制中,AGV 的调度依据固定的分派规则(一般称为 VDR)进行任务的分配。Ulusoy 等[85]提出了多 VDR 的 AGV 调度算法,假定 AGV 在每次完成任务后返回其启/停位,这降低了路径的柔性和对调度结果的影响。Ulusoy 等利用遗传算法进行作业环境下 AGV 的调度,但未考虑重要的调度约束,即零件的可变工艺路径。

5.1.2 工程实际需求

随着一些先进的管理思想和生产制造技术的出现,例如精益生产(lean production,LP)、企业资源计划(enterprise resources planning,ERP)、柔性制造技术(flexible manufacturing,FM)等,人们对物流技术的作用更加重视。目前物流技术的研究和发展正处于方兴未艾的阶段,现代物流系统正走向集成化、柔性化和绿色化。

5.1.2.1 集成化

在国内,随着立体仓库数量的增加和立体仓库技术的普及,很多企业已经开始考虑如何使自动存储系统与整个企业的生产系统集成在一起,形成企业完整的合理化的物流体系。这种集成的趋势表现在将企业内部物流系统向前与供应商的物流系统连接,向后与销售体系的物流集成在一起,使社会物流(宏观物流)与生产物流(微观物流)融合在一起。随着自动化制造技术的发展,企业对储运系统与生产系统的集成要求越来越高,由于两个系统的集成主要取决于

软件系统的完善与发展,因此目前物流系统的软件开发与研究有以下几个趋势:

(1) 集成化物流系统软件向深度和广度发展;
(2) 物流仿真系统软件已经成为虚拟制造系统的重要组成部分;
(3) 制造执行系统软件与物流系统软件合二为一,并与 ERP 系统集成。

5.1.2.2 柔性化

随着市场变化的加快,产品寿命周期正在逐步缩短,小批量、多品种的生产已经成为企业生存的关键。目前,许多适用于大批量制造的刚性生产线正被逐步改造为适用于小批量、多品种制造的柔性生产线,具体表现如下:

(1) 工装夹具设计的柔性化;
(2) 托盘与包装箱设计的统一化和标准化;
(3) 生产线节拍的无级变化,输送系统调度的灵活性增强;
(4) 柔性托盘管理出现。

5.1.2.3 绿色化

随着环境资源恶化程度的加深,人类生存和发展面临的威胁越来越大,因此人们对资源的利用和环境的保护越来越重视。物流系统中,托盘、包装箱、货架等资源消耗大的环节出现了以下几个方面的发展趋势:

(1) 包装箱材料采用可降解材料;
(2) 托盘标准化,使得其可重用性提高;
(3) 供应链管理的不断完善大大地降低了托盘和包装箱的使用成本。

5.1.3 AGV 任务调度研究现状

AGV 系统的任务调度就是给出合理的物料配送方案,合理分配运输任务给每一台 AGV,从而提高 AGV 系统的运行效率,降低物流成本。当制造车间中有多台 AGV 执行多个运输任务时,合理安排任务的执行顺序,并将运输任务分配给相应的 AGV 显得尤为重要。面对不同的生产需求,制造车间具有不同的 AGV 数量需求。随着工业生产规模的扩大和控制调度技术的不断发展,多台 AGV 共同作业的场景越来越多,相应地,多台 AGV 调度也成为国内外学者研究的热点[86]。

Egbelu 和 Tanchoco[87]对 AGV 系统的调度规则展开了一系列的研究,他们提出了多种启发式规则,并且给出了评价这些规则的方法,并在随后的研究中又比较了多种不同的 AGV 调度方法的性能,取得了重要的理论成果。这些成果成为后来学者开展 AGV 调度研究的重要理论依据,并为后续的研究工作拓宽了思路。Meersmans[88]和 Confessore 等[89]运用启发式算法求解了多台 AGV 调度问题,缩短了制造周期和任务处理时间,提高了 AGV 的利用率。Nishi 等[90]考虑调度中 AGV 运行的误差以及延迟的影响,提出了具有较强的抗干扰能力的分布式调度方法,并通过仿真证明了该方法的可行性。Wu 等[91]在分析 AGV 系统中资源分配以及任务排序问题的基础上,以缩短制造周期、提升设备利用率等为优化目标,建立了模糊逻辑多属性调整方法模型。

随着问题规模的扩大以及所面临的调度问题的日益复杂化,调度问题的求解难度越来越高。智能优化算法因其全局优化能力较好、适应性强的特点,被应用到 AGV 调度问题研究领域。徐立云等[92]提出了一种改进的文化基因算法,用于求解 AGV 物料装卸的任务调度问题,仿真结果表明该算法符合制造车间生产实际的要求。唐敦兵等[93]在建立生物激励模型的基础上,通过神经-内分泌协调机制的调度算法,有效解决了 AGV 车队的协同控制问题。杜亚江等[94]将遗传算法和禁忌算法结合起来求解 AGV 多参数任务调度问题的数学模型,使 AGV 完成物料运输任务时消耗时间最短。金芳等[95]将自动化仓库中的 AGV 运输系统作为研究对象,将排队理论应用到了多 AGV 调度系统的研究中。肖海宁等[96]在研究自动导引车调度问题的同时,兼顾了车间中机床的调度问题,并基于小生境的遗传算法对机床分配以及 AGV 调度问题进行了求解。

目前在 AGV 任务调度方面尚没有全面高效的算法,国内外学者已经提出了众多类型的数学模型,但是都还存在以下两个问题:① 在数学模型中较少体现制造车间各种类型的 AGV 数量限制;② 较少考虑物料运输任务具有多种执行模式的情况。针对柔性制造车间复杂的生产环境,AGV 系统的任务调度必须考虑多模式以及资源的约束因素。因此,本章重点考虑制造车间 AGV 资源的约束,结合资源受限任务调度模型对制造车间 AGV 系统的任务调度问题进行建模,使得建立的模型更加贴近实际。

5.1.4 资源受限项目调度研究现状

5.1.4.1 经典资源受限项目调度问题研究现状

经典资源受限项目调度问题(RCPSP)是国内外学者研究的热点,目前已经提出了众多的求解算法,其中精确算法主要包括动态规划法、0-1 规划法,以及分支定界法等。精确算法虽然能够求得任务调度问题的最优解,但是资源受限项目调度问题属于 NP-hard 问题，随着任务数的增加，精确算法求解问题所需的时间呈指数级增长，无法及时给出相应的解[97]，因此，精确算法多用于小规模的任务调度问题。

而随着启发式算法和智能优化算法的出现，特别是智能优化算法在求解资源受限项目调度问题时展现出良好的性能，以遗传算法、粒子群优化(particle swarm optimization，PSO)算法、蚁群算法、模拟退火算法等为代表的智能优化算法在资源受限项目调度问题中得到了广泛的应用。

Hartmann 等[98]通过研究遗传算子和个体编码方式对遗传算法的影响，提出一种用于求解 RCPSP 的自适应遗传算法，这种算法具有较强的适应性。Artigues 等[99]在采用禁忌搜索算法求解 RCPSP 的基础上，提出了动态和静态调度方法。Gonzalez-Pardo 和 Del Ser 等[100]在提出新的项目调度模型的基础上，采取将蚁群算法与模型相结合的办法求解项目调度问题。徐进等[101]提出了一种自适应粒子群算法，并将该算法用于求解资源动态分配的资源受限项目调度问题，且仿真结果显示该算法性能较好。邓林义[102]提出了一种算法参数能够根据适应值的变化自动进行调整的粒子群算法，这种算法具有良好的适应性；同时，给出了基于优先数编码的粒子群算法(PVPSO)与基于优先规则编码的粒子群算法(PRPSO)求解单模式资源受限项目调度问题的对比结果。王巍和赵国杰[103]基于优先权和任务排列的方法建立了算法框架，并通过粒子的更新寻找最优解，为资源受限项目调度问题的求解提供了一个新的思路。张松[104]在提出带禁止时间窗资源受限调度模型的基础上，通过将遗传算法与类电磁算法相结合来对实际调度问题进行求解。

5.1.4.2　多模式资源受限项目调度问题研究现状

研究者在经典资源受限项目调度问题的基础上衍化了许多其他问题，多模式资源受限项目调度问题(multi-mode resource constrained project scheduling problem，MRCPSP)就是其中之一。在该类问题中每个活动存在多种模式，每种模式下任务消耗的资源和时间不同，如果为每个活动选定一种模式，那么该问题就成为经典的资源受限项目调度问题。

多模式资源受限项目调度问题的求解算法主要有三种：精确算法、启发式算法以及智能优化算法。当前利用智能优化算法求解多模式资源受限项目调度问题成为一个研究热点。多模式资源受限项目调度问题的求解难度更高，但是该问题也更加贴合生产过程中的实际工程问题。

Wauters 等[105]首先采用混合 PSO 算法确定每个活动的执行模式，然后采用局部搜索算法来确定已经指定了模式的活动的执行顺序,而仿真效果表明该算法性能较好。Liu、Chen 以及 Wang[106]利用文化基因算法求解 MRCPSP。他们对算法使用了新的适应度函数设计,并加入了局部搜索操作,以提高该算法的求解性能。侯强等[107]对标准的遗传算法作了相应改进:采用新的编码方式和串行调度生成方案的解码方式,并通过全局性概率搜索确定较优的调度方案。贾艳[108]以项目完工时间最短为优化目标,采用一种粒子群算法与基因表达式编程算法相结合的混合元启发式算法来求解 MRCPSP。该混合算法首先为每个任务确定执行模式,然后为确定了模式的任务指定执行顺序,以得到具体的调度方案。程晓梅[109]结合遗传算法以及模拟退火算法演化的思想,将变异操作融入微粒群算法中,提出了一种改进的微粒群算法,并通过对实例的求解证明了该算法的有效性。除了以上介绍的方法外,还有其他一些方法,如差分演化算法、混合算法等[110,111]。

5.1.5 工业互联网下的物流调度技术

工业互联网网络体系可实现人、物品、机器、车间、企业等全要素,以及设计、研发、生产、管理、服务等各环节的泛在深度互联[112]。工业互联网的建设关键在于云端和边缘端资源协同互补地对工业现场进行全面感知与连接[113]。工业互联网中的物流规划调度技术涉及云端、边缘端和工业终端的计算任务、通信任务、制造任务和物流任务的多层次调度,是决定工业互联网平台运行效率的核心,具有大规模、高动态、不确定、强耦合、多目标的特点。而云端和边缘端资源的引入使得工业互联网平台的结构更加复杂,也为工业互联网平台中制造过程的任务调度带来了更大的挑战。在工业互联网环境下,平台需要依据物流的运输任务及其关联的计算任务和海量数据通信的需求,选择合适的分布式制造资源实现多产品生产,确定相关计算任务是否在云端或边缘端执行、计算及卸载,配置相应的网络。在这个过程中,任务之间存在着复杂通信关系,且运输任务与计算任务间又存在着复杂交互关系,如实时交互、循环交互、数据依赖、数据同步等。对计算混合任务进行快速、合理的调度,是目前工业互联网下的物流调度高效运行的关键。

5.2 AGV 调度方法与技术

5.2.1 AGV 系统的基本架构

一般地,智能化制造车间的组成要素有自动化仓库、一定数量的 AGV、工位以及调度系统,如图 5-1 所示。在工位上放置多种型号的机床用于零部件的加工或者装配,并且通过调度系统对车间的生产任务进行管理和监控。以为各工位进行物料配送为例说明,AGV 根据生产任务的需求进入自动化仓库完成上料操作,并将物料运输到相应的工位,由工位上的工作人员(或自动化机床)进行零部件的加工或者装配,而 AGV 则返回到仓储区为下一次的运输任务做准备。

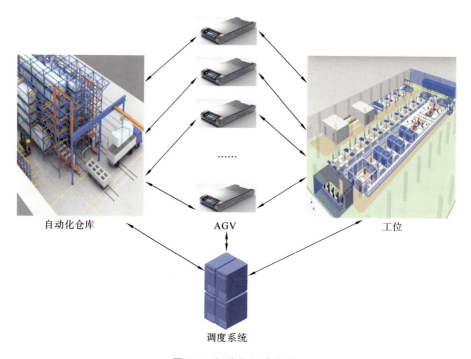

图 5-1　智能化制造车间

物料的存储与搬运是柔性制造系统的重要一环,AGV 已经取代了传统的车间运输方式,在自动化物流系统中发挥着关键的作用。制造车间中,AGV 物流系统主要由调度系统(上位机)、车载控制系统(下位机)、导航系统以及基础硬件系统组成。

调度系统是整个 AGV 物流系统的控制以及管理核心,负责根据任务的需求向各 AGV 分配运输任务,为 AGV 规划较优的前进路线,控制 AGV 完成制造车间中的物料运输任务,并且能够对 AGV 的运行情况进行监控,是整个系统的大脑,能实现 AGV 的自动化任务调度与管理。

车载控制系统是直接控制 AGV 运行的部分。车载控制系统能够根据调度系统发布的工作指令,控制 AGV 整体沿着规划好的路线运行并搬运货物,而且车载系统实时反馈 AGV 的运行情况给调度系统。

导航系统通过自身装配的传感器计算出 AGV 在制造车间所处位置以及前进方向,并反馈给车载控制系统,确保 AGV 处于正确的运行状态,目前广泛使用的导航方式有磁条导航、激光导航、视觉导航以及惯性导航等。

基础硬件系统主要包括 AGV 的车体、车轮以及驱动系统等,用于 AGV 运动以及承载货物。

综上所述,调度系统负责为 AGV 分配任务以及规划路径,并且实时监控 AGV 的运行情况,是整个系统运算以及调度的核心。车载控制系统根据导航系统感知的位置坐标以及方向信息,控制 AGV 运行在正确的路线上并完成货物的装卸操作。基础硬件系统负责承载货物并为 AGV 提供驱动力。AGV 物流系统之间的关系如图 5-2 所示。

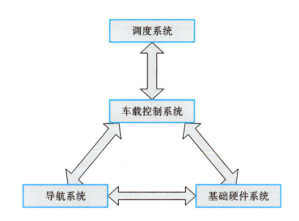

图 5-2 AGV 物流系统之间的关系

AGV 物流系统按功能的不同一般可以分为五个层次:地图层、通信层、路径规划层、数据层以及任务调度层。

地图层由各类点和线的信息组成,其中点包含各个工位、AGV 充电点、物料存放点以及其他重要特征点的位置信息,线则包含制造车间中可以通行的路径的信息,为 AGV 的运行提供基本的数据支持。

通信层主要负责调度系统与各 AGV 之间的信息交互,如调度系统向 AGV 发布任务指令,AGV 向调度系统反馈其运行状态、任务执行情况等信息。

路径规划层主要负责规划两点之间的最优路径,以及避免 AGV 发生碰撞等。

数据层主要负责记录任务执行情况、AGV 运行状态等历史信息,一旦系统发生故障,就可利用数据层中的数据来进行系统恢复。

任务调度层主要负责为各个任务指派相应的 AGV,以及决定任务的执行时间,全局统筹运输任务的执行,这也是本章研究的核心。如果制造车间中只有一个工位需要进行物料的运输,技术人员可以根据制造车间中现有的 AGV 的种类和数量,指定一些 AGV 为该工位进行物料的配送。但是当要对制造车间中的多个工位进行物料运输,即有多个运输任务而且运输任务之间具有时序约束时,如何在满足时序约束以及任一时刻 AGV 的使用量不超出制造车间中 AGV 的提供量的情况下,指定各个任务的执行时间并为各个任务指派 AGV,使得所有运输任务完成的总耗时最少,是一个较难解决的问题。本章通过构建制造车间 AGV 系统任务调度模型,提出改进的智能优化算法,并进行程序模拟仿真,再根据求解结果绘制甘特图等,为 AGV 任务调度问题提供优化的调度方案,实现 AGV 系统的全局统筹。

5.2.2　AGV 系统任务调度描述

图 5-3 所示为车间内 AGV 轨道布局示意图。在制造车间中有多种类型的 AGV 进行物料运输,由于生产实际的要求,各运输任务之间存在优先级,例如

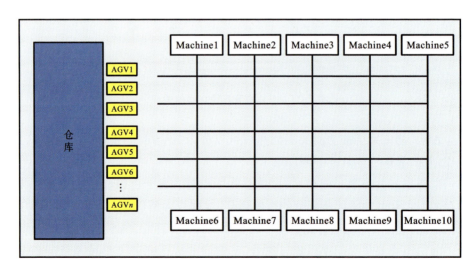

图 5-3　车间内 AGV 轨道布局示意图

只有给工位点 1 完成物料运输才能对工位点 2、3 配送物料。而且车间中 AGV 的数量和类型是有限的,当一台 AGV 正在执行运输任务时,这台 AGV 必须完成当前任务之后才能执行下一个任务。为了使完成所有的配送任务耗时最短,就需要调度系统给出优化的调度方案,在调度方案中需要确定每个任务的执行时间,以及每个任务的执行模式。

需要特别指出的是,对于某个运输任务,如图 5-4 所示,一台 AGV 可能无法满足其物料运输的需求,可能需要同时使用多台不同类型的 AGV 来完成运输任务,并且可能有多种 AGV 组合模式,例如可以由 AGV1、AGV2 组合进行物料配送,也可以由 AGV2、AGV3、AGV4 组合进行物料配送,这两种 AGV 组合模式完成运输任务的时间可能是不同的,那么单个任务选择不同的模式,会对所有任务完成总时间产生影响。随着任务数的增加,会出现大量的组合模式,相对于每个任务只有一种执行模式的情况,这就增加了任务调度问题的难度。

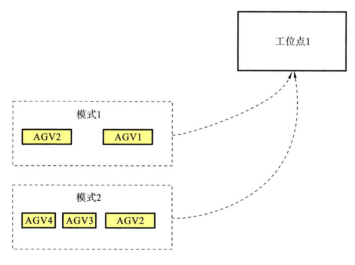

图 5-4　多模式物料运输示意图

5.2.3　AGV 系统任务调度要素分析

5.2.2 节对 AGV 系统任务调度进行了描述,下面将对其中几个重要元素进行分析。

(1) 约束　AGV 系统任务调度主要存在两个约束:① 资源约束,制造车间 AGV 的数量是有限的;② 时序约束,运输任务优先级不同,存在物料配送的先后顺序。

（2）模式　对于同一运输任务，可以采取不同的 AGV 组合模式进行物料运输，每种组合模式消耗的时间可能不同，使用的各种类型的 AGV 的数量也不一样。

（3）时间　每种组合模式下，AGV 配送物料所消耗的时间采用三点估计法进行确定。

5.2.4　AGV 系统任务调度模型构建

在 AGV 系统任务调度问题中，各种类型的 AGV 的数量（即资源约束）是制定任务调度方案不可忽视的重要约束。而由于实际生产过程中的需求，任务与任务之间通常存在时序约束，且各个任务可能存在多种执行模式。多模式资源受限项目调度模型能够较好地反映资源约束、时序约束，并且模型中的每个活动具有多种执行模式，因此笔者根据 AGV 系统任务调度问题的特征建立了多模式资源受限项目调度模型。

制造车间 AGV 系统任务调度可以描述如下：制造车间对工位点进行物料配送的任务集表示为 $Y=\{Y_0,Y_1,Y_2,\cdots,Y_n,Y_{J+1}\}$，其中 Y_0 和 Y_{J+1} 分别表示任务开始和结束的虚任务，既不占用 AGV 资源也不消耗时间。物料运输任务的执行有先后顺序，任务 j 的紧前任务集合表示为 P_j，则只有当 P_j 中的所有任务全部完成时，任务 j 才能开始执行；除了开始任务和结束任务外，每一个任务可以有多种执行模式（AGV 组合模式）来完成物料配送任务，执行模式可以表示为 $M_j=\{1,2,3,\cdots,|M|\}$，设定 $M_0=M_{J+1}=1$。任务 j 在执行模式 m 下消耗的时间用 $d_{jm}(m\in M_j)$ 表示。制造车间有 K 种型号的 AGV，不同型号的 AGV 的载货能力、车身尺寸等参数是不同的，AGV 集合按类型可表示为 $R=\{R_1,R_2,\cdots,R_K\}$，其中 R_i 为第 i 种型号的 AGV 的集合且 $R_i=\{r_{i1},r_{i2},\cdots,r_{iv}\}$，受 AGV 能够承载的质量和物料尺寸等因素限制，不同运输任务可以由一种或者多种不同型号的 AGV 来完成，每个任务消耗多个 AGV 资源，任务 j 在执行模式 m 下所消耗的第 k 种型号的 AGV 资源量记为 r_{jmk}，所消耗的时间为 t_{jm}。AGV 系统任务调度的目标是通过确定合理的任务执行顺序 $J=\{j_0,j_1,\cdots,j_n,j_{n+1}\}$、相应的执行模式 $M=\{m_0,m_1,\cdots,m_{n+1}\}$ 以及活动开始时间 $S=\{s_0,s_1,\cdots,s_{n+1}\}$，其中 j_0 和 j_{n+1} 即为前文设定的任务开始和结束的虚任务，$s_0=0$，$s_{n+1}=F_{n+1}$ 为任务总消耗时间，在满足任务之间时序约束以及 AGV 资源约束前提下，使任务总消耗时间最少。制造车间 AGV 系统任务调度的数学模型如下：

$$\min F(x) = \max\{f_1, f_2, \cdots, f_N\} \qquad (5\text{-}1)$$

s.t.

$$\begin{cases} x_{jm} = \begin{cases} 1, & \text{活动 } j \text{ 以模式 } m \text{ 执行} \\ 0, & \text{其他情况} \end{cases} \\ \sum_{m=1}^{M_j} x_{jm} = 1 \\ j = 0, 1, \cdots, n+1 \end{cases} \qquad (5\text{-}2)$$

$$s_i + \sum_{i \in P_j} x_{im} t_{im} \leqslant s_j, \quad \forall\, i \in P_j \qquad (5\text{-}3)$$

$$\sum_{j \in A_t} \sum_{m=1}^{M_j} r_{jmk} x_{jm} \leqslant R_k, \quad k = 1, 2, \cdots, K \qquad (5\text{-}4)$$

其中，f_i 为各个任务的结束时间。式(5-1)为目标函数，即要实现制造车间 AGV 运输物料消耗的总时间最少。式(5-2)表示 AGV 进行物料运输时，一个任务只能由一种模式完成，即任一任务的执行模式一旦选定，那么整个执行过程中执行模式不可发生改变。式(5-3)中，P_j 为任务 j 的紧前任务集合，该式保证了任务之间的优先级关系，表示 AGV 进行物料运输时任一运输任务必须在其所有的紧前运输任务结束之后才能开始。式(5-4)中，A_t 为时间段 $[t-1, t]$ 内正在执行的活动集合，该式保证单位时间内使用的 AGV 资源量不能超过 AGV 资源的可用量。

对该数学模型进行以下几点说明：

(1) 任一运输任务的执行模式一旦选定，则在执行过程中执行模式不再发生改变；

(2) 每个运输任务一旦开始执行就要一直执行到结束；

(3) 任务的执行模式一旦选定，那么该任务的消耗时间以及资源需求量也就确定了。

5.3 资源受限情况下基于粒子群算法的 AGV 系统任务调度研究

AGV 系统任务调度问题中，每个任务都有多种执行模式，因此存在着多种模式组合的情况。随着任务数的增加，模式组合的数量呈指数级增长，而且任务之间还存在着时序约束，增加了问题求解的难度。针对此类问题，目前常采用智能优化算法进行求解。在本小节中笔者根据任务调度问题的特征在经典粒子群算法的基础上提出了离散粒子群优化(DPSO)算法,使其更加适合用于 AGV 系统任务调度问题的求解。

5.3.1 粒子群优化算法概述

粒子群优化算法也称粒子群算法,是 1995 年由 J. Kennedy 和 R. C. Eberhart 等开发的一种群智能演化算法。该算法是受自然界中鸟群觅食的行为特性的启迪而设计的,用来求解各种优化问题,所以粒子群优化算法又被称为鸟群觅食算法。粒子群优化算法作为一种群智能演化算法,与遗传算法有相似的地方,即都是经初始化产生种群后通过更新迭代寻找最优解,但它的规则较为简单,无须进行交叉和变异操作。粒子群优化算法以其实现较为容易、收敛较快、易于理解等优点被广泛用于解决各种优化问题,在各个领域发挥着重要作用。

利用一个场景对粒子群优化算法的基本原理进行解释:一群鸟儿在一片区域中寻找食物(即问题的最优解),每个鸟儿都不知道食物的位置,它们只清楚各自离食物的确切距离。那么鸟儿寻找食物采取的策略是向离食物近的鸟儿靠拢,靠拢之后再评估自己离食物的距离,然后向离食物更近的鸟儿靠拢,如此循环往复直至找到食物。种群中的个体通过信息的共享,确定自己下一次运动的方向,将种群中每个个体无序的搜寻食物活动转变为有序的群体运动,从而获得最优解。

在粒子群优化算法中,鸟儿被抽象为一个粒子,粒子在搜索空间寻找最优解就如同鸟儿在一片区域中寻找食物一样,而每个粒子代表的潜在解的适应度值如同鸟儿离食物的距离,适应度值越高说明粒子离最优解越近。为了客观具体地对粒子进行描述,用 D 维向量 $\boldsymbol{X}_i = (x_1, x_2, \cdots, x_D)$ 表示粒子在空间中的位置,用 D 维向量 $\boldsymbol{V}_i = (v_1, v_2, \cdots, v_D)$ 表示粒子在空间中的飞行速度。每个粒子在个体最优解和全局最优解的影响下确定自己下一次的移动位置,其中个体最优解是指针对每个粒子,对其历史上所有适应度值进行比较,得到适应度值最高时的个体的位置;全局最优解是指当前所有个体中适应度值最高的个体的位置,即粒子会利用自己运动过程中的最优值以及共享全体粒子的最优值的信息来改善自己的空间位置,直至寻找到问题的最优解。

粒子群优化算法的数学描述如下:每个粒子都用 D 维向量表示其在空间中的位置,粒子的维度是根据所求实际问题设计的,种群由多个粒子组成。种群中第 i 个粒子表示为

$$\boldsymbol{X}_i=(x_{i1},x_{i2},\cdots,x_{iD}) \quad i=1,2,\cdots,N \tag{5-5}$$

粒子在种群的更新迭代中位置会发生改变,粒子的位置改变步长即粒子的飞行速度同样采用一个 D 维向量表示,粒子速度向量的维度和位置向量的维度相同,记为

$$\boldsymbol{V}_i=(v_{i1},v_{i2},\cdots,v_{iD}) \quad i=1,2,\cdots,N \tag{5-6}$$

计算粒子位置向量的适应度值,选出每个粒子迄今为止适应度值最高的位置向量,得到每个粒子目前最优的位置,即该粒子的个体最优解,用一个 D 维向量表示。种群中第 i 个粒子的个体最优解表示为

$$\boldsymbol{P}_{\text{best}}=(p_{i1},p_{i2},\cdots,p_{iD}) \quad i=1,2,\cdots,N \tag{5-7}$$

计算种群中每个粒子位置向量的适应度值,选出种群中迄今为止适应度值最高的位置向量,得到种群目前最优的位置,即种群的全局最优解。种群中适应度值最高的粒子的位置向量为

$$\boldsymbol{g}_{\text{best}}=(p_{g1},p_{g2},\cdots,p_{gD}) \tag{5-8}$$

在求得个体最优解和全局最优解之后,粒子群中的单个个体可以通过式(5-9)和式(5-10)来更新自己的位置和速度,以确定自己下一代在空间中的位置:

$$v_{id}(t+1)=w \cdot v_{id}(t)+c_1 r_1(p_{id}(t)-x_{id}(t))+c_2 r_2(p_{gd}(t)-x_{id}(t)) \tag{5-9}$$

$$x_{id}(t+1)=x_{id}(t)+v_{id}(t+1) \tag{5-10}$$

式中: t 表示种群更新到第 t 代; w 为惯性权重系数; c_1 和 c_2 为学习因子,也称加速常数(acceleration constant); r_1 和 r_2 是在 $[0,1]$ 范围内生成的随机数。式(5-9)等号右侧由三项组成,其中:第一项称为惯性部分,表示种群中的每个粒子有保持自身先前运动的趋势,惯性权重系数 w 值越大,则粒子保持原先运动状态的程度越高;第二项称为认知部分,反映了粒子对自身历史经验的借鉴,粒子有向自己历史最佳位置运动的趋势, c_1 决定了粒子借鉴历史最佳位置的程度,并且加入了系数 r_1,以增加粒子运动过程中的扰动,防止粒子群优化算法过早收敛而陷入局部最优解;第三项称为社会部分,反映了粒子之间的协同合作以及信息共享,表示粒子在借鉴自身历史经验的同时也参考了全体粒子的最优位置并向其靠近,这就保证了每个粒子能协同运行而非单独在空间中寻找最优解。这个三项式充分反映了粒子在保持自己运动状态的基础上借鉴历史最佳位置以及群体最佳位置来确定自己的运动状态以搜索到全局最优解的思想。

5.3.2 粒子群优化算法的基本流程

粒子群优化算法的基本流程如下:

(1) 初始化种群中每个粒子的位置和速度,并设定种群的规模 N、惯性权重系数 w、学习因子 c_1 和 c_2 等参数的初始值;

(2) 计算种群中每个粒子的适应度值 $F(i)$;

(3) 根据适应度值选出个体最优解以及种群的全局最优解;

(4) 根据式(5-9)和式(5-10)对粒子的位置和速度进行更新;

(5) 如果满足约束条件则退出,否则返回至步骤(2)。

5.3.3 粒子群优化算法的参数分析

粒子群优化算法的主要参数有惯性权重系数 w、学习因子 c_1 和 c_2、最大速度 $v_{\max}$ 以及种群规模 N,下面将对各个参数进行分析。

5.3.3.1 惯性权重系数 w

惯性权重系数 w 表示粒子保持原先运动状态的程度,可以通过改变 w 的值来调整算法的搜索效率以及搜索精度。如果 w 过大,则粒子的运动速度较大,也就是在粒子搜索解时步长过大,当粒子接近全局最优解时,粒子依然保持原有的速度运行,使粒子难以准确地停留在最优点处,这就导致了粒子群优化算法搜索最优解的精度不够,容易遗漏较好的解;若 w 过小,则粒子搜索解的步长小,虽然搜索精度较高,但是粒子群优化算法的收敛速度很慢。在经典的粒子群优化算法中 w 通常取 0.5。随着粒子群优化算法的完善与发展,研究者提出了如下关于 w 的动态调整公式:

$$w(t) = 0.9 - \frac{t}{G_{\max}} \times 0.5 \qquad (5-11)$$

式中:t 为迭代次数;$G_{\max}$ 为设置的最大迭代次数。更新迭代刚开始时 w 值较大,粒子在空间中有较快的运动速度,具有较强的全局搜索能力,可以进行广度搜索,以免陷入局部最优解;随着迭代次数的增加,w 值减小,粒子的运动速度减小,它在空间中搜索的精度提高,粒子在局部区域有较强的搜索能力,可以在小范围内进行精确查找,防止遗漏较优的解。通过动态调整公式(5-11),粒子群优化算法由全局广度搜索逐渐转化为局部精确搜索。

5.3.3.2 学习因子 c_1 和 c_2

学习因子 c_1 和 c_2 表示种群中的粒子对自身历史经验和群体信息的学习程度,能够促使粒子在个体极值和全局极值的影响下改善自己的位置,体现了粒子群优化算法中个体自我经验的借鉴以及群体信息交流的机制。当 c_1 和 c_2 全部取 0 时，粒子只能在自己的惯性作用下运动，难以搜寻到最优解；当 c_1 为 0，c_2 不为 0 时，粒子会快速向全局极值趋近，而丧失学习个体极值的能力，这时粒子群优化算法虽然收敛速度非常快，但是极易过早收敛；而当 c_1 不为 0，c_2 为 0 时，粒子就只有向自身学习的能力，只能根据自身历史经验和惯性进行移动，而与种群中其他粒子信息隔绝，搜索到最优解的概率极低。

5.3.3.3 最大速度 $v_{\max}$

最大速度 $v_{\max}$ 决定了粒子在每次迭代过程中移动的最大距离。如果 $v_{\max}$ 较大，则粒子具有较强的全局搜索能力，但是算法容易跳出最优解；如果 $v_{\max}$ 较小，则粒子广度搜索能力不足，容易陷入局部最优解。在使用粒子群优化算法解决实际问题时，通常根据问题的实际情况设定粒子速度向量每一维的最大值，如果粒子速度值超过最大值，则将粒子的速度更新为速度的最大值，即若 $v_i > v_{\max}$，则 $v_i = v_{\max}$。

5.3.3.4 种群规模 N

种群规模，即粒子群中粒子的个数。种群初始化时，粒子的位置和速度是随机产生的，因此粒子均布在搜索空间里。如果种群规模过小，可以进行信息交流的粒子较少，粒子容易过早收敛；如果种群规模过大，则每次需要计算适应度值以及进行位置和速度更新的粒子较多，算法收敛速度较慢。种群规模通常根据程序的仿真模拟结果进行调整。

5.3.4 离散粒子群优化算法设计

经典粒子群优化算法虽然具有易于实现、收敛较快等优点，但是其比较适合用于求解连续型优化问题，而且易陷入局部最优解，因此笔者根据所需求解的任务调度问题的特征，在粒子群优化算法的基本操作上改进了粒子编码更新方式，并引入了变异操作，使优化算法更加适合用于求解 AGV 系统任务调度问题。

5.3.4.1 约束矩阵构建

如前文所述，AGV 系统任务调度问题具有两大约束：时序约束和资源约束。

1. 时序约束

在任务调度问题中往往利用项目网络图来表示任务之间的约束关系，然而优化算法无法直接使用项目网络图进行问题的求解,故需要运用合适的数据结构来表示任务之间的约束,现采用动态的二维矩阵来表示各个物料配送任务之间的约束关系。如果存在 N 个物料配送任务,则需要构建一个 $N \times N$ 的布尔矩阵。如果任务 i 是任务 j 的紧前任务,则矩阵的第 i 行第 j 列赋值为 1,否则为 0,如图 5-5 所示,这样就可将项目网络图表示的任务之间的约束关系转换为二维约束矩阵。

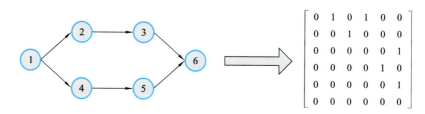

图 5-5 时序约束矩阵

构建的约束矩阵是动态变化的。如果第 i 列元素之和为 0,说明任务 i 没有紧前任务或者紧前任务已经被安排,则该任务可以被执行;如果有多列元素之和为 0,则按一定的规则选择需优先执行的任务。为防止已经执行的任务 i 被重复选中,将第 i 列中的所有元素全部赋值为 1,而且如果任务 i 执行完毕,则第 i 行中除第 i 列元素外其余全部赋值为 0,表示其后续任务的前向约束解除。如图 5-6 所示,任务 1 已经完成,则任务 2 和任务 4 前向约束解除,约束矩阵第一列中的每个元素全部赋值为 1,第一行中除第一列元素外其余全部赋值为 0。此时任务 2 和任务 4 都可以被执行,如何从当前的两个任务中选择出优先执行的任务使整体调度方案更优是任务调度问题的一个重点,对此将在下文中介绍编码方法时重点阐述。

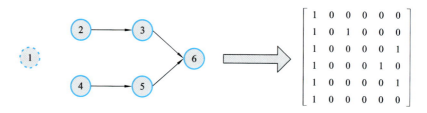

图 5-6 时序约束矩阵示例

2. 资源约束

采用一维矩阵表示资源约束,如果制造车间中有 M 种型号的 AGV,则构建一个具有 M 个元素的一维矩阵。在任意时刻,资源的使用量都不能超过资源的提供量。

不过在任务调度过程中,仅仅使用静态的一维矩阵难以准确表示资源的实时约束,因为当一个任务执行时,该任务势必占用一定的资源,此时制造车间可为后续任务提供的资源量减少,因此这里采用 $K \times Z$ 动态变化矩阵来表示制造车间的实时资源量,其中:K 为资源的种类;Z 为极大值,即任务完成总耗时无法超过的时间,在求解实际问题时可以将 Z 值设置为每个任务完成时间之和,以保证实际所有任务完成的总时间不超过 Z 值。以有 4 种资源为例说明,资源约束矩阵如图 5-7 所示,矩阵中的每个元素代表任务调度过程中每种资源在相应时间段的资源剩余量,其中 r_{1z} 表示第一种资源在时间 $t=Z-1$ 至 $t=Z$ 之间资源的剩余量。

$$\begin{bmatrix} r_{11} & r_{12} & r_{13} & r_{14} & r_{15} & \cdots & r_{1z} \\ r_{21} & r_{22} & r_{23} & r_{24} & r_{25} & \cdots & r_{2z} \\ r_{31} & r_{32} & r_{33} & r_{34} & r_{35} & \cdots & r_{3z} \\ r_{41} & r_{42} & r_{43} & r_{44} & r_{45} & \cdots & r_{4z} \end{bmatrix}$$

图 5-7 资源约束矩阵

由于资源分为可更新资源和不可更新资源,当一个任务占用可更新资源时,仅在该任务执行期间可更新资源减少,在其余时间段该可更新资源数量不变;当一个任务占用不可更新资源时,在所有的时间段该不可更新资源数量都减少。

为了更好地说明资源约束矩阵的动态变化,下面构造一个场景:存在 4 种资源,各种资源的数量分别为 6、7、8、9,其中前两种资源为可更新资源,后两种资源为不可更新资源。在 $t=0$ 至 $t=3$ 时间段内有任务执行且这 4 种资源的资源量分别消耗了 2、1、3、4,则资源约束矩阵的变化如图 5-8 所示。

$$\begin{bmatrix} 6 & 6 & 6 & 6 & 6 & \cdots & 6 \\ 7 & 7 & 7 & 7 & 7 & \cdots & 7 \\ 8 & 8 & 8 & 8 & 8 & \cdots & 8 \\ 9 & 9 & 9 & 9 & 9 & \cdots & 9 \end{bmatrix} \Rightarrow \begin{bmatrix} 4 & 4 & 4 & 6 & 6 & \cdots & 6 \\ 6 & 6 & 6 & 7 & 7 & \cdots & 7 \\ 5 & 5 & 5 & 5 & 5 & \cdots & 5 \\ 5 & 5 & 5 & 5 & 5 & \cdots & 5 \end{bmatrix}$$

图 5-8 资源约束矩阵变化示例

资源约束矩阵中各个元素的值直观地说明了各个时间段资源的剩余量,有利于任务调度时判断所需资源是否充足。

5.3.4.2 编码方法

笔者根据 AGV 系统任务调度问题的特征构造了多模式资源受限任务调度模型,前文已经提到求解该模型的关键是通过确定合理的任务执行顺序 $J=\{j_0,j_1,\cdots,j_n,j_{n+1}\}$、相应的执行模式 $M=\{m_0,m_1,\cdots,m_{n+1}\}$,在满足任务之间时序约束以及 AGV 资源约束的前提下,达到完成运输任务消耗的时间最少的目标。那么当前面临的问题是如何安排任务执行顺序和为每个任务选定执行模式。而安排任务执行顺序的难点在于:如同上文提到的任务 2 和任务 4,当多个紧前任务已经完成即前向约束为 0 时,无法判断选哪一个任务优先执行能够使整体的调度方案更优。

在智能优化算法中通常采用具有 J 个基因的染色体进行编码,通过编码表示调度中每个任务执行顺序,然后对编码进行更新迭代以得到优化的调度方法,使得确定的任务执行顺序较优。目前常用的编码方式有三种:基于优先规则的编码方式、基于任务列表的编码方式、基于优先数的编码方式。

(1) 基于优先规则的编码方式:编码中的每个元素表示选择任务的优先规则,根据第 i 个元素上存储的优先规则计算第 i 个调度阶段可执行任务的优先权值,然后根据优先权值选择任务参与调度。目前使用频率较高的优先规则如下:最大资源需求(greatest resource demand,GRD),即具有最大资源量的任务优先执行;最短活动时间(shortest activity duration,SAD),即持续时间最短的任务优先执行;最多紧后操作(most successor operations,MSP),即具有最多后续任务的任务优先执行;最晚完成时间 (latest finish time,LFT);等等。该方法只需要根据任务的某项特征来决定其优先权,计算过程简单,易于实现,被广泛应用于任务调度问题。但是基于单一优先规则的方法没有从全局角度对任务的优先权进行确定,例如基于最大资源需求的优先规则只是从资源量的角度考虑任务的调度顺序,难以保证最终得到的解的质量,而且很难找到满足所有问题的单一优先规则。因此在解决实际问题时,通常混合使用多种优先规则来确定优先权,在任务调度的各个阶段选择不同的规则来决定优先执行的任务,最终得到一个完整的任务调度方案。图 5-9 表示基于多优先规则的编码,编码中的英文缩写代表着各种优先规则,初始时优先规则的排列方式是随机产生的,然后通过算法的更新操作进行优化。

(2) 基于任务列表的编码方式:编码上的每一个位置存储一个任务序号,如

| GRD | SAD | MSP | LFT | LFT | GRD | MSP | MSP | …… | SAD |

图 5-9 基于多优先规则的编码

果有 N 个任务,则编码的长度为 N。任务在编码中的次序表示任务参与调度的顺序,在编码中排列靠前的任务将优先执行。这种编码方式使用起来比较烦琐,因为在任务调度问题中存在时序约束,在编码中任一任务的前向任务都必须排在该任务的前面,其后续任务必须排在该任务的后面,这就导致在编码初始化以及更新迭代过程中必须时刻注意时序约束,从而增加了算法求解问题的难度。图 5-10 所示为基于任务列表的编码示例。

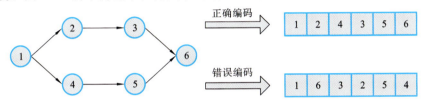

图 5-10 基于任务列表的编码示例

(3) 基于优先数的编码方式:编码中的每一个元素所处的位置与任务的序号相对应,并被赋予范围在 [0,1] 之间的数作为相应任务的优先权值,如图 5-11 所示,通过比较优先权值来确定任务执行的优先顺序,优先权值大的任务将优先执行。这种编码方式操作简单,不用在编码时考虑时序约束,而且不需要如同基于优先规则的编码方式那样每个阶段都要计算优先权值,更易于实现。

任务序号:	1	2	3	4	5	6	7	8	…	N
优先权值:	0.1253	0.3566	0.7321	0.6743	0.6854	0.3211	0.8321	0.6732	…	0.3678

图 5-11 基于优先数的编码示例

本章采用基于随机数的编码方式表示任务执行的先后顺序,即在初始化时,编码每一位的数值随机生成。当然如果要得到任务调度问题的优化解,需要通过算法后续的更新迭代等操作随机生成优先数编码进行优化,后面会详细介绍。

除了通过优先数表示任务的执行顺序外,再为每一个活动赋予一个不大于任务可执行模式个数的整数,该值表示对应任务选定的模式,如图 5-12 所示。

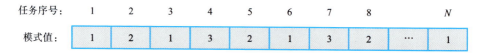

图 5-12 模式值编码

综上,所提出的离散粒子群优化算法采用的是基于任务优先权值和任务执行模式的混合编码,编码中的数值一旦确定,就能够得到任务的执行顺序以及每个任务执行时选择的模式,因此每个粒子编码都可以看作一个潜在解,即表示一种任务调度方案,然后对编码进行一系列的更新操作。如果对 N 个任务进行调度,则粒子编码可以表示为 $X_i(t)=\{p_{i1}(t),p_{i2}(t),p_{i3}(t),\cdots,p_{iN}(t),m_{i1}(t),m_{i2}(t),m_{i3}(t),\cdots,m_{iN}(t)\}$,前 N 位依次表示对应任务的优先权值,后 N 位依次表示对应任务的执行模式,如图 5-13 所示,p_{iN} 表示进行物料配送任务 N 的优先权值,m_{iN} 表示为进行物料配送任务 N 选定的 AGV 组合模式值。

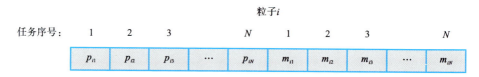

图 5-13 粒子表示方式

5.3.4.3 解码方法

在粒子群优化算法中,通过解码求解出每个粒子编码代表的任务调度方案,任务调度方案包括任务的执行顺序、模式的选择。模式选定以后任务需消耗的 AGV 资源量、时间就能够确定了,并能据此画出相应的甘特图。在解码时,预先定义 S_n 表示所有已经调度任务的已调度集;$A(t)$ 表示 t 时刻正在执行的任务集合;D_n 表示所有可执行任务的决策集,解码时从决策集中选择优先权值高的任务优先调度,并指定该任务的开始时间为满足时序约束和资源约束的最早可行时间;R_{kt} 表示第 k 种资源在 t 时刻的剩余可用量,$R_{kt}=R_k-\sum_{i\in A(t)}r_{ik}$ ($k=1,2,3,\cdots,K$)。具体解码步骤如下:

(1) 初始化 $n=1$。

(2) 如果 $n\leqslant N$(N 为任务数),则计算 D_n。

(3) 选择 D_n 中优先权值最高的任务 i,该任务对应的编码中 M_i 为选定的模式值,根据模式值可以获取该任务消耗的时间 d_i。

(4) 在已调度集 S_n 中计算任务 i 所有紧前任务的最迟完成时间,并将该时间作为任务 i 的最早开始时间 ES_i。

(5) 确定任务 i 的最早开始时间,即

$$s_i = \min\{t | ES_i \leqslant t, r_{ik} \leqslant R_{k\tau}, \tau = t, \cdots, t+d_i-1, t=0,1,\cdots\}$$

(6) 计算任务 i 的完成时间,即 $f_i = s_i + d_i$。

(7) 将任务 i 从 D_n 中删除,同时更新 S_{n+1}。

(8) $n=n+1$,如果 $n>N$,则解码完成,所有任务的最迟完成时间为该粒子表示的方案所消耗的时间 T_i,否则返回至步骤(2)。

5.3.4.4 适应度函数表示方法

适应度函数用来评价种群中个体的质量,粒子群优化算法根据种群中个体的适应度值由低至高进行进化。任务调度问题的优化目标是使完成所有的运输任务消耗时间最少,即消耗时间少的个体适应度值高,因此评价函数为

$$f_i = \frac{1}{T_i} \tag{5-12}$$

式中:T_i 代表粒子 i 表示的调度方案所消耗的时间。

5.3.4.5 粒子更新方法

粒子群优化算法通过粒子更新操作对粒子编码进行优化。粒子更新操作是整个算法的核心,通过更新操作,每一轮迭代将得到新的粒子群,以及粒子中每一个个体的适应度值。通过比较得到种群的局部最优解和全局最优解,局部最优解表示为 $X_i^L(t) = \{p_{i1}^L(t), p_{i2}^L(t), p_{i3}^L(t), \cdots, p_{iN}^L(t), m_{i1}^L(t), m_{i2}^L(t), m_{i3}^L(t), \cdots, m_{iN}^L(t)\}$,全局最优解表示为 $X^G(t) = \{p_{i1}^G(t), p_{i2}^G(t), p_{i3}^G(t), \cdots, p_{iN}^G(t), m_{i1}^G(t), m_{i2}^G(t), m_{i3}^G(t), \cdots, m_{iN}^G(t)\}$。改进的粒子群优化算法对粒子的更新分为两部分:第一部分是对编码前 N 位即优先权值的更新;第二部分是对编码后 N 位即模式值的更新。

(1) 对编码第一部分的更新:每个粒子通过式(5-13)更新速度 v_{iN},通过式(5-14)更新优先权值 p_{iN}。

$$v_{iN}(t+1) = w \cdot v_{iN}(t) + c_1 r_1 (p_{iN}^L(t) - p_{iN}(t)) + c_2 r_2 (p_{iN}^G(t) - p_{iN}(t))$$
$$\tag{5-13}$$

$$p_{iN}(t+1) = p_{iN}(t) + v_{iN}(t+1) \tag{5-14}$$

在计算过程中,v_{iN} 的取值范围为 $[-1,1]$,而 p_{iN} 的取值范围为 $[0,1]$。如

果计算得到 $p_{iN} \leqslant 0$，则取 $p_{iN} = 0$；若计算得到 $p_{iN} \geqslant 1$，则取 $p_{iN} = 1$。

（2）对编码第二部分的更新：由于编码每一位包含选择的模式值，模式值必为正整数，如果用粒子进化方程计算会出现非整数值，因此对编码第二部分进行更新时不能使用式（5-13）和式（5-14）作为粒子的进化方程。受粒子群优化算法启发，新一代的模式组合同样受个体最优解和全局最优解的影响，首先，粒子编码每一位数值根据 $X_i^L(t)$ 以 θ 概率逐个进行变换，其中 θ 的取值范围为 $[0,1]$，对于编码的任一位 m_{iN}，如果产生的随机数小于 θ，则粒子编码该位保留原值；如果产生的随机数大于 θ，则该位数值变换为 m_{iN}^L。同理，经过变换后的编码再根据 $X_i^G(t)$ 以 δ 概率进行变换，如图 5-14 所示。

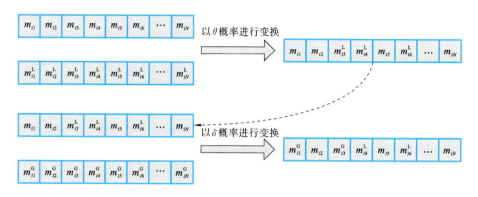

图 5-14　模式值更新

粒子群优化算法虽然收敛速度比较快，但是容易陷入局部最优解，因此在上述更新操作的基础上加入变异操作。受遗传算法思想的启发，变异操作通过随机改变编码某些位置的数值来产生新的个体，增强种群的多样性，以提高搜寻到最优解的可能性。

在每次迭代过程中随机选择编码上的某几个位置，并在相应的取值范围内产生随机数替换原有数值，产生新的粒子个体。变异概率用 P_m 表示。

5.3.4.6　AGV 系统任务调度问题求解步骤

（1）构造约束矩阵：根据求解的任务调度问题的特征，构造时序约束矩阵和资源约束矩阵。

（2）种群初始化：初始化种群，随机生成优先权值和模式值以对粒子群中个体进行编码，其中优先权值范围为 $[0,1]$，模式值为对应物料运输任务可选模式个数范围内的正整数，并保证随机产生的模式值对应模式所需的资源量不超过提供的资源量,同时设定相关参数。

(3) 求适应度值:对粒子群中个体的编码进行解码,得到任务调度方案所消耗的时间 T_i,进而求出每个个体的适应度值。

(4) 粒子群迭代更新:比较种群中个体的适应度值,得到个体最优值和全局最优值,根据上文提到的粒子更新方法对粒子进行更新,得到新的种群。

(5) 对模式组合进行调整:检查新种群中每一个任务对应的模式值,如果某个模式值对应模式的资源消耗量大于资源提供量,则对该模式值进行调整,选取其他模式值,保证模式值对应模式的资源消耗量不超过资源提供量。

(6) 若达到终止条件则程序终止,否则返回到步骤(2),继续进行循环。

本章提出的面向 AGV 系统任务调度问题的离散粒子群优化(DPSO)算法流程如图 5-15 所示。

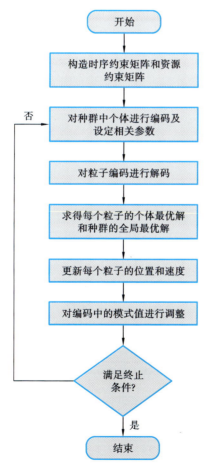

图 5-15 离散粒子群优化(DPSO)算法流程

5.3.5 测试集验证

采用改进的粒子群优化算法求解 PSPLIB 标准库中的多个问题实例来验证所提算法的有效性。PSPLIB 标准库是由 Kolisch 和 Sprecher 设计的项目调度标准问题库，其提供了各种调度实例以及这些实例的已知最优解（任务完成消耗的总时间）或者最优解的上限和下限，以方便研究者测试各种优化算法的求解效果。

该标准库包含了多种测试集，如 J10 测试集（包含 10 个任务）、J12 测试集（包含 12 个任务）、J16 测试集（包含 16 个任务）、J18 测试集（包含 18 个任务）等。从各测试集中选取 10 个实例进行求解，并将求解结果和标准库提供的已知的最优解进行对比，以测试改进的粒子群优化算法的性能。由于测试的实例较多，无法全部详细说明，仅对 J10 测试集中 J102_2 实例的求解过程进行阐述，其余求解结果仅以表格形式给出。

J102_2 实例中有 10 个任务需要调度。在这里需要指出的是，标准库中的每个实例都是抽象出来的数据表格，数据主要分为三部分：① 时序约束部分，告知实例中每个任务之间的先后逻辑关系，可以通过项目网络图表示；② 资源约束部分，告知项目中提供的资源量，实例中共有 4 种资源，分别以 R1、R2、R3、R4 表示，资源量分别为 9、4、29、40；③ 任务执行成本部分，每个任务具有三种可以选择的执行模式。

J102_2 项目网络图如图 5-16 所示，任务成本表见表 5-1。

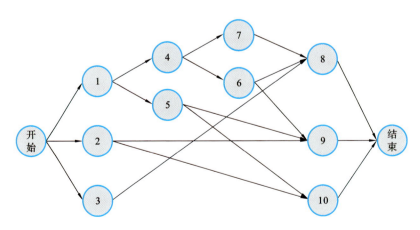

图 5-16 J102_2 项目网络图

表 5-1 任务成本表

任务序号	模式值	时间	资源类型			
			R1	R2	R3	R4
1	1	3	6	0	9	0
	2	9	5	0	0	8
	3	10	0	6	0	6
2	1	1	0	4	0	8
	2	1	7	0	0	8
	3	5	0	4	0	5
3	1	3	10	0	0	7
	2	5	7	0	2	0
	3	8	6	0	0	7
4	1	4	0	9	8	0
	2	6	2	0	0	7
	3	10	0	5	0	5
5	1	2	2	0	8	0
	2	4	0	8	5	0
	3	6	2	0	0	1
6	1	3	5	0	10	0
	2	6	0	7	10	0
	3	8	5	0	0	10
7	1	4	6	0	0	1
	2	10	3	0	10	0
	3	10	4	0	0	1
8	1	2	2	0	6	0
	2	7	1	0	0	8
	3	10	1	0	0	7
9	1	1	4	0	4	0
	2	1	0	2	0	8
	3	9	4	0	0	5

续表

任务序号	模式值	时间	资源类型			
			R1	R2	R3	R4
10	1	6	0	2	0	10
	2	9	0	1	0	9
	3	10	0	1	0	7

采用 MATLAB 编写离散粒子群优化（DPSO）算法程序对实例进行求解。首先构造时序约束矩阵和资源约束矩阵，然后进行基于任务优先权值和任务执行模式的混合编码，并进行解码和粒子更新操作。编写的程序记录粒子群每一代中最优调度方案的消耗时间，得到的收敛曲线如图 5-17 所示。由图 5-17 可知，任务调度消耗的总时间为 20，与标准库已知的最优解相等，说明改进的粒子群优化算法在求解任务调度问题时具有一定的有效性。

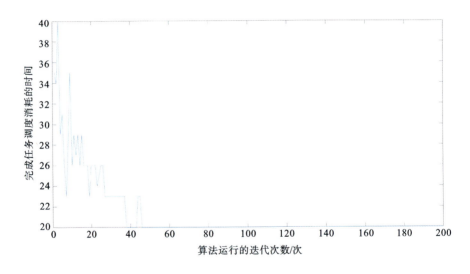

图 5-17 收敛曲线图

为了能够进一步客观地评估改进的粒子群优化算法的性能，降低仿真结果的偶然性，笔者从 J10、J12、J16、J18 这 4 个测试集中各选取 10 个实例进行求解，并将求解后的结果与 Zhang 等[114]所采用的 PSO 算法进行对比，采用平均偏差率、最大偏差率以及最优解百分比三个评价指标。其中，最优解百分比表示算法能够求得最优解的实例占所有测试实例的比例，如果最优解百分比为

100%,说明该算法能够求解得到所有实例的最优解;偏差率是国内外学者评估算法性能的重要指标,即计算优化算法所得到的结果和已知最优解之间的偏差率,公式如下:

$$Z = \frac{S_l - S}{S} \times 100\% \quad (5\text{-}15)$$

其中,Z 表示偏差率,S_l 表示算法完成任务的总消耗时间,S 表示标准库已知的最优解。由于不同的研究工作者在运用算法程序仿真求解实例时,采用的编程语言以及使用的计算机配置可能是不同的,将各种算法求解调度问题所花费时间的长短作为评估算法性能优劣的指标是不客观的,因此多数情况下比较算法的平均偏差率,平均偏差率越低,表示算法的性能越好。仿真结果对比如表 5-2 所示。

表 5-2 仿真结果对比

测试实例	PSO			DPSO		
	平均偏差率/(%)	最大偏差率/(%)	最优解百分比/(%)	平均偏差率/(%)	最大偏差率/(%)	最优解百分比/(%)
J1010_1～J1010_10	1.70	11.11	80	0	0	100
J1210_1～J1210_10	0.85	4.76	80	0	0	100
J1610_1～J1610_10	1.92	8.33	70	1.52	7.31	90
J1810_1～J1810_10	3.49	12.12	50	2.37	9.72	80

从表 5-2 中的对比数据可知,DPSO 算法在求解包含较少任务的实例(任务数为 10 或 20)时在平均偏差率、最大偏差率以及最优解百分比方面的表现都优于 Zhang 等[114]提出的 PSO 算法,而且都求得了实例的最优解;在求解包含任务数较多的实例(任务数为 16 或 18)时算法性能表现稍差,但是在平均偏差率和最优解百分比方面的表现都优于 PSO 算法。从平均偏差率的数值较小可以得知,求得的解与标准库已知的最优解的差值很小,因此可以证明所提出的 DPSO 算法在解决任务调度问题上的有效性。

5.4 案例

5.3 节通过求解标准库中多模式问题集来验证所提算法的有效性,下面将 DPSO 算法应用于求解制造车间 AGV 系统任务调度问题,为制造车间 AGV 物料配送提供可供参考的调度策略。

5.4.1 制造车间实例求解

在某制造车间中,需要根据生产任务将多种类型的变压器箱体运送到 10 个工位上进行装配。根据生产的要求,每个工位需要装配的变压器箱体数量和类型是不同的,而且每个工位的供货顺序具有优先级约束。将为一个工位进行物料运输视为一个任务,则制造车间中有多个运输任务且运输任务之间存在优先级约束。车间中一共有 4 种型号的 AGV,其中 a 型 AGV 有 12 台,b 型 AGV 有 10 台,c 型 AGV 有 10 台,d 型 AGV 有 4 台。车间中工作人员根据每个工位上需要装配箱体的类型和数量为每个运输任务制定了可供选择的三种 AGV 组合方式(模式),并给出了每种模式所需使用的 AGV 数量以及消耗的时间,如表 5-3 所示。表 5-3 给出了任务在每种模式下的资源消耗量以及各任务的紧后任务。

表 5-3 某制造车间实例

任务	模式	时间/min	所需 AGV 数量/台				紧后任务
			a 型 AGV	b 型 AGV	c 型 AGV	d 型 AGV	
1	1	3	3	0	0	1	5
	2	2	1	0	0	3	
	3	4	0	2	1	0	
2	1	5	0	3	1	0	6
	2	3	0	2	2	0	
	3	3	4	0	0	1	
3	1	2	2	0	0	3	4
	2	5	1	0	0	2	
	3	4	3	0	0	1	
4	1	4	2	1	0	0	7
	2	2	4	2	0	0	
	3	3	0	1	2	0	
5	1	6	0	2	3	0	8
	2	3	0	4	6	0	
	3	5	2	0	5	0	

续表

任务	模式	时间/min	所需 AGV 数量/台				紧后任务
			a 型 AGV	b 型 AGV	c 型 AGV	d 型 AGV	
6	1	6	0	0	2	2	9
	2	3	0	0	4	4	
	3	7	2	3	0	0	
7	1	5	3	1	0	0	10
	2	4	0	2	0	3	
	3	6	2	0	2	0	
8	1	8	3	0	0	2	10
	2	4	6	0	0	4	
	3	6	4	3	0	0	
9	1	10	0	2	3	0	10
	2	5	0	4	6	0	
	3	8	3	0	5	0	
10	1	8	3	4	0	0	—
	2	4	6	8	0	0	
	3	5	0	6	0	2	

首先,根据表 5-3 中各任务先后逻辑关系绘制节点式项目网络图,如图 5-18 所示。

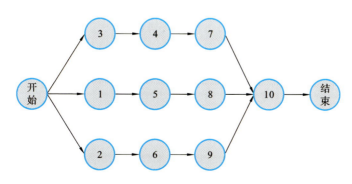

图 5-18 节点式项目网络图

根据所提出的 DPSO 算法,将上述实例中各种型号 AGV 视为可更新资源,并构建资源约束矩阵,根据表 5-3 中每个任务的后续任务构建时序约束矩阵,并根据 DPSO 算法步骤通过 MATLAB 仿真软件对该制造车间 AGV 系统任务调度问题进行求解。

图 5-19 为完成物料配送任务所消耗总时间的收敛曲线图,完成物料配送任务所消耗的总时间为 19 min,说明所有的运输任务完成需要耗时 19 min,同时通过程序仿真得到了最后一代的粒子群编码,其中最优个体的编码为{0.9352,0.7574,0.6550,0.4404,0.8927,0.0522,0.9742,0.7411,0.8869,0.7559,1,3,2,2,1,3,2,3,2,2}。根据编码可以得到每个任务的优先权值以及每个任务执行时选择的相应模式值。

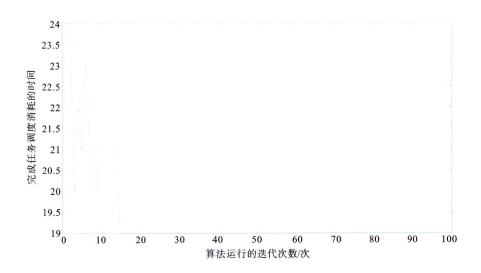

图 5-19 完成物料配送任务所消耗总时间的收敛曲线图

利用所提的 DPSO 算法解码方法可以得到每个任务的开始时间和结束时间,同时根据模式值可以得到每个任务的资源消耗量以及耗时,然后绘制任务的甘特图,如图 5-20 所示,图中矩形的长度表示任务耗时,并标注在矩形中间,矩形右侧的数据表示任务执行时相应资源的消耗量。

从图 5-20 中可以清楚地看出每一个任务的资源消耗量以及每个物料运输任务执行的开始时间和结束时间,并且可以得到所有物料运输任务完成的总时间。因此,可以将智能优化算法的求解结果作为实际生产过程中制定 AGV 任务调度方案时的参考,这对于缩短物料运输时间和提高智能化物流运输效率具有重要意义。

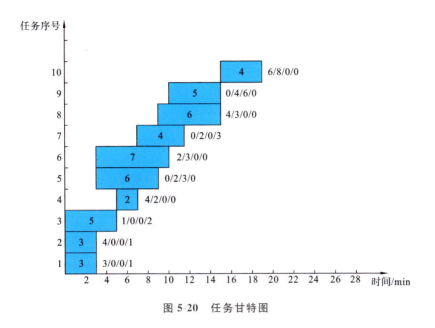

图 5-20 任务甘特图

5.4.2 任务要素改变

前文对 AGV 系统任务调度问题进行了求解,并且利用 DPSO 算法得到了优化的任务调度策略。然而柔性制造车间中加工或者装配任务的随机性比较强,车间中的约束条件以及生产要素可能会发生改变。

5.4.2.1 任务优先级改变

根据每批次生产任务的变化,对各工位进行物料配送的优先顺序可能会发生改变,即各个物料配送任务之间优先级会发生改变。针对该种情况,DPSO 算法具有很好的适应性,它只需要根据当前的任务之间的约束情况重新构建时序约束矩阵即可,其编码、解码以及粒子更新等操作无须改变。以制造车间 AGV 系统任务调度为例,假设其任务优先级发生改变,如图 5-21 所示,因为当前仅针对任务优先级顺序发生改变提出应对策略,所以假设各任务执行模式资源消耗量以及耗时不变。

首先根据任务项目网络图中变化的任务优先级构建新的时序约束矩阵,如图 5-22 所示。

然后继续进行编码、解码、粒子更新等操作,得到最优个体的编码为 {0.5682,0.2121,0.7119,0.0491,0.8849,0.4178,0.9237,0.5754,0.5092,

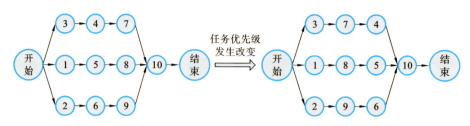

图 5-21 任务优先级改变

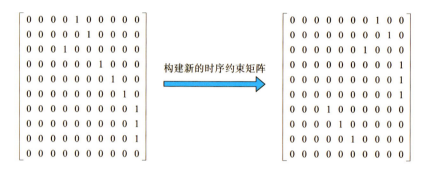

图 5-22 构建新的时序约束矩阵

0.6734,1,3,3,1,3,2,1,1,3,2},通过解码得到每个任务执行的开始时间和结束时间,以及选择的模式值即每一时刻占用的 AGV 资源量,如图 5-23 所示。

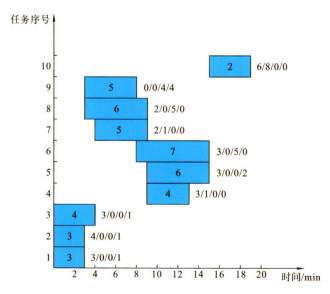

图 5-23 任务甘特图(任务优先级变化)

在各工位物料配送任务优先级发生改变时,DPSO 算法整体框架并没有发生较大变化,因此 DPSO 算法能够针对该种情况做出快速的响应。

5.4.2.2 任务数量改变

根据每批次生产任务的变化,参与装配工作的任务数可能会发生变化,但是所提出的 DPSO 算法仅需要对编码部分做出调整,如果任务数为 N 个,则编码的长度为 $2N$,仍然采用基于任务优先权值和任务执行模式的混合编码,其他如解码、粒子更新等操作无须改变。

以制造车间 AGV 系统任务调度为例,由于下一批次需要装配的零部件数目增加,需要增加两个工位进行装配作业,假设对增加的每个工位进行物料配送也有三种 AGV 组合模式,如表 5-4 所示,同时假设制造车间提供的 AGV 资源量不变。

表 5-4　增加的任务每种模式所需的 AGV 数量以及消耗的时间

任务	模式	时间/min	所需 AGV 数量/台			
			a 型 AGV	b 型 AGV	c 型 AGV	d 型 AGV
11	1	10	0	2	3	0
	2	5	0	4	6	0
	3	8	3	0	5	0
12	1	8	3	4	0	0
	2	4	6	8	0	0
	3	5	0	6	0	2

增加工位之后,各工位物料配送任务的优先级依然用项目网络图表示,如图 5-24 所示。

针对该种情况,依然可以运用 DPSO 算法的整体框架,根据项目网络图构建时序约束矩阵,同时根据制造车间各种 AGV 的数量构建资源约束矩阵,然后完成编码、解码以及粒子更新操作,通过程序仿真输出种群中最优个体的编码,并根据解码方法得到各个任务的开始时间和结束时间以及选定的模式值,如图 5-25 所示。

综上所述,面对不同的任务批次或任务之间优先级改变、任务数量改变时,DPSO 算法只需要根据当前调度问题的特征构建相应的约束矩阵或者改变编码长度,就能够获得优化的调度方案,而并不需要对 DPSO 算法框架作较大调

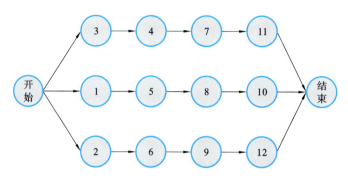

图 5-24 项目网络图（工位增加）

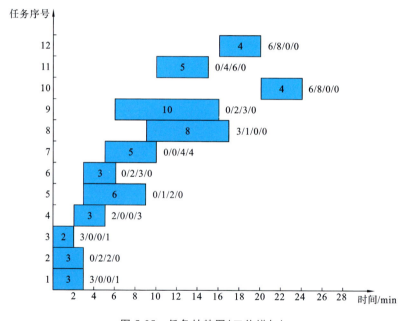

图 5-25 任务甘特图（工位增加）

整。这说明 DPSO 算法对制造车间环境以及约束条件的变化具有较好的适应性。DPSO 算法并不只用于求解某些 AGV 系统任务调度问题的特例，只要任务调度问题符合多模式资源受限项目调度问题模型，均可采用 DPSO 算法求解，得到优化的调度方案。

5.4.3 AGV 系统调度分析

除了任务甘特图外，还有另一种任务调度方案表示方式，如图 5-26 所示。

该图是以每种 AGV 的实时使用量为对象绘制的 AGV 资源甘特图。仍以 5.4.1 节的制造车间 AGV 系统任务调度为例，图 5-26 中的虚线表示各种型号的 AGV 提供的数量，任意时刻图中矩形的高度均不能超过该虚线；图中横坐标表示时间，纵坐标表示 AGV 使用量。图 5-26(a)、(b)、(c)、(d)分别表示 a 型、b 型、c 型以及 d 型 AGV 的甘特图，可以看到不同型号的 AGV 在相应时刻需要调用的数量以及这些 AGV 需要进行物料配送的任务序号。例如，由图 5-26(a)可知，在 $t=0$ 时刻需要为任务 1、任务 2、任务 3 分别调用 3 台、3 台、1 台 a 型 AGV 进行物料运输。

由图 5-26 可知，在当前调度方案下，a 型 AGV 余量充足，如果某时刻正在执行任务的 a 型 AGV 出现故障，可以抽调多余的 AGV 继续进行物料配送任务，因此 a 型 AGV 故障对整个物料配送任务影响不大。但是对于 d 型 AGV，

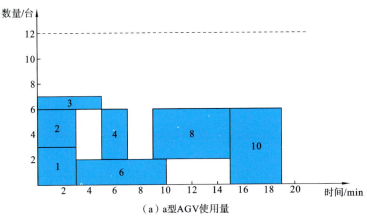

(a) a型AGV使用量

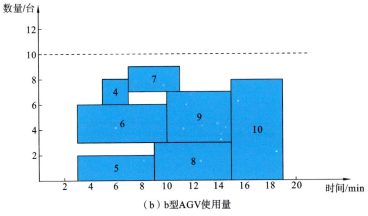

(b) b型AGV使用量

图 5-26　AGV 资源甘特图

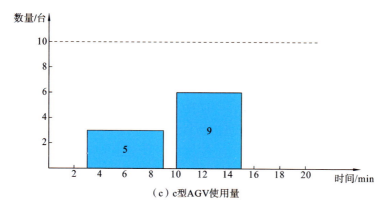

(c) c型AGV使用量

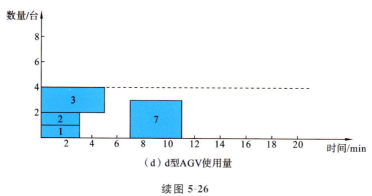

(d) d型AGV使用量

续图 5-26

在 $t=0$ 到 $t=3$ min 之间，若其出现故障，则对配送任务的影响较大。因此，根据 AGV 资源甘特图所反映的各种 AGV 余量，可以得到各种 AGV 维护时的优先级，即对于余量较少的 AGV，一定要保证其有充足的电量，以维持正常运作。

从图 5-26 还可以看出，任务 7 与任务 10 之间有 4 min 的间隔时间，这说明任务 7 即使在执行过程中出现延误，只要不超过 4 min，就对物料配送任务的总耗时不会产生影响，而任务 8、任务 9 以及任务 1、任务 2、任务 5、任务 6 对整体的任务调度影响较大。可见，根据甘特图可以判断各任务的重要程度，对整体任务调度具有较好的指导作用。

5.4.4 AGV 系统集成

DPSO 算法面对不同的任务批次具有良好的适应性，并能够通过甘特图实现对 AGV 资源的管理。本小节将重点阐述制造车间任务调度系统构建，以实现研究结果的工程实用化。调度系统使用 JavaFX 开发平台进行程序开发，数据库使用 SQLiteStudio。

数据库主要分为三部分:时序约束表(表名 Timing constraint)、资源约束表(表名 Resource constraint)以及成本表(表名 Cost),如图 5-27 所示。

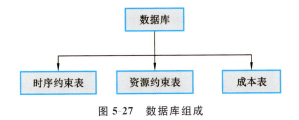

图 5-27　数据库组成

根据制造车间中 AGV 系统任务调度项目的实际情况,在时序约束表中记录各任务的先后逻辑关系。时序约束表的设计如表 5-5 所示。

表 5-5　时序约束表设计

字段名称	是否主键	类型	备注
Task_id	是	INT	任务序号
Succ_id	否	INT	紧后任务序号

在资源约束表中记录制造车间中各种 AGV 的数量。资源约束表设计如表 5-6 所示。

表 5-6　资源约束表设计

字段名称	是否主键	类型	备注
Resource_id	是	INT	资源种类
amount	否	INT	资源量

在成本表中记录每个任务在不同模式下消耗的资源量以及时间,注意在输入资源消耗量时,不同资源消耗量用逗号隔开,以便于程序读取数据时区分资源种类。成本表设计如表 5-7 所示。

表 5-7　成本表设计

字段名称	是否主键	类型	备注
Task_id	是	INT	任务序号
mode_value	否	INT	模式值
resource_cost	否	TEXT	资源消耗量
time_cost	否	REAL	时间

利用程序读入数据库中的数据。程序能够根据任务的数量自动更改编码的长度,并能够根据读入的数据生成资源约束矩阵以及时序约束矩阵。然后程序调用 DPSO 算法对项目调度问题进行求解,得到优化后的调度方案,并绘制甘特图,如图 5-28 所示。

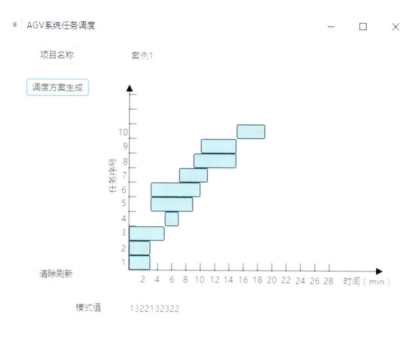

图 5-28　任务调度系统界面

综上,对于不同批次的运输任务,仅需要根据任务的特征输入数据库数值,就可以得到优化的调度方案,作为任务管理者制定项目调度计划的重要参考。调度方案明确了每个任务的执行时间,以及所需 AGV 的种类和数量,任务调度系统可以直接向各个 AGV 发布操控指令,让其完成物料的运输。这能够在一定程度上提高 AGV 系统的自动化水平以及物流效率。

5.5　工业互联网技术在物流调度领域的应用展望

创造新一代工业互联网,工业互联网连接制造设备、货架、机器人、AGV等,实现制造数据的互联互通,形成具有实时感知、优化决策、动态执行等功能的智能工厂,使工厂决策更加智能,这是工业互联网技术在物流调度领域的应用方向。以 AGV 作为数据终端,AGV 系统的解决方案更注重 AGV 系统与工业互联网、大数据、云计算等技术的融合,同时 AGV 与 ERP、MES、WMS 等系统的各种工控协议的无缝对接,可实现高度智能化、高效率、全自动化、无人化的智能物流运输。

5.6 小结

本章对工业互联网背景下制造车间 AGV 系统资源受限任务调度问题进行了研究,在建立了 AGV 系统多模式资源受限项目调度模型的基础上,提出了 DPSO 算法用于该问题的求解,并得到了优化的项目调度方案。

本章的主要工作可以总结如下。

(1) 简要介绍 AGV 系统各组成部分以及功能,将研究重点限定在 AGV 系统任务调度范畴,并结合了制造车间物料运输过程中各种约束条件,以减少任务完成的总时间为优化目标建立了多模式资源受限项目调度模型,重点考虑了制造车间自动化物流中 AGV 资源的限制。

(2) 改进了经典的粒子群优化算法,在比较了各种编码方式之后,选择基于任务优先权值和任务执行模式的混合编码,并改变了粒子编码模式值部分的更新方式,引入变异操作以防止优化算法过早收敛,使得改进的粒子群优化算法更加适合用于求解多模式资源受限项目调度问题。

(3) 将用 DPSO 算法求解 PSPLIB 标准库中实例的解与标准库给出的最优解对比,证明所提算法的有效性;在最大偏差率、平均偏差率以及最优解百分比方面与其他优化算法对比,证明在求解多模式资源受限项目调度问题上该算法具有良好的性能。

(4) 将 DPSO 算法运用到制造车间 AGV 系统任务调度问题的实例中,给出优化的项目调度方案,并绘制甘特图,作为管理者制定项目进度计划表的重要参考。

(5) 当制造车间 AGV 系统运输任务优先级和数量发生改变时,智能优化算法只需修改时序约束矩阵和资源约束矩阵,且可以继续沿用其原先的框架,证明 DPSO 算法具有良好的适应性;管理者可以根据甘特图进行 AGV 的维护决策以及调控运输任务;将 DPSO 算法集成到调度系统中,调度系统就能自动生成甘特图,说明所提出的调度模型以及算法框架具有一定的实际应用价值。

第 6 章 工业园区仓储物流关键技术

工业园区与现代物流有以下两种关系。

1）内部关系

工业园区是一个错综复杂的经济活动集聚区。通过产业生态链和价值链，园区内的关联性企业群体、各种中介服务组织和相关公共部门组成一个集群经济组织系统，而实现这个系统的通道则是现代物流体系。现代物流体系承接工业园的上游与下游，包括供应商、制造企业、物流企业、销售商和客户服务组织，通过技术标准、运作规范、管理制度等机制要素进行内部和外部联系，使系统要素之间、系统与系统之间实现无缝连接，从而达到降低成本、提高效率、提升整个工业园区竞争能力的目的。供应商、生产商、销售商三种企业大致可形成一个完整的产业体系。供应商主要包括设备供应商、原材料供应商；生产商主要包括配件生产商、中间加工生产商、成品生产商；销售商主要包括零售商和代理商。供应商和生产商之间由供应物流连接，实现大量的原材料、设备等的流动，生产商通过专业化的生产性物流生产产品，其间产生的生产信息、不合格材料等再重新返回给供应商，形成逆向物流；最终产品由生产商通过销售物流输送给零售商和代理商，并最终流入顾客手中；顾客则通过逆向物流将发现的不合格产品或废弃产品发给生产商回收，实行逆向回转。从上述描述中我们可以看出，现代物流体系以不同的形式渗透在产品的整个生命周期中。

2）外部关系

在工业园区系统中，如果将物流体系作为一个独立的系统来考虑，其核心部分是集"四个中心"为一体的工业园物流配送系统，即信息中心、物流中心、结算中心和协调中心。它除了保证整个物流体系效益最大化外，还起到协调各方利益的作用。工业园区系统将供应链的反馈信息传输给园区内企业。处于供应链末端的客户群根据自身对产品的需求将信息逆向传输给销售商，销售商根据客户的需求信息调整其与园区内企业的订单，进而园区内生产商根据接收到的订单确定自己对原材料和设备的需求,供应商再根据此需求完成自己的供应计划,实现物流和信息流的协调发展。根据上述描述,供应商、园区内企业、销售商根据物流核心体系的运作所提供的信息流,协调整个集群系统的运行。

高效的物流体系为工业园区内各种支撑要素的集聚和产业发展提供良好生态环境,在提高产业关联度、促进企业专业化聚集、提高企业间的分工协作程度中扮演着承上启下的重要角色。因此,现代物流体系是工业园区发展的重要支撑,高效的物流体系是提升工业园区核心竞争力的关键一环。

6.1 当前仓储物流现状分析

下面对商品货位分配决策的优化以及机器人调度的优化这两个仓储物流子问题的相关研究进行综述。

6.1.1 概述

在传统仓库中,货架不能移动,同类同种商品集中地存储在相同或临近的货架区域。而在机器人移动货架系统中,每个货架存储了不同种类、不同数量的商品,并且每种商品分散地存储在若干个货架中。当系统接收到顾客在线下达的订单后,搬运机器人从拣货台出发,找到包含所需商品的货架,将整个货架搬运至拣货台并由拣货人员进行货物拣选,待搬运机器人所携带的货架完成拣选后,搬运机器人将货架放回其摆放位置,然后以空载状态前往搬运下一个所需货架,如此重复,直至完成所有订单需求。

机器人移动货架系统由于采用基于搬运机器人的"货到人"拣选模式,极大地增强了商品同货架存储的关联性和多货架存储的分散性、货架储位根据订单需求动态调整的灵活性、拣货人员工作的舒适性和拣选操作的高效性,可有效应对大规模电商订单带来的拣货挑战,因而受到诸多电商仓储企业的追捧。然而,机器人移动货架系统具有一系列制约新一代拣货系统发展的关键问题,它不同于固定货架仓储系统中的拣选优化问题,其求解已超出了现有理论方法的适用范围,其 NP-hard 特性又极大地增加了其面向大规模顾客订单时的问题求解难度。因此,寻求一种机器人移动货架系统的拣选优化方法,尽可能提高订单拣货效率,充分发挥该系统在电商订单拣货方面的优势,已成为产业界与学术界亟待解决的关键难题。

6.1.2 货位分配优化

货位分配问题一直都是仓储业的一个研究热点。随着物流的快速发展,从传统的固定货架仓库到自动化立体仓库,再到如今的机器人移动货架仓库,关于货位分配问题的研究成果也越来越丰富。与机器人移动货架仓库的货位分配问题相关的研究包括:固定货架仓库的库存分配问题、装箱问题、机器人移动货架系统的货位分配问题。下面将从以上三个方面对国内外相关研究进行综述。

在固定货架仓库的库存分配问题方面,主要考虑拣选方法、周转率、库存单位之间的需求依赖性和储存空间要求等因素来进行货位分配优化。货位分配的常用策略包括专用存储、随机存储、基于类的存储、共享存储、基于全周转的存储和相关存储[115,116]。早期 Larson 等[117]提出了先分类后存放的方法,采用分级存储的原则,提高了建筑面积的利用率。Fontana 等[118]提出了一个多准则的决策模型来进行产品分类,解决了多层仓库中的货位分配问题。韩彩云[119]将货位优化的存储原则和货物分配原则相结合,建立了以提高货物周转率为目标的货物优化数学模型,通过分析现有货位分配方法,设计了多目标遗传算法来求解货位分配问题。李明琨等[120]基于物料周转率(COI)方法,通过模型和定性分析,提出了绝对分巷道存储、相对平均与最大值控制两种模型,以提高仓库的拣货效率,减少不均衡车道运行带来的负面影响。朱铖程等[121]从订单出发,建立了拣选订单时行走距离最短的 TSP 优化数学模型,通过数据挖掘算法得到订单中商品之间的数量关系、关联关系等,最后利用回溯法求解数学模型得到货位分配方案。

经典的装箱问题是将一定数量的货物放入一些具有相同容量的箱子中,要求使每个箱子中的物品大小之和不超过箱子的容量且所用箱子的数量最少。这与本章将要研究的问题有相似之处,都是将一批货物分配给容量有限的容器。孙春玲等[122]研究了一维装箱问题,提出了一种交叉装填算法,该算法能够获得装箱问题最优解的近似值。于洪霞等[123]将二维装箱问题表示为一个非线性规划模型,使用变分分析中的切锥概念,建立问题的一阶最优性条件,同时设计了增广 Lagrange 方法求解。实验结果表明,该方法要优于经典的启发式方法。Bortfeldt 等[124]针对三维装箱问题,提出了一种基于分支定界的启发式算法,并将该算法和其他文献的算法作比较,证明了该算法的高性能。Martello 等[125]研究了项目的装配结构,证明最坏情况下的渐近性能极限为 1/8,并设计了一种三维装箱问题的分支定界算法。实验结果表明,该算法能在合理的时间内找到箱子数为60时的最优解。张德富等[126]提出了一种混合的模拟退火算法来求解三维装箱问题。在复合块生成的基础上，利用模拟退火（SA）算法在解的空间中去寻找问题的近似最优解。实验结果表明，混合SA算法填充率优于目前已知的某些优秀算法。

国内外对机器人移动货架系统的货位分配问题研究较少。周方圆等[127]在"货到人"拣选模式下，以总拣选成本最小化为目标，建立了货位分配问题的数学模型，先根据历史订单构造二进制网络，然后运用二进制网络模块划分算法进行聚类和分组，确定每个货架上摆放商品的种类序号。周佳慧[128]先利用Apriori算法对历史销售订单进行频繁项集挖掘，然后根据频繁项集结果对SKU（指最小存货单位）进行分组，排除已经在商品组中的SKU，再通过不断降低支持度的阈值，对剩下订单中的SKU进行挖掘，直到大部分SKU分配到商品组中，达到提高拣选效率、降低拣选成本的目的。李珍萍等[129]根据图书在历史订单中出现的频次，定义了图书之间的关联度，将关联度大的图书放置到一个货架当中，建立了以总的拣选成本为目标的数学模型，并设计了求解的启发式算法；结合A网上书店的实际订单数据进行了实验分析，验证了所建模型和所设计启发式算法的可行性和有效性。袁瑞萍等[130]为了提高移动货架仓库系统中订单拣货的效率，提出了基于货架中商品出入库频次和商品相关性的货位优化方法。其将货位优化分为两个阶段：第一个阶段，将商品存放到货架上；第二个阶段，将现有的货架布局到仓库中现有空置的位置。随后，其建立了货架搬运次数最小化和搬运机器人完成拣选任务的总拣选路程最小化的数学模型，并设计了两阶段的启发式算法进行求解。Xiang等[131]主要研究了KIVA系统下货位分配和订单分配问题，建立了商品存放在货架上的相似程度最大化的数学模型，并设计了启发式算法对模型进行快速求解。

6.1.3　机器人调度优化

与机器人移动货架系统的机器人调度问题相关的研究包括：搬运货架的选择、搬运机器人路径规划以及搬运机器人调度。下面将从以上三个方面对国内外相关研究进行综述。

针对机器人移动货架系统的搬运货架选择问题，相关的研究成果还比较少，大多数学者只是在相应的研究问题上提到了货架。刘凯等[132]针对"货到人"拣选模式下的订单分批问题展开研究，建立了数学模型，提出了启发式聚类算法以求解模型，通过与订单随机分批对比，发现优化后的策略减少了货架的搬运次数，使得相似性强的订单被分到同一批，有效提高了订单拣选效率。冯爱兰等[133]针对移动机器人履行系统的动态拣选场景提出求解货架调度次数最少的混合算法。李珍萍等[134]考虑工作人员从货架上拣取商品的成本和AGV搬运货架的成本,以总成本极小化为目标建立了订单分批问题的整数规划模型。Valle等[135]针对订单和货架分配问题,提出了两种数学方法,解决了货架排序的问题。

针对机器人移动货架系统的搬运机器人路径规划问题,相关学者以数学规划和仿真等方式开展了相关研究。此类研究围绕减少搬运机器人行走路径、缩短行走时间和预防碰撞等目标进行,结合数据实例发现研究成果均可达到提高仓储的出货效率和降低运输成本的目的。Frego等[136]提出了一种用于自动化仓库车辆协调的最小时间-最小冲动组合交通管理系统,该系统通过两个阶段,可在避免碰撞的情况下,优化搬运机器人的行走时间。Nishi等[137]提出了一种考虑拥挤和动态多物品流路径的有效导引路径优化设计方法,针对搬运机器人系统的导引路径设计问题,提出了基于单元的局部搜索启发式算法,利用仿真软件对导引路径设计的有效性进行了评价,并通过几个实例验证了该导引路径的可行性。Xing等[138]提出了一种求解多个搬运机器人路径问题的禁忌搜索算法,通过解决多个搬运机器人同时工作时的冲突问题,提高了搬运机器人在自动化仓库中拣选货物的效率。搬运机器人运行过程较为复杂,死锁、拥挤等问题一直是研究的热点。蔺一帅等[139]通过对智能仓储环节中各部分的关系进行耦合分析,提出了货位和搬运机器人路径协同优化数学模型,将货架优化和路径规划归为一个整体,同时使用改进的遗传算法实现了货位路径协同优化。赵雨亭等[140]研究了智能仓储中自动导引车的两种运行方向模式的效率,分别针对两种模式,提出了优化运行策略与方法;最后通过仿真试验,证明了优化的搬运机器人运行策略的有效性和可用性。于赫年等[141]认为搬运机器人间抢占系统资源的相互影响和制约性质,使得多搬运机器人的协同作业会出现死锁、碰撞冲突等问题,于是设计了两种算法对此问题进行求解,算法一是对最有效的静态算法进行改进,算法二则是一种具备多步前瞻性的主动避障算法,最后实验结果表明两种算法都具有良好的鲁棒性和有效性。也有学者利用启发式算法与离散策略共同求解搬运机器人路径。焦福明[142]采用粒子群优化算法以及适当的离散策略,来求解多搬运机器人路径规划问题,并借助类似于甘特图的逻辑思想,解决了路段冲突和路段交叉问题。

为了分析多搬运机器人间的相互作用,相关学者针对多个搬运机器人的调度问题进行了仿真研究。Chang等[143]采用田口遗传算法求解具有最大完工时间的柔性作业车间调度问题。Li 等[144]引入时间窗约束和冲突解决机制,来解决多桥加工系统的作业调度和冲突问题。Miyamoto 等[145]将容量受限搬运机器人系统的调度问题和无冲突路径问题(CFRP)作为一个整数规划,并提出了求解 CFRP 的局部随机搜索方法。Novas 等[146]处理了几个关键特性,包括活动调度、零件路径、机器缓冲区调度和搬运机器人调度等方面的问题。Digani 等[147]以搬运机器人在复杂交通模式下的协商时间最小化为目标,提出了一种优化策略来协调一组在特定路线图上行驶的自动导引车辆,以最大限度地提高搬运机器人在自动化仓库中导航的交通吞吐量,避免与其他搬运机器人发生碰撞。Fazlollahtabar 等[148]研究了搬运机器人的同时调度与路径规划问题,提出的数学公式适用于最小费用流(MCF)模型,同时使用改进的网络单纯型算法(NSA)进行优化,并通过数值算例验证了所提出的 MCF-NSA 求解方法的优越性。Zhao 等[149]从车辆的引导路径中实时提取车辆的共享资源点,提出了一种基于动态资源预留(DRR)的多搬运机器人调度和冲突避免方法,避免了机器人的碰撞和死锁,提高了效率。Yoshitake 等[150]应用一种实时全息排程方法来解决排程问题以及搬运机器人系统的实时调度问题。Corréa 等[151]提出了一种通过约束规划来求解调度主问题和通过混合整数规划来求解路径问题的 FMS 调度与 CFRP 混合求解方法。El Khayat 等[152]提出了机器和物料搬运系统的综合公式,并将机器和车辆视为受限资源。然而,他们并没有深入研究车辆数量的影响,否则其可能会获得更好的结果。

综上,可以分析发现很少有人关注货架是如何选择的。有些文献只提及了解决方案可以对货架进行优化,然而其侧重点并不是找到好的货架选择方案,而对拣选货架的选择进行优化。而在机器人调度优化方面,相关研究考虑了搬运机器人的路径规划和运输时间,使用禁忌搜索算法搜索最短路径,以最大完工时间最小化为目标函数,求解搬运机器人路径及订单拣选时间。

6.1.4 工业互联网下仓储物流技术

随着互联网技术的不断发展,传感技术作为仓储智能化管理的主要技术,也发生了较大的变化,由常规的无线射频识别技术和 GPS 技术逐渐发展出 M2M 技术、视频识别技术和蓝牙技术等多种可用于仓储物流传感识别的技术。这些技术已经在物流行业广泛应用,如在冷链物流、物流安全防盗以及业务流程控制等中都得到了大规模的应用。

工业互联网的出现,加速了世界经济的发展。将工业互联网技术与实物网络连接而形成的物联网技术,是目前仓库管理技术中最先进、最完善的技术。

工业互联网技术在仓储物流管理的应用主要涉及以下三方面：

（1）出入库管理。

利用自动识别设备可以将入库物品的信息输入仓库管理系统。自动搬运设备可以根据仓库管理系统的详细信息自动定位货位并将货物放到指定位置。而且在工业互联网系统的帮助下，根据入库的货物信息可以自动生成库存报表，入库货物的详细信息也会被自动记录。与入库流程类似，货物出库时，自动搬运设备可以将货物从所在货位中搬运出来，实现自动出库。

（2）企业存货及库存量的盘点。

在工业互联网系统的帮助下，根据入库的货物信息可自动生成库存报表，所以库存量可以动态更新、自动核查、实时显示库存情况，而且数据信息全面、精准。这样一来，就省去了库存盘点环节，极大地提升管理效率。库存盘点是常规物流仓储管理中不可或缺的一环，要将货物分门别类地统计好，需要大量人力物力，这项工作涉及货物的全部信息，工作量巨大，简化这一环节可极大地提高工作效率。

（3）库存管理。

为了合理利用仓库空间，需要将货物在仓库之间进行调配。仓库间的这种货物转移是库存管理中最为烦琐的一个环节。转移货物时，不仅货物位置要发生变化，仓库的库存信息也会随之改变，如果采用人工方式来转移货物则工作量巨大。但是货物转移又是无法避免的，货物转移不仅可以充分利用储存空间，而且将货物集中管理也可以大大降低仓储管理成本，并且便于货物运输。利用工业互联网技术管理库存，可以精确定位货物，实时更新货物信息，包括货物的库存、位置等信息，从而使得管理更加方便。而且根据实时的库存信息可对仓库库存进行合理调配，做到仓库空间的最大化利用。

6.2　机器人移动货架系统概述

与传统仓库的拣选模式不同，机器人移动货架系统实现了"人到货"向"货到人"拣选方式的转变。该系统面向电商订单的中小件商品，将体积庞大的重型高位货架替换为小巧、易于搬运的轻型货架，有利于人们根据顾客的订单特征来安排商品的存储位置，并动态调整货架的存储位置以提高拣选效率。此外，搬运机器人的引入使得拣货员不需要耗费大量体力在整个仓库内行走以拣选需要的商品，大幅降低了拣货员的劳动强度。凭借高效的拣选效率、灵活的货架位置调整方式等优势，该系统受到了国内外众多电商企业的青睐，这些企

第6章 工业园区仓储物流关键技术

业纷纷引入该系统来提高仓库的拣选效率和优化仓储管理。下面将详细介绍机器人移动货架系统的仓库布局、硬件设备和运作流程。

6.2.1 机器人移动货架系统仓库布局

根据机器人移动货架仓库内各部分区域的主要职能,可以将机器人移动货架仓库中进行订单拣选作业的区域大致分为4个,分别为拣货台区域、存储区域、巷道和AGV充电区域。

以图6-1为例简单介绍各区域的功能。最底部的区域是拣货台区域,拣货台是连接存储区域和出库区域的重要节点,一般设置于巷道的某一端,以方便后续的订单商品出库。中部存放可移动货架的区域为存储区域,存储区域占据了仓储区域的绝大部分面积。移动货架间供搬运机器人通行的过道即为巷道,搬运机器人通过扫描巷道上粘贴的二维码标签来获得位置信息,从而将货架搬运至拣货台。存储区域的左侧为AGV充电区域,当搬运机器人电量低于系统预设的最低电量时,搬运机器人将自动行驶至AGV充电区域以补充电量,待充电完成则继续执行新的货架搬运任务。

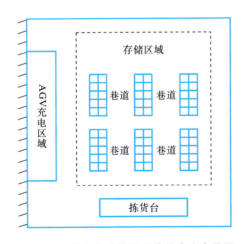

图6-1 机器人移动货架系统的仓库布局图

6.2.2 机器人移动货架系统硬件设备

机器人移动货架系统的硬件设备按照用途大致可划分为以下三大类:

(1) 存储设备,即用来存储商品的可移动货架。由于可移动货架需要搬运机器人搬运且需要在货架间的巷道上正常通行,因此对货架的长度、高度、宽度、质量有严格的限制，而且其尺寸需要与搬运机器人相匹配。为了便于拣货人员的拣选操作，将货架高度设计成与成人的身高大致相同，如此拣货人员就能轻松获取所需商品。在可移动货架的底部预留了足够的空间，搬运机器人能够从底部将货架抬升。此外，整个货架以及商品的总质量也不能超过搬运机器人所能承载的最大质量。

（2）搬运设备，即搬运机器人，其主要作用为搬运可移动货架，它一般是比较小巧的机械，通过扫描地上粘贴的二维码标签来定位，并按照系统规划的路径在巷道中穿梭。搬运机器人主要由升降装置、避障系统、充电设备等组成。当搬运机器人行驶到需搬运货架下方时，升降装置将货架抬起，执行货架搬运任务。搬运机器人配备有无线装置来感应外界设备，并使用避障系统以避免行走过程中与其他设备发生碰撞。充电设备是给搬运机器人补充电量的装置，当搬运机器人的电量低于系统预设的最低电量时，搬运机器人停止工作，行驶至充电区域进行充电。

（3）拣选设备，主要包括手持终端设备、周转货架、电子看板等。扫描枪等手持终端设备是拣货人员与系统通信的设备，每拣选一件商品都需要扫描商品上的二维码以提示系统该商品已拣选完成。已拣选的商品会被暂时存放于周转货架上，周转货架上拣选完成的订单商品经由打包人员打包后进入分拣配送环节。为了便于拣货人员拣选，每个拣货台都会配备电子看板，用于展示拣选商品的数量、名称、所在货架位置、任务执行状态等相关拣选信息。

6.2.3　机器人移动货架系统运作流程

利用机器人移动货架系统来拣货是电子商务配送中心的一种新的运作模式。机器人移动货架系统的拣货流程和传统的"人到货"拣选流程不同。在机器人移动货架系统中，拣货人员不需要在整个仓库内行走来寻找需要的商品，装有所需商品的货架由搬运机器人运送到拣货台，拣货人员从货架上取出所需的商品，然后货架由搬运机器人运送到某个空闲的货架存储位置。下面详细介绍机器人移动货架系统的工作流程。

（1）当机器人移动货架系统接收到订单拣选任务时，系统按照订单需求确定商品所在的货架，然后确定需要搬运的货架的位置。

（2）在确定待搬运货架的存储位置后，基于某种分配规则或优化算法，货架搬运任务被分配给空闲的搬运机器人。

（3）搬运机器人接收到货架搬运任务后，行驶至待搬运目标货架的底部，然后搬运机器人将目标货架抬升，使货架处于悬空的状态。

(4) 搬运机器人托举待搬运货架,按照指定的路线将货架搬运至拣货台。

(5) 货架到达拣货台后,由拣货人员按照系统指示取出订单中所需的商品。

(6) 待拣货人员完成拣选作业后,搬运机器人将货架搬运至某个货架存储位置,该存储位置可能不是货架之前存储的位置,然后等待下一个搬运指令。

6.2.4　机器人移动货架系统拣选优化

机器人移动货架系统是一套智能化、动态化、人机协同完成订单拣选的"货到人"系统。机器人移动货架系统极大地增强了货架与商品的关联性、商品储位的灵活性、货物拣选的舒适性,可有效应对电商零售企业小批量、多频次、多种类订单的拣选难题。然而,作为一种新型的订单智能拣选系统,该系统具有与"人到货"拣选模式下传统电商仓库完全不同的货物拣选流程和仓库布局,如何根据机器人移动货架系统的拣选模式优势和运作流程特点,针对货物拣选的各个运作环节设计高效、科学的优化方法,充分发挥该系统在电商订单拣货方面的优势,提升系统整体的拣选效率,是每一个期望使用机器人移动货架系统来提升订单拣选效率、降低拣选成本的企业关注的热点。

针对机器人移动货架系统拣选优化这一亟待解决的难题,基于分而治之的思想,按照该系统订单拣选的运作流程将该拣选优化这一错综复杂的难题分解为商品货位分配决策的优化和机器人调度的优化这两个前后相关、紧密联系的子问题。商品货位分配决策优化是基于大量顾客订单所反映的商品订购规律对货架存储商品的种类和数量进行优化,以提高顾客订单的拣货效率。机器人调度优化主要针对一批待拣选订单,通过合理移动货架以及确定每个机器人的货架移动次序来最小化拣货时间。各子问题的 NP-hard 特性极大地增加了面向大规模顾客订单时决策优化问题的求解难度。因此,笔者在深入剖析子问题的求解难点后,分别设计了求解各子问题的启发式优化算法,以实现机器人移动货架系统整体拣选效率的提升。

6.3　机器人移动货架系统货位分配决策与优化

拣货作业一直是物流中心最耗时、耗力的关键活动,货位分配则是影响拣货效率与成本的重要环节。1989 年,货位分配问题被证明是 NP-hard 难题,其在理论上的复杂性和在实践中的重要价值引起了国内外学者的高度关注。几十年来,货位分配问题一直是仓储系统优化领域的研究热点和难点,一系列标志性研究成果发表在运筹学与管理学领域的核心期刊中。

机器人移动货架系统的出现,给货位分配带来了新的、更大的挑战。机器人移动货架系统的货位分配不仅仅要考虑哪些商品经常被一起订购,更要关注商品在订单中的数量关系,如1个商品A、4个商品B、3个商品C常被顾客一起订购,若忽视它们的数量关系,按1∶1∶1的比例将其存于一个货架,则该货架的商品B将最先耗尽,订单拣货时还需再为商品B多移动一个货架,不仅拣货效率大大降低,货架空间也会因为商品配比问题而得不到有效利用。然而,电商订单具有小批量、多批次、一单多品等特征,每个品类都有可能与其他多个品类同时被订购,并且各品类商品具有完全不同的数量关系及订购频次。面对大规模品类组合及数量配比关系,货位分配问题需要确定每类商品都应放在哪些货架、每个货架应存放多少,以便尽可能符合品类、数量、订购频次等多种关系间的规律,从而最小化订单拣货所需移动的货架个数,发挥出该系统针对小件多品的电商订单的拣货优势。而如何根据大量顾客订单所反映的商品订购规律构建有效的货位分配方案,尽可能提高顾客订单的拣货效率,是目前该领域亟待解决的关键问题。

6.3.1　问题描述与分析

机器人移动货架系统的货位分配优化需要以提高顾客订单的拣货效率为目标,针对若干数量的各类商品,确定它们在哪个货架上存储,以及具体的存储数量。那么:应该考虑哪些顾客订单?如何衡量顾客订单的拣货效率?各类商品的补货策略是否需要与货位分配方案同时确定?这些都是需要首先明确的基本问题。针对这些问题,我们首先做出如下界定和假设:

(1)货位分配方案需要基于顾客订单中的商品品类-数量规律而制定。在本章中我们假定商品订购规律同时隐含在顾客的历史订单以及未来订单之中,基于历史订单而制定的、符合商品订购规律的货位分配方案可以有效地提高其面向未来订单的拣货效率,且顾客的历史订单已知。

(2)仓储系统的拣货效率通常可以使用某批订单集合的总拣货时间来衡量。在固定货架系统下,总拣货时间是拣货员为完成所有拣货任务而在货架中穿梭行走的时间之和。由于拣货时间和货架位置息息相关,而机器人移动货架系统的货架位置并不固定,它可根据货架在拣货时的使用频次而定期调整,所以,在机器人移动货架系统中,即使拣货货架确定,拣货时间也会因货架位置变化而有所不同,故拣货效率无法用拣货时间来衡量。为此,本章采用货架向拣货台移动次数的多少来衡量货位分配方案的优劣,即针对一批订单的拣货工作,货架的移动总次数越少,则拣货效率越高。

（3）各类商品的补货策略取决于很多因素，通常可根据商品在顾客订单中的订购频次和数量而确定。该问题与商品的货位分配决策具有本质上的不同，它们属于不同阶段、不同层面的决策问题。为此，本章假定各类商品的补货数量和周期给定，并且在一个补货周期内，所有商品不会因补货数量不足而出现缺货的情况。

基于上述界定和假设，机器人移动货架系统的货位分配问题可描述如下：某机器人移动货架系统含有若干个相同的可移动货架 $R=\{r_1,r_2,\cdots\}$，每个货架的最大载重为 W；已知一个补货周期内所发生的历史订单集合 $O=\{o_1,o_2,\cdots\}$，每个订单 $j(j\in O)$ 在一个补货周期内被顾客订购的期望次数为 $p_j(p_j>0)$，它订购的第 k 种 SKU 的数量为 m_{jk}；该系统需要存储的所有 SKU 集合为 K，且每种 SKU 的库存总量为 $c_k(k\in K)$，单位质量为 $w_k(k\in K)$；该问题需要求出所有 SKU 的货位分配方案（包括每个货架上应存储哪些 SKU，以及每种 SKU 的存储数量），以最小化历史订单集合 O 中的订单在拣货时需要移动的货架次数。

几十年来，国内外学者围绕货位分配策略、模型及算法开展了众多前沿性的研究，取得了较大的进展。货位分配策略研究的代表性成果除早期的固定策略和随机策略外，还包括最近策略、基于周转率的策略、基于商品相关性的策略及共享策略等。在货位分配模型研究方面，整数规划模型是货位分配研究中常构建的一种模型，它通常基于商品品类和储位编码，以 0-1 变量表示品类与货位的对应关系，或以整数变量表示品类在货位上的存储量，并通过相关约束表达货架容量、商品数量等限制条件，从而构建 0-1 模型、整数模型或混合整数规划模型等。在货位分配算法设计方面，虽然精确算法可求得问题最优解，但由于货位分配问题的 NP-hard 特性，其求解空间会随问题规模的增加而急剧增大，且该问题在现实中经常涉及大量商品品类和大规模储位空间，因此即使是稍有规模的现实问题也很难求得精确解。启发式算法则是求解该问题的常用方法。在理论上，机器人移动货架系统的货位分配问题同时具备带容量约束的聚类问题和多维背包问题等 NP-hard 难题的特征，但又有所区别。聚类问题是要将若干对象（商品）划分为多个类，它并不考虑每个类中以及各个类之间的对象关系；多维背包问题虽然考虑了装入每个包裹中的商品数量限制，但它以最大化装入商品的价值为目标，忽略了商品之间的品类和数量关系。

本章所提的货位分配问题已超出了聚类问题和多维背包问题现有理论方法的适用范围。不同于固定货架系统的货位分配问题，机器人移动货架系统中的每类商品可拆零并与其他商品组合起来存放于货架中,商品品类和数量的双重关系需要同时考虑,难以割裂,这不仅使机器人移动货架系统货位分配问题在本质上有别于现有研究问题,也极大地增加了货位分配问题求解的复杂性和挑战性。如何根据大量订单所反映的商品订购规律构建有效的货位分配方案,尽可能提高顾客订单的拣货效率,仍是该领域亟待解决的关键难题之一。

6.3.2 模型构建

6.3.2.1 机器人移动货架系统的货位分配模型

为构建机器人移动货架系统的货位分配模型,定义以下决策变量:设 x_{ijk} 为 $[0,1]$ 之间的线性变量,表示第 $i(i\in R)$ 个货架为第 $j(j\in O)$ 个订单的第 $k(k\in K)$ 种 SKU 提供拣货的商品占该订单该商品总数的比例, $x_{ijk}=0$ 表示货架 i 不支持订单 j 中商品 k 的拣货服务, $x_{ijk}=1$ 表示订单 j 中所有的商品 k 都从货架 i 上进行拣货;设 y_{ij} 为 0-1 型整数变量,表示第 $i(i\in R)$ 个货架是否被选中为第 $j(j\in O)$ 个订单提供拣货服务,若 $x_{ijk}>0$,则 y_{ij} 必为 1,否则 y_{ij} 为 0;设 z_{ik} 为非负整数变量,表示第 $i(i\in R)$ 个货架中第 $k(k\in K)$ 种 SKU 的存放数目。机器人移动货架系统的货位分配模型构建如下:

$$\min \sum_{i\in R}\sum_{j\in O} p_j y_{ij} \tag{6-1}$$

$$\sum_{i\in R} x_{ijk} \geqslant 1 \quad \forall j\in O, k\in K \tag{6-2}$$

$$\sum_{j\in O} x_{ijk} m_{jk} p_j \leqslant z_{ik} \quad \forall i\in R, k\in K \tag{6-3}$$

$$y_{ij} \geqslant x_{ijk} \quad \forall i\in R, j\in O, k\in K \tag{6-4}$$

$$\sum_{i\in R} z_{ik} \leqslant c_k \quad \forall k\in K \tag{6-5}$$

$$\sum_{k\in K} w_k z_{ik} \leqslant W \quad \forall i\in R \tag{6-6}$$

$$0\leqslant x_{ijk}\leqslant 1, \quad y_{ij}\in\{0,1\}, \quad z_{ik}\in \mathbf{Z}^+ \tag{6-7}$$

在上述模型中,目标函数(6-1)以所有订单的拣货工作所需搬运的货架次数最小化为目标;约束方程(6-2)表示所选择的货架应该完全支持每个订单每种 SKU 的拣货需求;式(6-3)保证了货架上为所有订单提供拣选的某种 SKU 数量不超过其存放的该 SKU 的数量;式(6-4)表示若货架 i 为订单 j 的某种 SKU 提供了拣选服务($x_{ijk}>0$),则必有 $y_{ij}=1$;式(6-5)表示每种 SKU 在货架上摆放的总量不能超过其库存总量;式(6-6)保证了每个货架的载重不会超过其最大限制;式(6-7)定义了变量的取值范围。

该模型根据决策变量 x_{ijk} 的定义,创造性地描述了货架对订单某种 SKU 提供拣货的数量比例。正是基于这样一种变量,约束(6-3)才得以采用一种更精确的方式描述货架对 SKU 提供拣货数量的期望值,这就很好地符合了订单被顾客订购的期望次数 p_j 为实数的情况。

基于上述数学模型,我们进一步分析机器人移动货架系统货位分配问题的 NP-hard 特性。由于该问题在进行一定条件变换后可归为带容量约束的聚类问题(capacitated clustering problem,CCP),而 CCP 已被证明为 NP-hard 难题,所以机器人移动货架系统的货位分配也是 NP-hard 难题。从机器人移动货架系统的货位分配问题到 CCP 的变换过程如下:假设每种 SKU 的库存总量为 1,且只被一个订单订购一次,每个订单只订购两种 SKU;将每种 SKU 映射为 CCP 的一个节点,将机器人移动货架系统中的每个货架映射为 CCP 中的一个 Cluster,又将两种 SKU 在同一订单中的订购次数(0 或 1)视为 CCP 中两个节点间边的权重。基于上述变换,CCP 将节点划分为给定数量的不相交的聚类过程相当于货位分配问题中将 SKU 分配给货架的过程,两个问题具有相同的目标,其证明如下。

定理 1 CCP 的目标为最大化每个 Cluster 内节点的边的权重之和。在上述假设和映射的情况下,CCP 的目标等价于机器人移动货架系统货位分配问题的最小化拣货货架移动次数的目标。

证明 基于上述假设,连接两个节点的边的权重为 1 或 0,它取决于两个 SKU 是否被一个订单同时订购。那么,将所有边的权重之和记为 θ(即订单总数),在 CCP 聚类之后(即在为 SKU 分配好储位之后),将每个 Cluster 内节点的边的权重之和记为 θ_1,而将所有订单拣货工作所需移动的货架次数记为 θ_2,则有 $\theta=\theta_1+\theta_2/2$。这是因为每个订单只订购两种 SKU,如果某订单所关联的两种 SKU 分配给了同一个货架(即在一个 Cluster 中),则 θ_1 将增加 1;否则,要完成该订单的拣货工作必须同时移动两个货架,那么 θ_2 将增加 2;总之,每个订单都会使等式 $\theta=\theta_1+\theta_2/2$ 两边同时增加 1,从而使等式成立。根据这一等式,最大化 θ_1 等价于最小化 θ_2。那么,在上述假设下,CCP 最大化每个 Cluster 内节点的边的权重之和的目标就等价于货位分配问题中最小化拣货货架移动次数的目标。

6.3.2.2 模型参数边界的确定

分析模型可以发现,模型参数 R 过大(即过多的货架数)及 $c_k(k\in K)$ 过大

(即过多的商品库存量),都将导致更庞大的求解空间和更长的计算时间。当货位分配方案中两个货架有足够大的剩余空间时,我们完全可以将这两个货架上的商品合并到一个货架上,从而在不改变最优目标值的情况下减少所使用的货架数。为提高模型求解效率,现对影响模型规模的关键参数——货架数和 SKU 库存件数进行分析,提出它们下界和上界的确定方法(见定理2)及模型规模缩减策略,该策略有助于更有效地求解模型且不失最优解。

定理 2 设 U_R、L_R 分别表示货架总数的上界和下界,U_k、$L_k (k \in K)$ 分别表示待存放的第 k 种 SKU 件数的上界和下界,则 L_R、L_k 可通过式(6-8)和式(6-9)分别得到,其中[·]表示向上取整运算。

$$L_R = \left\lceil \frac{\sum_{j \in O} \sum_{k \in K} w_k m_{jk} p_j}{W} \right\rceil \quad (6\text{-}8)$$

$$L_k = \left\lceil \sum_{j \in O} m_{jk} p_j \right\rceil, \quad \forall k \in K \quad (6\text{-}9)$$

U_R 和 U_k 的计算步骤如下。

步骤1:输入顾客订单集合 O,令 $U_R = 0$,$U_k = 0 (k \in K)$;

步骤2:令 φ 为一个货架集合,设置 $\varphi = 0$;

步骤3:当订单集合 O 不为空时,完成步骤 4~步骤 16;

步骤4:随机从订单集合 O 中选择一个订单 j 移除;

步骤5:给出订单 j 中每一种 SKU 的数量 k;

步骤6:设 $M_{jk} = \lceil m_{jk} p_j \rceil$;

步骤7:设置 $U_k = U_k + M_{jk}$;

步骤8:令 r 为一个空的新货架,δ 为一个空的 SKU 列表;

步骤9:当货架 r 没有装满时,完成步骤 10~步骤 13;

步骤10:若订单 j 中所有 SKU 都在 δ 中存在,或不存在 $M_{jk} \geq 1$,则跳出步骤 9 的循环;

步骤11:随机选择订单 j 中的某种 SKU 的数量 $k (k \notin \delta, M_{jk} \geq 1)$ 的一个商品;

步骤12:将选择的这个商品存入 r,并设置 $M_{jk} = M_{jk} - 1$;

步骤13:若 r 已超载,则将刚加入的商品从 r 移至 δ 中,并设置 $M_{jk} = M_{jk} + 1$;

步骤14:设置 $U_R = U_R + 1$;

步骤15:如果存在 SKU 的数量 k 使 $M_{jk} \geq 1$,则转入步骤 8;

步骤16:将货架 r 加入集合 φ 中;

步骤17:当 φ 中有任何两个货架上的商品之和不超出货架最大载重 W 时,则完成步骤18~步骤19;

步骤18:将一个货架上的商品移至另一个货架上,并从 φ 中移除空的货架;

步骤19:设置 $U_R = U_R - 1$;

步骤20:输出 U_R 和 $U_k(k \in K)$。

在步骤1~步骤7中累计算出每种SKU的数量上界 $U_k(k \in K)$,并在步骤3~步骤16中计算出订单所需要的货架总数,然后在步骤17~步骤19中进行货架合并而缩减货架总数,从而得到 U_R。下文将证明定理2所给出的上、下界的合理性。

证明 由式(6-8)可见,当货架数小于其下界 L_R 时,仓库所拥有的货架不能容纳所有商品;又由式(6-9)可见,当某种SKU的数量小于 $L_k(\forall k \in K)$ 时,该种SKU不能满足所有订单的拣货需求。所以在上述两种情况下,模型都没有可行解,因此,货架数不能小于 L_R,第 k 种SKU的数量不能小于 L_k。

U_R 的计算思路是,首先针对每个订单的所有商品依次装入空货架中,装满之后再启用另一空货架,如此反复,直至所有商品都已装入;然后将每个订单最后启用的空货架(很可能未装满)记入集合 φ 中;最后将 φ 中未装满的货架上的商品合并,以减少 U_R 的数量,直至无法合并为止。

U_R 的上界可采用反证法证明。若货架总数在 U_R 上界的基础上增加时,模型的目标值得以减小,则表示必有一个订单,它所需的商品被分配到新增的货架上后,为该订单提供拣货服务的货架数会减少,即与该订单所关联的货架上的商品可以合并到新的货架上,从而减少了为该订单提供拣货服务的货架数。而按照上文 U_R 的计算过程,最终任何两个货架上剩余的商品都不能再合并到一个新的货架上,因此模型的目标值不会随着 U_R 的增加而减小。同时,U_k 也已满足所有订单关于SKU的集合 K 的需求,因此 U_k 的增加也不会使模型目标值减小。至此定理2得证。

基于定理2,现采用下述策略来优化货位分配模型的可用货架数和每种SKU的库存量这两类参数:

当现实问题所给定的货架数 $|R| < L_R$ 时,货位分配模型无可行解,需增加可用的货架数;当 $|R| > U_R$ 时,令 $|R| = U_R$,即可以在不改变模型最优目标值的情况下,减小模型的规模和降低计算复杂度;而当 $L_R \leq R \leq U_R$ 时,不需要修改 $|R|$。

当问题给定的第 k 种 SKU 的库存总量 $c_k < L_k (\forall k \in K)$ 时,货位分配模型无可行解,需增加第 k 种 SKU 的库存件数;当 $c_k > U_k$ 时,令 $c_k = U_k$,即可以在不改变模型最优目标值的情况下,减小模型的规模和降低计算复杂度;而当 $L_k \leqslant c_k \leqslant U_k$ 时,不需要修改 c_k。

实验证明,经过参数优化后的货位分配模型,其求解效率大幅提高。

6.3.3 问题复杂性分析

机器人移动货架系统的货位分配问题在进行一定简化后可归结为带容量约束的聚类问题,该问题已被证明为 NP-hard 难题,所以机器人移动货架系统的货位分配问题也具有 NP-hard 特性,求解难度主要体现在以下三个方面。

(1) 机器人移动货架系统的货位分配问题的目标不是最小化拣货时货架的移动距离或者拣货成本,而是最小化拣货时移动的货架数。这是因为移动货架仓库中货架的位置并不是固定的,在不同时间段或者根据 SKU 受欢迎的程度,货架的位置可随时调整,所以选择拣货时移动的货架数作为研究的目标。

(2) 传统仓库中一种 SKU 一般存放一个货架,方便操作人员进行补货或者拣货作业。而在机器人移动货架系统中,每种 SKU 可以存放到多个货架,以保证 SKU 分布的分散性和机器人移动货架系统的柔性。此时系统记录 SKU 的存储位置,进行拣选作业时,搬运机器人只需按照系统的指令将对应的货架搬运至拣货台。

(3) 进行机器人移动货架仓库的货位分配时,不仅要确定货架存放的 SKU 种类,还要确定 SKU 的数量。每个货架存放的 SKU 数量非常重要,这决定了货架能否在不移动其他货架的情况下,尽可能地满足客户订单需求。

6.3.4 模拟退火算法设计

机器人移动货架系统的货位分配问题属于一类 NP-hard 问题,当问题规模较小时,可通过线性规划求解器求得问题最优解。但当问题规模不断增大时,线性规划求解器就很难在较短的时间内求得问题的最优解甚至可行解。为此,笔者设计了面向大规模问题快速求解的模拟退火算法。

模拟退火算法引入退火的思想来解决组合优化问题,并将 Metropolis 准则应用到搜索求解的过程中,属于一种有效的求解大规模组合优化问题的近似算法。本小节在模拟退火算法基本框架的基础上,设计了其求解机器人移动货架系统货位分配问题的关键模块,下面介绍算法的基本流程、初始解的生成方法、货位分配方案评价方法及邻域解的生成方法。

6.3.4.1 算法基本流程

模拟退火算法是一种迭代式的邻域搜索算法,其基本思想是从某一较高的初始温度出发,伴随温度参数的不断下降,结合概率突跳特性在解空间中随机寻找目标函数的全局最优解。所设计的模拟退火算法基本步骤如下。

步骤1:初始化。设定温度冷却系数 α 和初始温度 T_0 及当前温度 $t=T_0$;基于贪心策略及订单被订购的频次,将订单中的SKU依次分配到货架上,生成初始货位分配方案 S_0。

步骤2:根据货位分配方案评价方法求得初始解的目标值 $f(S_0)$,即满足订单的拣货需求所需移动的货架总数。将初始解 S_0 的值分别赋给算法的当前最优解 S^* 和当前解 S,即 $S^*=S_0,S=S_0$;记录模型变量 x_{ijk} 的值($i\in R,j\in O,k\in K$),为后续计算新解的目标值做好准备。

步骤3:通过 $t=t\cdot\alpha$ 进行降温操作,判断温度是否满足终止条件,若满足则算法结束,输出结果;否则,转至步骤4。

步骤4:为了找到更优的邻域解,将订单作为邻域操作对象;根据问题特点,计算每个订单的评价值,以便基于订单评价值来选择邻域操作的对象。

步骤5:根据订单评价值采用轮盘赌的方式选择一个订单(订单的评价值越高,被选中的概率越大);根据当前解 S 中为该订单提供拣选的货架集合,将该订单的部分商品合并到一个货架上,生成一个备选解 S'。

步骤6:计算目标函数增量 $\Delta f=f(S)-f(S')$。若 $\Delta f>0$,则 $S=S'$,并根据 S^* 与 S' 的大小关系更新 S^*;否则,基于温度 t 以一定概率接受 S',若接受则令 $S=S'$。然后转至步骤3。

所设计的模拟退火算法包含三个重要部分:① 初始解的生成;② 解的评价;③ 邻域对象的选择。其中,解的评价在每次迭代中都要被调用,其处理效率关系到整个算法的优化速度。然而,每次邻域搜索所得到的货位分配方案是指以变量集合 $\{z_{ik}\}_{i\in R,k\in K}$ 记录的每个货架所装载的SKU种类和数量,而若想由这一货位分配方案得到每个货架针对订单SKU的拣货数量比例 $\{x_{ijk}\}_{i\in R,j\in O,k\in K}$,进而得到用于评价该货位分配方案的货架使用次数 $\{y_{ij}\}_{i\in R,j\in O}$,仍需基于模型进行计算,且计算具有一定复杂性,将会对整个算法的运行效率造成影响。此外,邻域操作可针对货架、SKU及订单等众多对象展开,究竟选择哪个对象,如何根据当前搜索情况选择某个具体的对象才更有利于优化目标函数,如何基于所选择的对象生成货位分配的邻域解,这些都是决定算法优化效率的关键问题。一旦设计不当将会拖累算法的优化进程,使算法难以应对大规模现实仓储系统。因此,针对模拟退火算法的三个重要部分,下文基于问题特性设计了适用的处理方法。

6.3.4.2 初始解的生成方法

机器人移动货架系统货位分配的目标是最小化订单拣货所需移动的货架次数。以该目标为指引,初始解的生成采用贪心策略,将每个订单的SKU按照其种类和数量要求分配到尽可能少的货架上。生成初始货位分配方案的步骤如下:

步骤1:将集合O中的订单按照顾客订购的期望次数p_j降序排列。

步骤2:从空货架集合R中选择一个货架i,并从O中选择并移除p_j最大的订单j。

步骤3:将订单j订购的某SKU的数量k在货架上已有存放量设为a_k,针对集合$A=\{k\in K, m_{jk}>0, a_k<c_k\}$中每种SKU按数量$\min\{m_{jk}, c_k-a_k\}$向货架$i$中存入;若货架$i$无法存储集合$A$中所有的SKU,则先存满货架$i$,再启用一个或多个空货架继续存入,直至存完为止,然后将订单j从集合O中删除。

步骤4:若步骤3中最后启用的空货架未装满,则将该货架标记为货架i,否则将另一个空货架标记为i。

步骤5:若$O=\varnothing$,则返回当前的货位分配方案;否则,从O中选择并移除p_j最大的订单j,并返回至步骤3。

上述初始解的生成方法,以减少货架移动次数为目标,依次将每个订单上的SKU尽可能分配到较少的货架上。在进行分配时,考虑到每个订单对货架移动次数的影响不一样,优先满足被顾客订购的期望次数大的订单。在同时满足货架的载重限制和SKU的库存总量限制的条件下,将SKU按照订单的信息全部分配到货架上,得到初始的货位分配方案。

6.3.4.3 货位分配方案评价方法

根据建立的货位分配模型,货位分配方案实际上体现在模型变量$\{z_{ik}\}_{i\in R, k\in K}$中。该变量的取值确定后,若想求货位分配方案关于目标函数(6-1)的评价值,仍可采用式(6-1)~式(6-4)和式(6-7),即将$\{z_{ik}\}_{i\in R, k\in K}$视为已知参数,将式(6-1)~式(6-7)所表示的模型转化为货位分配方案评价模型。由于模拟退火算法在每次邻域搜索找到一个候选解后,都需要评价这一候选解的优劣,以便决定是否接受该解,而初步实验发现,若每次评价都通过调用模型实现,需要耗费大量的时间,算法的求解效率会大大降低,为此,提出一种货位分配方案评价值更新策略,该策略仅在首次评价货位分配方案时调用评价模型,记录下解的$\{x_{ijk}\}_{i\in R,j\in O,k\in K}$值,之后在每次邻域搜索找到邻域解后,并不进行模型的重复求解,而是通过对解中货架满足订单的情况进行调整,得到新解的$\{x'_{ijk}\}_{i\in R,j\in O,k\in K}$值,并通过该值计算出新解的目标值。结合邻域解生成方法,所设计的模拟退火算法在进行邻域变换时,会将某货架(如r_1)上针对某订单(如j)的某种SKU(如k)的所有商品调换到另一个货架(如r_2)。那么,相较于集合$\{x_{ijk}\}_{i\in R,j\in O,k\in K}$,新解的$\{x'_{ijk}\}_{i\in R,j\in O,k\in K}$中仅有如下两个变量发生了变化——$x'_{r_1jk}$和$x'_{r_2jk}$。它们的变化结果为$x'_{r_1jk}=0, x'_{r_2jk}=x_{r_2jk}+x_{r_1jk}$。

6.3.4.4 邻域解的生成方法

需通过合理的货位分配,使订单拣选时移动的货架数尽可能小,所以货位分配方案要尽量符合顾客订单中的商品种类和数量规律。根据这一特点,将订单作为邻域操作对象,在进行邻域操作时,根据货架对订单的满足情况对当前解做出调整,通过为订单提供拣选货架上的相关商品进行合并操作而生成邻域解。实验表明,该方法在相同温度下,能够更快地在邻域范围内找到较优解。邻域解生成步骤如下。

步骤1:将订单作为邻域操作对象,基于公式(6-10)计算每个订单的评价值$e_j(j\in O)$。

$$e_j=(n_j-m_j)\cdot p_j \tag{6-10}$$

其中,n_j表示在当前解中为订单j提供拣货的货架数,m_j表示为订单j提供拣货的最小货架数,$\lceil\cdot\rceil$表示向上取整运算。n_j和m_j可由式(6-11)和式(6-12)计算而得。

$$n_j=\sum_{i\in R}y_{ij} \quad \forall j\in O \tag{6-11}$$

$$m_j=\left\lceil\frac{\sum_{k\in K}m_{jk}\cdot p_j\cdot w_k}{W}\right\rceil \quad \forall j\in O \tag{6-12}$$

步骤2:为使每轮迭代尽可能选出更优的操作对象,基于订单评价值$\{e_j\}_{j\in O}$采用轮盘赌策略,选出要调整的订单,订单评价值越大,被选中的概率也越大。

步骤3:为了最小化选中订单所关联的拣货货架数,找到该订单关联的n_j个货架,并将订单中的商品合并到m_j个货架上。

步骤4:根据订单调整结果,生成邻域解。

对上述步骤中步骤1选择订单作为邻域操作对象、步骤1计算每个订单的评价值以及步骤3的商品合并规则分别解释如下。

（1）步骤1选择订单作为邻域操作对象的原因：在初步实验中我们发现将货架或SKU作为邻域操作对象时，算法的结果并不理想，搜索邻域解的时间过长；算法的目标是最小化为订单提供拣货的货架数，而在货架或SKU层面对货位分配方案做出调整时，调整的过程脱离了与订单的关联性，因而难以有针对性地降低目标值。只有将订单作为邻域操作对象，采取更有针对性的货位调整措施，才能提高搜索过程发现更优解的能力。

（2）步骤1中每个订单的评价值e_j实际上是订单在当前货位分配方案中的拣货货架数期望值与其最优拣货货架数期望值之差。订单的评价值越大，说明为该订单提供拣选的货架数比其最小货架数越大，当前解对该订单的商品进行货位再分配的优化空间也就越大，因此就越应该选择该订单的商品进行货位再分配优化。

（3）步骤3的商品合并规则：在订单j所关联的n_j个货架中，分别计算每个货架被该订单所占用的货架容量，优先将占用货架容量小的商品并入其他货架中；若并入之后，其他货架的容量超限，则将该货架上的某些商品调出；为避免商品的调出使其他订单所关联的货架数增加，优先调出该货架上与其他订单无关的商品；若与其他订单无关的商品不能满足交换条件，则将这个货架上与某一订单相关联的所有商品都调换到另一个货架上。

6.3.5　实验分析

为评估所提模型和算法的有效性，笔者基于国内某大型电商平台机器人移动货架系统的实际订单、货架及商品数据，采用C♯技术开发了实验程序，在Core i5 CPU、8GB内存的计算机上，将本章所提的模拟退火算法与线性规划求解器Gurobi及另一种有代表性的启发式算法——禁忌搜索算法，分别在不同规模的算例上进行比较测试，并对模型的关键参数开展了敏感性分析。

6.3.5.1　算例描述与参数设置

从国内某大型电商平台机器人移动货架系统的实际数据中，按照先抽取SKU再抽取订单，并基于SKU所关联的货架而确定货架数的思路生成了30个不同规模的算例，这30个算例在订单数、SKU数、货架数、每个订单的SKU数及其件数等方面具有不同特征。表6-1为算例基本信息，给出了每个算例的特征信息。表中，"SKU/订单"表示每个订单包含的SKU种类数的均值，"SKU

件数/订单"表示每个订单包含的 SKU 件数的均值,由于每个订单针对每种 SKU 可能会订购多件,所以这两个指标表示不同的含义。

表 6-1 算例基本信息

No.	SKU种类数	订单数	货架数	SKU/订单	SKU件数/订单	No.	SKU种类数	订单数	货架数	SKU/订单	SKU件数/订单
1	20	66	3	3.58	6.07	16	140	802	38	4.07	5.76
2	20	86	4	3.54	5.82	17	155	903	41	3.98	5.62
3	50	287	15	3.91	5.57	18	155	960	43	4.01	5.57
4	50	237	11	4.01	5.74	19	170	1044	47	3.99	5.69
5	65	377	18	3.99	5.9	20	170	1101	50	3.99	5.64
6	65	336	15	3.98	5.47	21	260	765	35	3.98	5.6
7	80	440	22	3.98	6	22	260	724	32	4.02	5.58
8	80	548	25	4.01	5.51	23	300	956	44	4.01	5.68
9	95	475	22	4.08	5.52	24	300	988	46	4.09	5.62
10	95	516	24	4.02	5.58	25	350	1296	51	4	5.65
11	110	583	27	4.01	5.66	26	350	1317	52	4.04	5.74
12	110	686	32	3.99	5.78	27	420	1364	44	4.02	5.56
13	125	651	30	3.97	5.73	28	420	1380	45	4.01	5.61
14	125	603	29	4.02	5.82	29	500	1707	55	3.99	5.67
15	140	831	40	4.06	5.9	30	500	1714	55	4	5.7

通过初步实验,确定了本章所提算法的参数,见表 6-2。为保证实验的公平性,将所提模拟退火算法和用于对比的禁忌搜索算法的最大循环次数都设置为 500 次。

表 6-2 参数设置

参数	参数名称	取值
T	初始温度	500
α	降温系数	0.98
T_{min}	终止温度	0.01
N	循环次数	500
L	禁忌表长度	8

6.3.5.2 实验结果分析

笔者针对生成的30个算例进行了两类实验。第一类实验将本章所提的模拟退火算法与线性规划求解器Gurobi在前20个算例上进行了比较测试。由于Gurobi无法在有限的时间和空间范围内求得较大规模算例的最优解甚至可行解,因此我们展开了第二类实验:从文献中选择求解货位分配问题的代表性算法——禁忌搜索算法,改进该算法在某些模块上的设计,使其适应本章所提的问题,并将其与本章所提模拟退火算法在后10个算例进行比较测试。

1. 第一类实验

本章所提模拟退火算法与Gurobi针对小规模算例(SKU种类数在200个以内的1~20号算例)的计算结果如表6-3所示。该表中,"SA"列表示本章所提模拟退火算法的计算结果;"SA-Model"列则表示通过模型求解评价而生成的邻域解,并没有使用6.3.4.3节提到的评价值更新策略;"Gurobi-1"和"Gurobi-2"列都是使用Gurobi求得的精确解,前者表示由模型直接求解的精确解结果,后者表示基于模型参数边界确定方法对模型规模进行缩减后使用Gurobi求得的精确解结果;"—"表示Gurobi由于超出电脑内存而无法求解当前的算例;">18000"表示Gurobi运行时间超过5 h。

表6-3 小规模算例的实验结果

算例的基本信息			求解结果的目标函数值				运行时间/s			
算例	SKU种类数	订单数	SA	SA-Model	Gurobi-1	Gurobi-2	SA	SA-Model	Gurobi-1	Gurobi-2
1	20	66	62.9	62.9	62.9	62.9	0.23	0.37	2.44	0.16
2	20	86	81.8	81.8	81.8	81.8	0.18	0.81	3.16	0.35
3	50	287	314.6	314.6	314.6	314.6	4.08	13.91	35.6	8.69
4	50	237	220	220	220	220	0.66	5.15	20.16	2.58
5	65	377	353.3	353.3	353.3	353.3	5.88	22.64	47.19	14.77
6	65	336	314.6	314.6	314.6	314.6	1.65	13.66	40.85	4.4
7	80	440	411.7	411.7	411.7	411.7	2.2	52.68	65.94	18.42
8	80	548	512.8	512.8	512.8	512.8	7.55	78.2	86.85	42.22
9	95	475	444.2	444.2	444.2	444.2	5.48	66.52	87.49	35.91

续表

算例的基本信息			求解结果的目标函数值				运行时间/s			
算例	SKU种类数	订单数	SA	SA-Model	Gurobi-1	Gurobi-2	SA	SA-Model	Gurobi-1	Gurobi-2
10	95	516	484.1	484.1	484.1	484.1	3.33	68.04	107.67	45.37
11	110	583	545.8	545.8	545.8	545.8	11.8	171.84	295.19	356.63
12	110	686	641.2	—	641.2	641.2	16.53	—	428.03	6234.3
13	125	651	564.4	564.4	564.4	564.4	8.67	145.82	433.25	76.79
14	125	603	608.6	608.6	—	—	10.4	187.33	—	>18000
15	140	831	779.1	—	—	—	18.19	—	—	>18000
16	140	802	751.8	—	—	—	37.73	—	—	>18000
17	155	903	846	—	—	846.0	31.53	—	—	6868.9
18	155	960	901.01	—	—	—	28.62	—	—	>18000
19	170	1044	979.2	—	—	—	67.93	—	—	>18000
20	170	1101	1058.2	—	—	—	55.18	—	—	>18000

通过观察"SA"和"SA-Model"两列的结果可以发现，SA 针对所测试的 20 个小规模算例都在有限时间内得到了求解结果，而 SA-Model 则存在因超出内存限制而无法得到求解结果的情况。在这两列都有结果的情况下，它们的最优解是完全一致的。从 SA 和 SA-Model 的运行时间来看，SA 在运行时间上的表现要明显优于 SA-Model，前 10 个算例 SA 的平均运行时间为 3.12 s，SA-Model 则为 32.20 s，差值为 29.08 s，前者比后者短 90.31%；后 10 个算例中 SA 均能够在很短的时间内求得最优解，而 SA-Model 则存在多数算例因超出电脑内存而未能求得最优解的情况。该比较结果说明本章提出的评价值更新策略能够极大地提高算法的求解效率。

从"Gurobi-1"和"Gurobi-2"两列的运行结果来看，若它们都在有限时间内得到了最优解，则它们最优解目标函数值一致。从它们的运行时间来看，Gurobi-2 的运行时间远远短于 Gurobi-1，而 Gurobi-1 针对部分算例因超出电脑内存而未能求得最优解；在前 10 个算例中，它们运行时间的平均差距为 32.4 s，Gurobi-2 的平均运行时间比 Gurobi-1 的少 65.14%。这一结果证明了本章提出的模型规模缩减策略的有效性。通过对包含 66 个订单、20 种商品、10 个货架的算例进行分析,不难发现,本章所提的货位分配模型有 14060 个变量、27622 个约束;而在经过模型参数优化使模型规模缩减之后,模型变量和约束数量大大减少,分别减至 5624 个及 12328 个。正是因为模型规模的缩减,Gurobi-2 的运行时间才远远短于 Gurobi-1。

对比 SA 和 Gurobi-2 的运行结果可以发现,除因超出电脑内存而无法求得最优解外,两者的求解结果完全一致,而且 SA 的运行时间要明显短于 Gurobi-2;当 SKU 种类数低于 95 时,Gurobi-2 和 SA 都能很快求出最优解,且 SA 的运行时间都小于 10 s;当 SKU 种类数超过 95 时,Gurobi-2 针对超过一半的算例,因运行时间超过 5 h 而不能找到最优解,而 SA 均能在 1 min 左右找到最优解。实验结果说明,本章所提的 SA 算法针对这些算例能够在较短的时间内求得高质量的货位分配方案。

2. 第二类实验

文献中的禁忌搜索算法所解决的具有分组约束的货位分配问题与本章所提的问题十分相似,它们都需要将一批商品分成多个组合,且每种商品可分配到多个组合里面。其不同之处在于文献中的禁忌搜索算法所解决的问题对每种商品可分配的组合数量是有一定限制的,而本章所提问题则没有限制;同时文献中的禁忌搜索算法只涉及商品分组的求解,并未考虑商品件数。

为使文献中的禁忌搜索算法适应本章所提问题,我们对该算法作了如下改进。

(1) 在初始解生成方面:根据商品间的关联度和被订购的频次,对商品进行分组,并统计每组商品在订单中出现的频次,按照频次降序排列;基于贪心策略将关联度高的商品先装入货架,将关联度低的商品后装入货架,直至所有商品都已装入货架,即得到初始解。

(2) 在解的评价方面:调用本章所提的货位分配方案评价方法,计算解的评价值。

(3) 邻域操作对象的改进:为提高算法的寻优能力,将订单作为邻域操作对象;找出为每个订单提供拣货的货架集合,对集合中与该订单相关的商品进行交换、调入等操作。

表 6-4 给出了本章所提模拟退火(SA)算法和禁忌搜索(TS)算法的实验对比结果。由该表可见,模拟退火算法的目标函数值均优于禁忌搜索算法的结果,除算例 28 之外,模拟退火算法的运行时间也都少于禁忌搜索算法的运行时间。当算例规模逐渐增大时,禁忌搜索算法解得的目标函数值与模拟退火算法

的差值也越来越大。从平均结果来看，两种算法最优解的差值为 87.3，占模拟退火算法平均目标值的 7.66%。从运行时间来看，两者平均差值为 23.74 s，模拟退火算法的平均运行时间比禁忌搜索算法的短 18.77%。模拟退火算法和禁忌搜索算法的运行时间和最优解的平均差值体现了两种算法不同的全局寻优能力和算法效率。此外，在货架的 SKU 平均数方面，模拟退火算法的结果要小于禁忌搜索算法的结果，两者平均差值为 0.25；在 SKU 存放的货架数均值方面，模拟退火算法的结果也要小于禁忌搜索算法的结果，两者平均差值为 1.62。这说明相较于采用禁忌搜索算法所得的货位分配方案，由模拟退火算法所得货位分配方案中货架上的商品种类更少、商品的分布更加集中。这也意味着，并非将商品分散到越多的货架上越好，商品在货架上的种类和数量的分配只有符合了顾客的订购规律才能有效地应对订单需求的拣货工作。

表 6-4 大规模算例的实验结果

算例信息			目标函数值		运行时间/s		货架的 SKU 平均数		SKU 存放的货架数均值	
算例	SKU 种类数	订单数	SA	TS	SA	TS	SA	TS	SA	TS
21	260	765	713.3	719.5	21.86	27.45	2.05	2.27	15.23	16.89
22	260	724	676.7	681.1	18.15	24.86	1.88	2.05	15.31	16.63
23	300	956	889.6	922.8	41.3	53.27	2.20	2.42	14.98	16.52
24	300	988	923.2	947.8	46.34	61.85	2.26	2.65	14.78	17.30
25	350	1296	1207.9	1287.1	94.73	138.07	2.72	2.87	16.15	16.92
26	350	1317	1233.1	1314.7	101.24	127.59	2.58	3.00	14.56	16.92
27	420	1364	1271.8	1359.6	123.02	148.67	2.19	2.56	15.1	17.61
28	420	1380	1292.4	1382.8	233.32	153.16	2.28	2.40	15.17	16.03
29	500	1707	1588.1	1849.4	296.44	425.45	2.41	2.61	15.42	16.74
30	500	1714	1603.5	1807.8	288.32	341.71	2.31	2.52	14.62	15.92
平均值			1139.96	1227.26	126.47	150.21	2.29	2.54	15.13	16.75

通过分析不难发现，这两种算法在最优解和运行时间上的差异主要源于它们在某些算子设计上的区别：模拟退火算法为订单设置评价值，根据订单评价值来选择邻域操作的订单对象，并通过货架上商品的合并来得到邻域解；而禁忌搜索算法则通过插入、调入等方法生成邻域解。此外，禁忌搜索算法邻域解的生成具有随机性，即随机生成若干备选解，然后选择最优的作为邻域解；模拟

退火算法每次更新邻域解都是针对拣货货架数未被最小化的订单进行操作的，几乎每轮迭代都可以减小目标值。比较这两种算法的计算结果可见，模拟退火算法的设计对于解决机器人移动货架系统的货位分配问题更为科学和有效。

6.3.5.3 敏感性分析

货位分配对机器人移动货架系统的订单拣选效率至关重要。从本章构建的模型来看，影响货位分配方案的因素包括货架的最大载重及顾客的订单结构等。其中，顾客的订单结构包括顾客所订购的 SKU 的种类、数量及频次等信息，而顾客订单中所包含的 SKU 种类数是其中的主要因素。为此，现针对货架的最大载重及订单中 SKU 种类数这两个因素展开敏感性分析，揭示它们的变化对货位分配方案的影响规律。

1. 货架最大载重的敏感性分析

货架的选型是决策者在创建仓库之初需要确定的关键问题，不同货架最大载重对货位分配方案目标值及订单拣选效率的影响也是需要考虑的。一般来讲，货架的载重越大，其所能装载的 SKU 就越多，但这是否意味着为满足顾客订单而需要移动的货架次数也越少呢？换言之，是否货位分配方案的目标值一定会随货架载重的不断增大而得到改善呢？现针对图书仓、电子仓和美妆仓三种不同商品类型的仓库，分析不同货架最大载重对货位分配方案目标值的影响。

通过对真实数据的统计分析，我们发现图书仓、电子仓和美妆仓三种仓库具有不同的订单特点：图书仓中商品之间的关联度最低，订单趋向于小批量、低频次；美妆仓中商品之间的关联度最高，订单趋向于小批量、多频次；而电子仓的订单特点则处于上述两者之间。我们针对这三种仓库的不同订单集合，分别将货架的最大载重设置为 200 kg，250 kg，300 kg，…，800 kg，然后使用所提出的模拟退火算法求解货位分配方案，并将计算结果绘制于图 6-2 中。

随着货架最大载重的增加，三种仓库货位分配方案的目标值不断下降，当下降到一定数值时就趋于稳定，呈现出"先下降，后稳定"的总体趋势。"先下降"是因为随着货架最大载重的增加，货架所能装载的 SKU 越来越多，一个货架能够满足订单多种 SKU 拣货需求的概率也就越大；"后稳定"则是因为当货架最大载重增至一定值时，货架上存储相应 SKU 后仍有一定剩余空间，这时再增加货架载重也无法优化货位分配方案的目标值。此外，这种"下降"与"稳定"间的临界点因仓库类型不同而有所不同：基于三种仓库的数值算例，商品间关联度最低的图书仓的货架最大载重临界值最小，电子仓和美妆仓的临界值

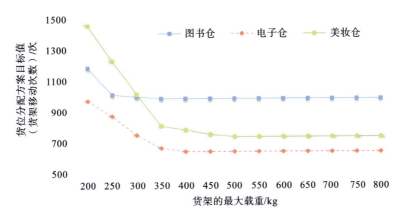

图 6-2 货架最大载重对货位分配方案目标值的影响

较大。

2. 订单中 SKU 种类数的敏感性分析

顾客订单中的 SKU 种类数会因仓库所存储的货物类型、电商对商品促销套餐的设定及顾客的购物习惯等因素而有所不同,同时它又会影响货位分配方案及每个货架所存储的 SKU 种类数,进而影响货架内部的结构设计(比如商品摆放的层数、分隔槽和取货口的数量等)。因此,研究订单中 SKU 种类数对货位分配方案目标值及订单拣货效率的影响规律,从而为该种仓储系统的货架内部结构设计提供决策依据,对于该种仓储系统的高效运营和管理具有重要现实意义。

为此,现选取电子产品仓的多个算例对订单中 SKU 种类数开展敏感性分析。这些算例订单数量为 500 个或 1000 个,每个订单中的 SKU 总件数相同,但订单中 SKU 种类数及每种 SKU 件数的均值有所不同。使用本章所提的模拟退火算法分别求得每个算例的货位分配方案并统计其为订单拣货所需要移动的货架次数(即货位分配方案目标值)及货位分配方案中给定的货架上存储的 SKU 种类数的均值,计算结果绘制于图 6-3 中。

由图 6-3 可见,随着订单中 SKU 种类数平均值的增加,货架上存储的 SKU 种类数平均值整体呈上升趋势。这主要是因为随着 SKU 种类数平均值的增加,为使用尽量少的货架满足每个订单的 SKU 拣选需求,则货架上 SKU 种类应丰富与多样化,这样才能使货架上存储的 SKU 与顾客订单中 SKU 的种类和数量规律尽可能保持一致,这也体现了所提模型与算法基于顾客订购规律而优化货位分配方案的能力。同时,随着订单中 SKU 种类数平均值的增加,货位分

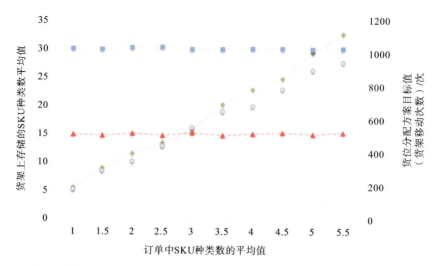

图 6-3 订单中 SKU 种类数的敏感性分析

配方案目标值基本保持不变,即针对 SKU 总件数相同的订单集合,虽然每个订单的 SKU 种类数平均值有所增加,但总的拣货效率并未下降,说明所提模拟退火算法所给出的货位分配方案以货架摆放商品的多样化较好地应对了订单中 SKU 种类数增加的情况。

6.3.6 管理启示

在实际应用中,管理者可结合敏感性分析的结果,在充分考虑货架最大载重和 SKU 种类数后进行货架的选型工作和货架内的商品分隔槽设置。

下面以美妆仓为例,讨论如何基于敏感性分析的结果为实际仓库运营提供决策支持。Geek+公司是目前市场上针对机器人移动货架系统的代表性解决方案提供商,它的 P 系列搬运机器人 P500、P800、P1200 的最大举升质量分别为 600 kg、1000 kg、1200 kg。由图 6-2 可以看出,货架的最大载重为 450 kg 之后,美妆仓货位分配方案目标值基本稳定;且美妆仓大多都是小件商品,所以为该美妆仓选择 P500 型号的搬运机器人即可。相应地,可定制与 P500 机器人相匹配的货架尺寸与外形。类似地,仓库运营管理者可结合敏感性分析的结果及仓库类型合理地完成货架和搬运机器人的选型工作。

此外,根据 SKU 种类数的敏感性分析,当仓库存储的是关联度不高的商品时,管理者可以适当地减少货架上商品分隔槽的个数,并增加每种商品的存储空间;反之,当仓库存储的是关联度较高的商品时,管理者可以适当地增加商品分隔槽的个数,从而增加货架所能容纳的商品种类数。总之,管理者可以根据顾客订单中商品的关联度,灵活调整货架的商品分隔槽。

6.4 机器人移动货架系统调度优化

机器人移动货架系统的拣选方式有助于缩短拣货人员行走距离、提高拣选效率。由于该仓库的每个货架可存储多种商品,每种商品又可存放于多个货架上,因此货架与商品之间具有多对多的复杂关系,可以采用多种货架组合来满足订单的拣货需求,而选择的货架数越多,机器人需要搬运的货架次数也就越多。因此,如何根据货架与商品之间的复杂关系,选择数量最少的货架组合,是机器人移动货架系统订单拣选中不可逾越的一大难题。此外,系统中存在多个搬运机器人可执行货架的搬运任务,选择不同的货架组合执行货架的搬运任务所耗费的时间成本具有显著的差异。在确定待搬运的货架组合后,如何对搬运机器人进行合理调度,以最小的时间成本来完成货架的搬运任务,提升系统的拣选效率,也是电商仓储中心决策者亟待解决的首要问题。

为此,现针对机器人移动货架系统的机器人调度优化问题展开研究,研究内容包括两方面:一方面,针对一批待拣选订单,研究如何最优地移动货架组合,以最小化搬运的货架数;另一方面,确定移动货架组合后,研究如何调度搬运机器人,以最小化拣货时间。

6.4.1 问题描述与分析

先举例描述货架选择问题。假设 SKU 有四种,分别为 A、B、C、D,待拣选的订单为 $O_1=\{A(2),B(3)\}$(表示订单 1 需 2 个 A 和 3 个 B)和 $O_2=\{A(1),C(1),D(2)\}$;仓库中有四个货架,即 $R_1=\{A(5),B(2)\}$(表示货架 1 包含 5 个 A 和 2 个 B),$R_2=\{A(3),C(3)\}$,$R_3=\{B(3),D(2)\}$,$R_4=\{A(3),B(1),C(1),D(1)\}$。订单 O_1 和 O_2 共需 3 个 A、3 个 B、1 个 C 及 2 个 D。针对订单拣货需求,有多种货架选择方案,分别为 $\{R_1,R_3,R_4\}$、$\{R_2,R_3\}$、$\{R_1,R_2,R_3\}$,其中第 2 个方案所需货架数最少,因此选择按该方案为订单 O_1、O_2 提供拣货服务;若选择另两个方案,虽能满足订单拣货需求,但需移动 3 个货架,这很可能会降低订单的拣选效率。因此,移动货架选择问题可描述为:某机器人移动货架系统中商品种类充足,针对某一时间段内产生的一批订单,确定一个最优的货架选择方案,使得完成该批订单拣选任务所需货架数最小。因此,现以满足给定订单集合中商品的拣选需求为约束条件,以所需货架数最小化为目标,建立该问题的数学模型。

在给定货架选择方案后,如何对搬运机器人进行调度使其总拣选时间最少,是机器人调度优化研究的另一主要内容。订单总拣选时间的计算依赖于搬运机器人的行走路线,应根据机器人不同的行走路线来计算对应的总拣选时间。比较这些拣选时间,将最少的总拣选时间作为最终拣选时间,将其对应的行走路线作为搬运机器人的最终行走路线。而机器人也往往选择最短路径行驶,在拣货台拣货员也按照"先到先服务"的规则进行拣选,基于搬运机器人的行走规律,可将机器人调度这一实际问题简化为可求解的数学问题,对其提出假设、声明参数和变量,建立混合整数规划模型后求解。由于问题的复杂度较高,模型在小规模的情况下,可通过 Gurobi 求得最优解;当问题规模较大时,需要借助启发式算法,在有效时间内求出可行解。故选择禁忌搜索算法进行求解,根据设计的算法流程,将生成的初始解通过迭代逐步优化为较优的可行解。

6.4.2 模型构建

6.4.2.1 机器人移动货架系统的货架选择模型

建模前,对问题作以下假设:已知待拣选的订单集合,同种 SKU 可存放于多个货架上,且一个货架上有多种 SKU;所有货架上的 SKU 均能够满足订单的需求。由于货架在仓库中的位置并不固定,现不考虑机器人将货架搬运到拣货台的时间,只考虑货架搬运次数。

参数描述如下:

① O:订单集合;

② S:货架集合;

③ P:商品种类集合;

④ b_{ik}:第 i 个货架上第 k 种商品的数量,$i \in S, k \in P$;

⑤ d_{jk}:第 j 个订单对第 k 种商品的需求量,$j \in O, k \in P$;

⑥ M:一个无穷大的正数。

决策变量定义如下:

① x_{ijk}:货架 i 为第 j 个订单提供第 k 种商品的数量,$i \in S, j \in O, k \in P$。

② y_i:0-1 型整数变量,$y_i=0$,表示货架 i 未被选中来提供拣货服务,$y_i=1$,表示货架 i 被选中来提供拣货服务,$i \in S$。

基于上述参数设置,建立如下货架选择问题的数学模型:

$$\min \sum_i y_i \tag{6-13}$$

$$\sum_i x_{ijk} \geq d_{jk} \quad \forall j \in O, k \in P \tag{6-14}$$

$$\sum_j x_{ijk} \leq b_{ik} \quad \forall i \in S, k \in P \tag{6-15}$$

$$My_i \geq x_{ijk} \quad \forall i \in S, j \in O, k \in P \tag{6-16}$$

目标函数(6-13)表示要求完成所有订单的拣货服务的货架数最小化;约束式(6-14)表示提供拣货服务的货架上商品的数量要满足订单对商品的需求;约束式(6-15)表示提供拣货服务的货架的商品拣选数量不能超过货架所有商品的数量;约束式(6-16)定义了两个变量之间的关系。

6.4.2.2 机器人移动货架系统的搬运机器人调度模型

在构建搬运机器人调度模型前,先提出如下基本假设:

(1) 货架之间以及货架与拣货台之间的路程为其横纵坐标之差的绝对值的和。这是根据实际仓库内搬运机器人的行走特点提出的假设,即仓库内机器人的行走均是横向或纵向的,不存在斜向行走。

(2) 每个货架被拣货台拣选完毕后,由搬运机器人将其送回原位。这是参考实际仓库中的搬运方式进行的一种合理假设。

(3) 对于搬运机器人行驶过程,只考虑路程,不考虑搬运机器人路径冲突。也就是说,我们仅从决策层的角度提出数据参考,掌握大致过程即可,对过于细节的具体路径不作考虑。

(4) 搬运机器人电量是充足的,拣选时可一直进行搬运任务,不存在充电状态。搬运机器人在拣选过程中的大部分时间均处于行驶状态,充电多在休息时进行,因此不考虑充电状态。

(5) 待拣选的货架已知,且货架上的商品充足,不存在缺货、补货的情况。实际仓库中大规模的补货活动多在休息时进行,多数时间货架商品充足,这种假设是合理的。

(6) 移动货架仓库的拣选作业开始时每一个搬运机器人均从拣货台处出发,依次完成系统指令的任务。这种假设符合实际情况。

(7) 不考虑订单的拣选顺序,只针对该时间段内产生的一批订单。实际拣货过程中,订单的拣货是由多个拣货员同时进行的,这样可以节约总拣选时间,因此所提模型不考虑拣选顺序。

(8) 在进行搬运机器人调度前,已经知道了要拣选的订单的具体信息,即订单已知。机器人在进行调度前需要知道订单的具体信息,根据订单所需商品的位置和数量进行调度。

(9) 拣货员可持续工作到订单任务拣选完成,不考虑拣货员的休息时间。拣货时,若拣货员整体下班或者中途休息,则搬运机器人也将停止工作,总拣选时间会相应地延长,但这不会影响搬运机器人的总调度以及拣货员与搬运机器人的数量配置关系;若个别拣货员休息,其余拣货员与搬运机器人继续工作,则拣货员和搬运机器人的数量配置关系就发生了变化,模型参数发生了变化,可调整模型的参数继续求解,所以所提模型未考虑拣货员的休息时间。

为了建立机器人移动货架系统的搬运机器人调度模型,定义如下参数(见表 6-5)和变量。

表 6-5 模型参数及含义

参 数	含 义
R	所有货架的集合
n	货架总数
O	所有订单的集合
α	在机器人路径初始处加入的虚拟货架
β	在机器人路径结尾处加入的虚拟货架
p_i	货架 i 在拣货台时被拣选的时间
t_{ij}	机器人在货架 i 和 j 之间的行驶时间
t_i	机器人从货架 i 到拣货台的行驶时间
s_i	货架 i 被某个搬运机器人顶起来移动的开始时刻,为非负变量
r_i	货架 i 被拣货台开始服务的时间,为非负变量

$$x_{ijk} = \begin{cases} 1, & \text{第 } k \text{ 个搬运机器人将货架 } i \text{ 移动到拣货台后,再将货架 } j \text{ 移动到拣货台} \\ 0, & \text{其他} \end{cases}$$

$$q_{ij} = \begin{cases} 1, & \text{拣货台服务完货架 } i \text{ 之后再服务货架 } j \\ 0, & \text{其他} \end{cases}$$

上述变量中,既有 0-1 型整数变量,又有非负变量。x_{ijk} 为 0-1 型整数变量,其中 i 代表货架 i,j 代表货架 j,k 代表第 k 个搬运机器人,通常 1 个搬运机器人的搬运路径上存在若干个货架,若货架 i 和货架 j 是在第 k 个搬运机器人的搬运路径上相邻的两个货架,且货架 i 在前,则 x_{ijk} 的值取 1,否则取 0。q_{ij} 也是 0-1

型整数变量,表示货架在拣货台被服务的顺序,若货架 j 在拣货台服务的时间在货架 i 之后,则 q_{ij} 取值为 1,否则为 0。p_i、t_{ij}、t_i、s_i 和 r_i 均为表示时间的非负变量。

根据上述分析,建立如下以总拣选时间最小化为目标的搬运机器人调度问题模型。

目标函数:
$$\min T \tag{6-17}$$

约束条件:
$$T \geqslant r_i + t_i + p_i \quad \forall i \tag{6-18}$$

$$\sum_{j=1}^{n+1} x_{ajk} = 1 \quad \forall k \tag{6-19}$$

$$\sum_{i=0}^{n} x_{i\beta k} = 1 \quad \forall k \tag{6-20}$$

$$\sum_{j=1}^{n+\beta} \sum_{k=0}^{K-1} x_{ijk} = 1 \quad \forall i \tag{6-21}$$

$$\sum_{i=a}^{a+n} \sum_{k=0}^{K-1} x_{ijk} = 1 \quad \forall j \tag{6-22}$$

$$\sum_{i=a}^{a+n} x_{jik} = \sum_{j=1}^{n+\beta} x_{ijk} \quad \forall i,j,k \tag{6-23}$$

$$s_j \geqslant r_i + p_i + t_i + t_{ij} + \left(\sum_{k=0}^{K-1} x_{ijk} - 1\right)M \quad \forall i,j \tag{6-24}$$

$$s_j \geqslant t_{aj} + \left(\sum_{j=1}^{n} \sum_{k=0}^{K-1} x_{ajk} - 1\right)M \quad \forall j \tag{6-25}$$

$$r_j \geqslant r_i + p_i + (q_{ij} - 1)M \quad \forall i < j \tag{6-26}$$

$$r_i \geqslant r_j + p_j - q_{ij}M \quad \forall i < j \tag{6-27}$$

$$r_i \geqslant s_i + t_i \quad \forall i \tag{6-28}$$

其中,目标函数(6-17)表示最小化订单的完成时间,即最小化所有货架被拣货台服务完并被送回原位置所花费的时间。约束式(6-18)表示订单的总完成时间大于每个货架被服务完的时间。每个货架被服务完的时间包括货架被拣货台开始服务的时间、货架被拣选时间和货架被送回原位的时间(等同于机器人从货架 i 到拣货台的行驶时间)。约束式(6-19)表示所有的搬运机器人都从虚拟货架 α 出发。约束式(6-20)表示所有搬运机器人都回到虚拟货架 β。约束式(6-21)表示所有货架入度为 1,除了货架 α。约束式(6-22)表示所有货架出度为 1,除了货架 β。约束式(6-23)表示所有真实货架的入度等于出度。约束式

(6-24)表示若某搬运机器人相继搬运货架 i 和货架 j,则真实货架 i 和货架 j 的 r_i 和 s_j 服从一定关系,即搬运机器人在将货架 i 服务完并送回原位后,才移到货架 j 的位置开始服务货架 j。约束式(6-25)表示若货架 j 从虚拟货架 a 出发,则 $s_j \geqslant t_{aj}$。约束式(6-26)表示若拣货台相继服务货架 i 和货架 j,则被拣货台服务的相邻真实货架 i 和货架 j 间的 r_i 和 r_j 服从一定关系,即拣货台在对货架 i 服务完成后才开始对货架 j 进行拣选服务。约束式(6-27)表示若拣货台相继服务货架 i 和货架 j,则 q_{ij} 值为 1,且被拣货台服务的相邻真实货架 i 和货架 j 间的 r_i 和 r_j 服从一定关系。约束式(6-28)表示货架 i 在被拣货台拣选服务前,要先被搬运机器人搬运,并且送至拣货台处后才能开始。

6.4.3 问题复杂性分析

货架选择问题的复杂性体现在问题的求解规模及其 NP-hard 特性上。当订单的数量增大时,问题求解规模增大,调用线性规划求解器 Gurobi 已无法求解模型。若假设每个订单订购每类商品的数量最多为 1 件,并且所有订单订购的商品种类并不相同,那么货架选择问题就转化为一类特殊的集合覆盖问题(set covering problem, SCP),即如何选择尽量少的货架(商品的集合),才能使这些货架上的商品覆盖订单中的所有商品。由于 SCP 问题已经被证明为 NP-hard 问题,因此货架选择问题也具有 NP-hard 复杂性。当问题规模较小时,可调用线性规划求解器来求解问题模型;但针对现实中的大规模问题,建立启发式算法是一种有效的途径。

搬运机器人调度问题的求解难度主要体现在三个方面:一是模型复杂度随着订单规模的增大呈指数级增长。由于问题涉及的变量较多,且随着目前订单规模的增大,各变量的数量也随之增长,模型求解复杂度也呈指数级增长。而利用 Gurobi 线性规划求解器来求解模型时,只能求解小规模算例,大规模算例无法在有效时间内求解,所以需要开发适用于大规模算例的算法以便在有效时间内获得大规模算例较为优秀的可行解。二是每个搬运机器人的调度工作都是复杂化的旅行商问题(traveling salesman problem, TSP)。机器人移动货架系统进行拣选作业时,每一个搬运机器人的运输路径上有若干个货架,搬运机器人需要访问每一个货架并将其运送至拣货台,可以将其认为是复杂化的 TSP,而旅行商问题被认为是 NP-hard 问题,这也说明了所研究问题的复杂性。三是各个货架被拣选的时间窗要兼顾搬运机器人内部运输顺序和搬运机器人间的相互作用的双重影响,而货架被拣选的时间窗与总拣选时间相关联,所以研究时需要兼顾这一双重影响,这提升了所研究问题的复杂性。

6.4.4 货架选择的改进的模拟退火算法设计

模拟退火算法是 S. Kirkpatrick 于 1983 年提出的一种仿生智能算法。该算法由于具有描述简单、使用灵活、运用广泛、运行效率高和较少受到初始条件约束等优点而被广泛运用于很多经典组合优化问题。该算法框架有助于货架选择方案跳出局部最优解,因此笔者针对货架选择问题提出了一种改进的模拟退火算法,改进之处在于提出基于移动货架仓库中面向订单拣选的货架选择模型。算法设计的目标是找到一个最小的货架集合来满足当前订单的拣选需求,因此,设计了一种新的启发式算法来产生初始解;在邻域操作部分,为了实现货架数的最小化,同时与模型的目标函数和约束方程保持一致,设计了能够满足当前订单拣选需求的 6 种局部搜索算子来产生新的邻域解;若邻域解的货架数少于当前解的货架数,则用邻域解替换当前解,否则按照 $e^{-\frac{\Delta f}{T}}$ 的概率替换当前解,其中 Δf 为邻域解与当前解的货架数之差,T 为温度,每轮迭代后 $T=\alpha T$ ($0<\alpha<1$),算法从初始温度 T_0 开始迭代,至终止温度 $T_{\min}$ 结束。下文将详细阐述初始解的产生和邻域操作方法。

6.4.4.1 初始解的产生

采用所设计的启发式算法来生成初始解,步骤如下。

输入:该批订单需要的全部商品列表 Prod 及数量 Demand、所在的货架列表 RackLst,以及最优解 best_solution。

步骤 1:计算 RackLst 列表中每个货架的权重。

权重的计算如下。

p_{ij}:货架 i 上商品 j 的数量,$\forall i \in \text{RackLst}, j \in \text{Prod}$。

s_j:RackLst 列表中所有货架包含商品 j 的总数量。

$$s_j = \sum_i p_{ij} \quad \forall j \in \text{Prod} \tag{6-29}$$

w_i:货架 i 的权重。

$$w_i = \sum_j \frac{p_{ij}}{s_j} \quad \forall i \in \text{RackLst} \tag{6-30}$$

步骤 2:按照货架权重的大小降序排列货架,得到货架列表 RackLst。

步骤 3:将权重最大的货架添加到 best_solution 中,并将其从 RackLst 中移除;更新商品列表 Prod,若商品的拣选需求得到满足,则将其从 Prod 中移除。

步骤 4:判断 Prod 列表是否为空,若是,输出初始解 best_solution,否则转至步骤1。

6.4.4.2 邻域操作方法

如前所述,针对邻域操作部分,笔者设计了6种局部搜索算子,每种算子都将当前解中已选择的某些货架替换为新货架。当前解中已选择的、待替换的货架集合可包含1个、2个或3个货架,针对每种货架数量,设计算子如下:

算子1:若当前解含有货架 A,且移除货架 A 后的解仍符合模型约束条件,则移除货架 A;

算子2:若当前解含有货架 A 但不含货架 B,且用货架 B 替换货架 A 后的解仍能满足模型约束条件,则用货架 B 替换货架 A;

算子3:若当前解含有货架 A 和货架 B 但不含货架 C,且用货架 C 替换货架 A、货架 B 后的解仍能满足模型约束条件,则用货架 C 替换货架 A 和货架 B;

算子4:若当前解含有货架 A 和货架 B 但不含货架 C 和货架 D,且用货架 C、货架 D 替换货架 A、货架 B 后的解仍能满足模型约束条件,则用货架 C、货架 D 替换货架 A、货架 B;

算子5:若当前解含有货架 A、货架 B、货架 C 但不含货架 D 和货架 E,且用货架 D、货架 E 替换货架 A、货架 B、货架 C 后的解仍能满足模型约束条件,则用货架 D、货架 E 替换货架 A、货架 B、货架 C;

算子6:若当前解含有货架 A、货架 B、货架 C 但不含货架 D、货架 E、货架 F,且用货架 D、货架 E、货架 F 替换货架 A、货架 B、货架 C 后的解仍能满足模型约束条件,则用货架 D、货架 E、货架 F 替换货架 A、货架 B、货架 C。

按下述方式设定6种算子的权重:

choose[i]:算子 i 被选择的次数;

count[i]:算子 i 被选择的情况下,当前解被更新的次数;

OperW[i]:算子 i 的权重。

$$\text{OperW}[i] = \frac{\text{count}[i]}{\text{choose}[i]} \tag{6-31}$$

基于算子权重,在每次迭代时使用轮盘赌方法选择一种算子产生邻域解。该方式既能提高算子的随机性,又能选出效果较好的算子来增强算法的寻优能力。

邻域操作主要分为两个阶段。

第一阶段,选择待替换的货架集合 replaceLst:① 针对1个货架,从当前解中随机选择一个货架;② 针对2个或3个货架,采用轮盘赌方法选择待替换的货架集合。

第二阶段，查找出满足商品拣选需求的货架集合 MyRack：找出移除 replaceLst 中货架后未满足拣选需求的商品列表 UnPord，在剩余货架中按图 6-4 所示的方法查找货架集合 MyRack。权重越大的货架所需要的商品种类数和商品数量越多，因此将权重较大的货架添加进来更能满足所需商品拣选需求，且减少所需货架数的概率大。

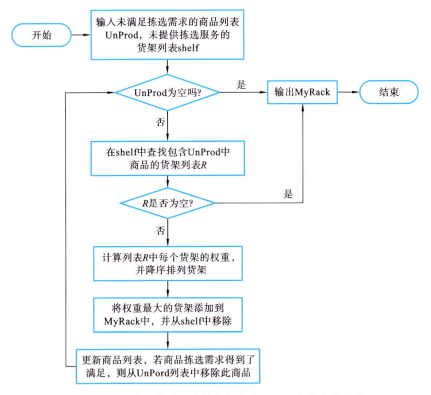

图 6-4 满足商品拣选需求的货架集合 MyRack 的查找过程

6.4.5 搬运机器人调度的禁忌搜索算法设计

禁忌搜索算法是一种全局迭代寻优算法，模拟人类具有记忆功能的寻优特征。禁忌搜索算法通过局部邻域搜索机制和相应的禁忌准则来避免迂回搜索，并通过接受准则来赦免一些被禁忌的优良状态，进而保证多样化的有效探索以最终实现全局优化。相较于模拟退火算法和遗传算法，禁忌搜索算法是一种搜索特点不同的亚启发式算法。迄今为止，禁忌搜索算法在组合优化、生产调度、机器学习、电路设计和神经网络等领域取得了很大的成功。组合优化是禁忌搜索算法应用最多的领域,如调度和 TSP 等置换问题是组合问题的典型代表。在所研究的搬运机器人调度模型中,不同的搬运机器人行走路径会形成不同的总拣选时间,由于禁忌搜索算法在组合优化问题方面的良好表现,故选用禁忌搜索算法来求解搬运机器人调度问题。

6.4.5.1 禁忌搜索算法流程

禁忌搜索算法从一个初始解开始,不断地重复如下的操作:根据邻域结构生成候选解,基于候选解的禁忌属性、特赦准则及解的接受准则,决定是否将候选解作为当前解,进而用其更新禁忌表,直至满足停止条件,输出算法所找到的最好解。

禁忌搜索算法步骤如下。

步骤1:初始化。设定禁忌表、接受准则、特赦准则和停止条件。使用启发式算法将所有待拣选货架分配给系统内的搬运机器人,产生初始解S_0。启发式算法可以获得整体效果较好的初始解,从而节省全局搜索的时间。

步骤2:若当前解满足停止条件则输出当前解;否则,利用局部搜索算子,使当前解产生若干新的可行解,即邻域解,并从邻域解中选择最优解作为候选解。若候选解属于禁忌对象,则进行步骤3,否则跳至步骤4。

步骤3:若候选解满足特赦准则,则将其作为当前解,并跳至步骤5;若不满足特赦准则,则重新选取非禁忌对象作为候选解,并进行步骤4。

步骤4:若候选解不满足接受准则,则将候选解作为当前解,并转至步骤1;否则将其作为当前解,并进行步骤5。

步骤5:更新禁忌表,并转至步骤1。

禁忌搜索算法流程如图 6-5 所示。

下文将对禁忌搜索算法的初始解生成方法和邻域操作方法进行详细阐述。

6.4.5.2 初始解生成方法

初始解为算法后续的迭代提供一个初始方案,初始解也会影响算法整体的寻优效率。所以初始解不但要能提供在一定拣货员和搬运机器人配置情况下搬运机器人搬运货架的具体方案,还要尽可能提升自己求解效果,以便后续生成邻域解和迭代时以更大概率靠近最优解。为使算法的初始解效果更好,我们使用启发式算法——插入法作为生成初始解的算法,根据各货架插入路径的时间成本依次将其插入搬运机器人的路径当中。插入法大致流程如下。

步骤1:输入货架位置、商品等信息,根据搬运机器人数量建立路径表,建立

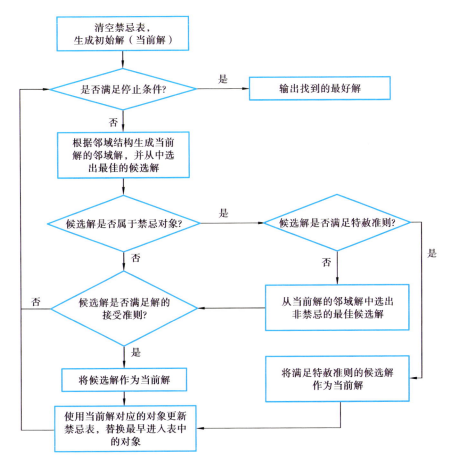

图 6-5 禁忌搜索算法流程

删除表。

步骤 2:在路径表内的每一条路径上,均插入起始位置 0,货架的插入位置需在 0 之后。

步骤 3:遍历未在删除表中的货架和路径中所有可插入的位置,计算并比较所有方案的插入时间成本,记录插入时间成本最小的方案,即货架 i 和位置 p。

步骤 4:更新路径表和删除表。在路径表的位置 p 插入货架 i,在删除表中添加货架 i。

步骤 5:重复步骤 2~步骤 5,直到把所有的货架均插入路径表。

步骤 6:输出搬运机器人的初步路径表及货架的拣选时间窗。

插入法在生成初解的过程中,需要计算货架插入路径的时间成本。本算法中时间成本的计算思路如下:以路径的总拣选时间作为插入时间成本,包括搬运机器人搬运货架行走的时间和货架在拣货台被服务的时间,若拣选时间存在冲突则按照"先到先服务"的原则,即后至的搬运机器人需要等待一段时间,等待时间也计入插入时间成本。

情况1:仅一个搬运机器人,不存在时间窗冲突,如图6-6所示。

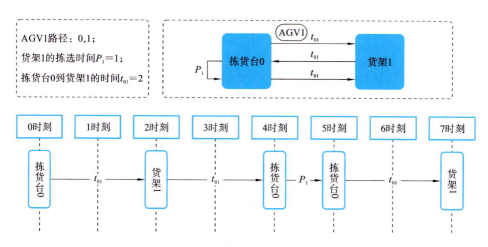

图6-6 一个搬运机器人不存在时间窗冲突的情况

假设货架1到拣货台的时间为2,货架被拣选时间为1。若在搬运机器人1的路径上添加货架1,则搬运机器人1的行走路线为拣货台—货架1—拣货台(等待拣货)—货架1,总时间成本 $T=2+2+1+2=7$。针对本章所设计的路径,只有一个搬运机器人的时候不存在时间窗冲突,此时按照"先到先服务"的原则,可直接根据搬运机器人的具体路径求解总拣选时间。

情况2:存在两个搬运机器人,但时间窗不冲突,如图6-7所示。

若在情况1的基础上,存在货架2到拣货台的时间为1,货架2被拣选时间为2。若在搬运机器人2的路径上插入货架2,则搬运机器人2的行走路线为拣货台—货架2—拣货台(等待拣货)—货架2。当搬运机器人1到拣货台准备拣货时,搬运机器人2搬运的货架2在拣货台已经拣完货物,此时搬运机器人1搬运的货架1可以在拣货台进行拣选。因此,搬运机器人1的拣选时间 $T_1=2+2+1+2=7$,搬运机器人2的拣选时间 $T_2=1+1+2+1=5$,$T_1>T_2$,所以此种方案的总拣选时间成本为7。只要某一货架在另一货架送到拣货台之前完成拣选,则求解方法相同。

情况3:存在两个搬运机器人,且时间窗冲突,如图6-8所示。

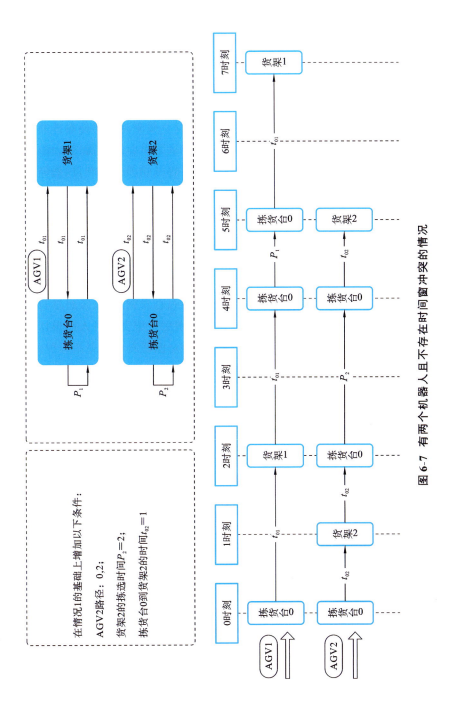

图 6-7 有两个机器人且不存在时间窗冲突的情况

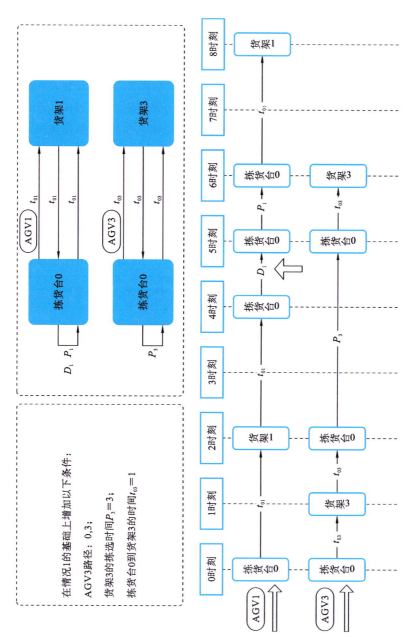

图 6-8 有两个机器人且存在时间窗冲突的情况

若在情况 1 的基础上,存在货架 3 到拣货台的时间为 1,货架 3 被拣选时间为 3。若在搬运机器人 3 的路径上插入货架 3,则搬运机器人 3 的行走路线为拣货台—货架 3—拣货台(等待拣货)—货架 3。当搬运机器人 1 到拣货台准备拣货时,搬运机器人 3 搬运的货架 3 在拣货台还没有拣完货物,此时搬运机器人 1 的总拣选时间需要增加等待时间 $D_1=1$。因此,搬运机器人 1 的拣选时间 $T_1=2+2+1+1+2=8$,搬运机器人 3 的拣选时间 $T_2=1+1+3+1=6$,$T_1>T_2$,所以此种方案的总拣选时间成本为 8。

上述三种情况中,情况 2、情况 3 均是在情况 1 的基础上,添加搬运机器人和货架形成的。通过对上述情况的描述,我们发现,在情况 3 下,需要依据"先到先服务"原则,将存在拣货时间窗冲突的搬运机器人 1 和搬运机器人 3 的时间窗排开,解决拣货台处存在多个搬运机器人的时间窗冲突问题。由图 6-8 可知,搬运机器人 1 和搬运机器人 3 分别在 4 时刻和 2 时刻到达拣货台,搬运机器人 3 到达时间较早,所以拣货台先为搬运机器人 3 提供拣选服务,4 时刻搬运机器人 1 到达,此时拣货台被占用,所以搬运机器人 1 的总拣选时间需要添加 D_1,即在拣货台的等待时间。

下面将通过一个实例,介绍插入法生成初始解的具体过程。此案例包括拣货台 R_0,2 个搬运机器人,分别为搬运机器人 1 和搬运机器人 2,以及 3 个货架 R_1、R_2、R_3,货架的拣货时间均为 1,3 个货架到拣货台的距离分别为 4、3、4。表 6-6 展示了初始解生成过程中的 4 个重要节点状态。

表 6-6 初始解生成案例的 4 个重要节点状态

状态	搬运机器人 1 路径表	搬运机器人 2 路径表	待拣货架	当前路径总拣选时间
起始状态 M0	R_0	R_0	R_1、R_2、R_3	0
状态 M1	R_0、R_2	R_0	R_1、R_3	10
状态 M2	R_0、R_2	R_0、R_1	R_3	13
状态 M3	R_0、R_2、R_3	R_0、R_1		24

插入法生成初始解的流程如下。

步骤 1:如表 6-6 中的起始状态 M0 所示,当前路径表为搬运机器人 1:0,搬运机器人 2:0,路径表中共有 2 个可插入位置,总拣选时间 $T=0$,现需要选择货架 1、货架 2、货架 3 中的某一货架插入至路径表中的一个位置,且使插入时间成本最小。

步骤 2:货架 1 可插入方案有 2 种,方案 1 是搬运机器人 1:0-1,搬运机器人

2:0;方案 2 是搬运机器人 1:0,搬运机器人 2:0-1。这两种方案的总拣选时间 T 均为 13。同理可得,货架 2 的两种可插入方案的总拣选时间 T 均为 10,货架 3 的两种可插入方案的总拣选时间 T 均为 13。

步骤 3:经过比较,最终选择第一次插入时将货架 2 插入搬运机器人 1 路径的第 2 个位置,如表 6-6 中的状态 M1 所示,更新路径表为搬运机器人 1:0-2,搬运机器人 2:0,总拣选时间 $T=10$。当前路径表中共有 3 个可插入位置,现需要选择货架 1、货架 3 中的某一货架插入路径表中的一个位置,且使插入时间成本最小。

步骤 4:货架 1 可插入方案有 3 种,方案 1 是搬运机器人 1:0-1-2,搬运机器人 2:0;方案 2 是搬运机器人 1:0-2-1,搬运机器人 2:0;方案 3 是搬运机器人 1:0-2,搬运机器人 2:0-1。经计算可知,方案 3 的插入时间成本最小,即货架 1 的最小插入时间成本方案的总拣选时间 $T=13$。同理可得,货架 3 的最小插入时间成本方案的总拣选时间 $T=13$。

步骤 5:所选货架 1 和货架 3 插入方案总拣选时间相同,则选择前一种方案,即第二次插入时将货架 1 插入搬运机器人 2 路径的第 2 个位置,如表 6-6 中的状态 M2 所示,更新路径表为搬运机器人 1:0-2,搬运机器人 2:0-1。当前路径表中共有 4 个可插入位置,现需要选择货架 3 插入路径表中的一个位置,且使插入时间成本最小。

步骤 6:货架 3 可插入方案有 4 种,方案 1 是搬运机器人 1:0-3-2,搬运机器人 2:0-1;方案 2 是搬运机器人 1:0-2-3,搬运机器人 2:0-1;方案 3 是搬运机器人 1:0-2,搬运机器人 2:0-3-1;方案 4 是搬运机器人 1:0-2,搬运机器人 2:0-1-3。经计算可知,方案 2 的插入时间成本最小,即 $T=24$,则最终选择第三次插入时将货架 3 插入搬运机器人 1 路径的第 3 个位置,如表 6-6 中的状态 M3 所示,更新路径表为搬运机器人 1:0-2-3,搬运机器人 2:0-1。

6.4.5.3 邻域操作方法

邻域操作,相关文献也称作邻域变换、邻域结构、邻域移动等。禁忌搜索算法要想持续进行就要依赖邻域操作来持续拓展搜索空间。邻域操作是在当前解的基础上,按照特定的变换策略产生一定数目的新解,这些新解称为邻域解,新解的数目称为邻域解规模。邻域操作的设计通常与问题有关,如对于排列置换类组合优化问题,常用的邻域操作方法是交换、插入、逆序等。邻域操作的设计策略既要保证变化的有效性,还要保证变化的平滑性,即产生的邻域解和当前解既有不同,又不能差异太大。邻域解和当前解有不同使搜索过程向前进行,差异不是太大则保证搜索是有序的而非随机的。邻域解的规模,可以根据需要和经验设定成小于上限的值,以提高搜索的运行效率。

根据所研究问题的特点,选择局部搜索算子对初始解和当前解进行邻域操作,生成当前解或初始解的若干邻域解,并比较邻域解评价值的大小,选出邻域解中的最优解作为本算法的候选解,具体流程如下。

步骤1:给定 C 个搬运机器人、N 个货架位置和拣选时间,使用插入法运行得出初始路径 newLstRack0 和总拣选时间 T_0。

步骤2:交换。newLstRack0 表中包含 N 个货架的运输路径及顺序,使用轮盘赌函数,任选其中两个货架交换位置,新表记为 newLstRack1,并计算 newLstRack1 表的总拣选时间 T_1。

步骤3:比较。若 $T_1 < T_0$,则令 newLstRack0 = newLstRack1, $T_0 = T_1$;若 $T_1 \geqslant T_0$,则 newLstRack0 和 T_0 保持不变。

步骤4:迭代。设置迭代次数 i,循环 i 遍步骤2和步骤3,并输出每次迭代后生成的总路径表 newLstRack0 和总拣选时间 T_0。

6.4.6 实验分析

为了验证所设计算法求解问题的有效性及其寻优的快速性,现通过计算机模拟,对算法进行了算例测试。在模拟中,针对不同规模的问题,即小规模算例和大规模算例,分别进行测试。实验使用 Microsoft Visual Studio 开发环境,应用 C#语言开发禁忌搜索算法和遗传算法,在 Windows 10 64 位操作系统、8GB 内存和 Intel i5-5700 环境下进行测试。

为了验证货架选择的改进的模拟退火算法的有效性,首先生成不同规模的算例,然后将所提模拟退火算法分别与 Gurobi 及该领域的代表性算法——大邻域搜索(LNS)算法进行对比,验证所提货架选择模型和算法的有效性。

在验证搬运机器人调度算法方面,首先针对小规模算例进行测试,将禁忌搜索算法的求解结果与线性规划求解器 Gurobi 求出的精确解进行对比,验证禁忌搜索算法求解的有效性;然后针对大规模算例进行测试,将禁忌搜索算法和遗传算法进行对比,验证所提算法寻优的快速性。

6.4.6.1 算例描述与参数设置

根据电商订单小批次、多品种的特性生成算例,每个算例包含订单和货架信息,订单数最大为500个,仓库中 SKU 种类数最大为5000个,货架数最大为2000个。改进的模拟退火算法中,初始温度 $T_0 = 500$,温度衰减系数 $\alpha = 0.98$,

终止温度 $T_{min}=0.01$。

6.4.6.2 货架选择的改进的模拟退火算法实验结果分析

1. 与 Gurobi 结果对比

分别利用 Gurobi 和改进的模拟退火(SA)算法对小规模算例进行求解,结果见表 6-7。由表 6-7 可见,改进的模拟退火算法能在更短的时间内找到 Gurobi 所给出的精确解;针对 600 个货架以上的算例,Gurobi 在有限时间内找不到最优解,但改进的模拟退火算法仍能在几十秒之内找到当前最好解,这验证了改进的模拟退火算法的有效性和优越性。

表 6-7 Gurobi 与改进的模拟退火算法结果对比

算例信息			所需货架数/个			运行时间/s		
货架数	SKU 种类数	订单数	Gurobi	SA	GAP	Gurobi	SA	GAP
30	20	10	8	8	0	0.087	0.004	−95.40%
30	20	20	14	14	0	0.086	0.006	−93.02%
30	20	30	18	18	0	0.104	0.007	−93.27%
30	30	40	20	20	0	0.129	0.006	−95.35%
60	30	20	30	30	0	0.121	0.029	−76.03%
60	30	30	39	39	0	0.182	0.014	−92.31%
60	50	50	28	28	0	1.387	0.375	−72.96%
60	80	50	43	43	0	1.293	0.014	−98.92%
80	30	20	23	23	0	0.813	0.214	−73.68%
80	70	50	44	44	0	1.409	0.016	−98.86%
80	100	80	51	51	0	1.516	0.023	−98.48%
80	100	100	53	53	0	1.933	0.263	−86.39%
100	20	10	10	10	0	0.973	0.008	−99.18%
100	20	20	21	21	0	1.691	0.376	−77.76%
100	30	30	22	22	0	4.786	0.558	−88.34%
100	100	500	97	97	0	49.112	0.035	−99.93%
600	300	200	—	147	—	>2 h	11.9	—
900	694	400	—	248	—	>2 h	25.7	—
900	700	300	—	255	—	>2 h	17.5	—
1000	1000	500	—	308	—	>2 h	17.14	—

注:GAP=(SA 所需货架数或运行时间−Gurobi 所需货架数或运行时间)/Gurobi 所需货架数或运行时间。

2. 与大邻域搜索算法结果对比

大邻域搜索(LNS)算法最早由 Shaw 在 1998 年提出,因其容易跳离局部最优解,对大规模数据的求解问题具有良好的表现,故被成功应用于仓库运营管理的相关问题。大邻域搜索(LNS)算法流程见图 6-9。相似性删除算子思路如下:随机选择当前货架集合中的一个货架,找出与其相似程度较高的货架作为下一个被删除的货架,之后在已删除的货架集合中随机找一个货架,删除与其相似程度较高的货架;以此类推,直至达到删除比例为止。货架的相似程度的计算式为

$$\mathrm{phi}(A,B) = \frac{F_A \cap F_B}{F_A \cup F_B} \qquad (6\text{-}32)$$

其中 F_A 和 F_B 分别表示货架 A 和货架 B 包含的商品种类集合。

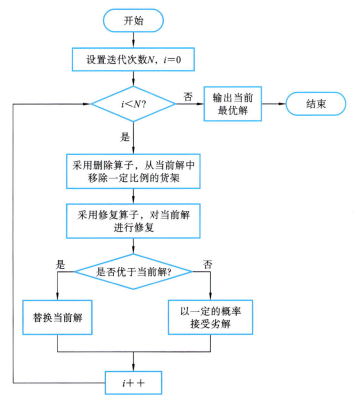

图 6-9 大邻域搜索(LNS)算法流程

为保证公平性,对于大邻域搜索算法的外层循环,同样采用温度下降的方法来控制迭代次数,运行 10 次后记录最好解,结果见表 6-8。在求解质量方面,

在14个算例中大邻域搜索算法只有一个算例的结果与改进的模拟退火算法的结果一致,其余算例的结果均劣于改进的模拟退火算法。在运行时间方面,两种算法的差异较大,GAP基本上保持在50%以上,说明在保证求解质量的前提下,改进的模拟退火算法性能更好。

表6-8 改进的模拟退火算法与大邻域搜索算法结果对比

算例信息				所需货架数/个			运行时间/s		
序号	货架数	SKU种类数	订单数	SA	LNS	GAP	SA	LNS	GAP
1	900	694	400	249	253	1.58%	11.55	23.11	50.02%
2	900	700	300	253	259	2.32%	12.16	24.61	50.59%
3	1000	2000	230	205	208	1.44%	11.41	58.33	80.44%
4	1000	1000	500	351	357	1.68%	17.14	60.03	71.45%
5	1500	555	300	177	181	2.21%	11.42	16.4	30.37%
6	1500	2000	200	351	351	0.00%	17.36	84.03	79.34%
7	1500	4000	200	324	329	1.52%	20.19	235.51	91.43%
8	1500	4000	300	418	421	0.71%	25.19	369.39	93.18%
9	2000	326	450	280	285	1.75%	16.83	22.05	23.67%
10	2000	2000	200	385	387	0.52%	21.47	80.71	73.40%
11	2000	3000	200	399	403	0.99%	25.73	147.84	82.60%
12	2000	4000	300	497	500	0.60%	34.71	321.09	89.19%
13	2000	5000	400	505	512	1.37%	44.99	343.09	86.89%
14	2000	5000	500	618	619	0.16%	65.31	725.88	91.00%
平均值				358.0	361.8	1.20%	23.96	179.43	70.97%

两种算法的运行时间随算例规模变化的趋势如图6-10所示,SKU种类数对货架数的影响如图6-11所示。可见,随着问题规模的增大,改进的模拟退火算法运行时间曲线的斜率要比大邻域搜索算法运行时间曲线的斜率小,说明改进的模拟退火算法的稳定性要优于大邻域搜索算法。

综上:针对小规模算例,改进的模拟退火算法能够用较少时间找到最优解;针对大规模算例,改进的模拟退火算法相较于大邻域搜索算法,在求解质量和运行时间方面都更具优越性。这些结果验证了本章所提改进的模拟退火算法的有效性。

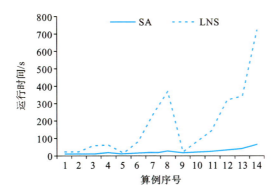

图 6-10 改进的模拟退火算法和大邻域搜索算法的运行时间曲线

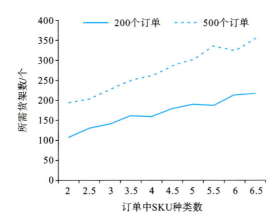

图 6-11 SKU 种类数对货架数的影响

6.4.6.3 搬运机器人调度的禁忌搜索算法实验结果分析

1. 小规模算例的实验分析

本小节主要内容是对比线性规划求解器 Gurobi 和禁忌搜索算法的实验结果。线性规划求解器 Gurobi 可以求出问题模型的精确解,通过与本章所设计算法的求解结果进行对比分析,可验证所提算法的性能。在货架拣选信息和拣选时间已知的情况下,我们从最初的 2 个货架的规模开始设计算例,并以 1 为单位,逐步增加算例中货架的数量。每个算例的 Gurobi 和禁忌搜索算法的求解结果(指总拣选时间,下同)与系统运行时间均记录于表 6-9 和表 6-10 中。

表 6-9　小规模算例下 Gurobi 和禁忌搜索算法求解结果对比

序号	货架数量/个	搬运机器人数量/个	Gurobi 结果/s	禁忌搜索算法结果/s	结果是否一致	具体路径是否一致
1	2	1	14	14	一致	一致
2	3	1	20	20	一致	一致
3	3	1	33	33	一致	不一致
4	3	1	37	37	一致	一致
5	4	1	40	40	一致	不一致
6	5	1	53	53	一致	不一致
7	6	1	56	56	一致	一致
8	7	1	72	72	一致	一致
9	8	1	73	73	一致	不一致
10	9	1	73	73	一致	不一致

表 6-10　小规模算例下 Gurobi 和禁忌搜索算法运行时间对比

序号	货架数量/个	搬运机器人数量/个	Gurobi 运行时间	禁忌搜索算法运行时间
1	2	1	0.09 s	<0.01 s
2	3	1	0.10 s	<0.01 s
3	3	1	0.11 s	<0.01 s
4	3	1	0.12 s	<0.01 s
5	4	1	0.42 s	<0.01 s
6	5	1	0.99 s	<0.01 s
7	6	1	4.32 s	<0.01 s
8	7	1	190.02 s	<0.01 s
9	8	1	4741.04 s	<0.01 s
10	9	1	6629.67 s	<0.01 s

由表 6-9 中的信息可知，10 个算例运行于 Gurobi 程序和禁忌搜索程序中，由于存在多重最优解，每个算例搬运机器人的具体运行路径并不完全一致，但两种程序总拣选时间始终保持一致。因此可以认为对于小规模算例，禁忌搜索

程序与 Gurobi 程序效果相同。同时结合表 6-10 中的信息,可以证明禁忌搜索算法具有较好的寻找最优解的能力,且相较于 Gurobi,它存在一定的时间优势。对比表 6-9 和表 6-10 中的数据,可以看出禁忌搜索算法在寻找问题较优解时具有较高的有效性。

2. 大规模算例的实验分析

Gurobi 可求解小规模问题模型,但无法在有限时间内求解大规模问题模型。为验证禁忌搜索算法的寻优能力,选择遗传算法作为对比算法应用于大规模算例,并分析这两种算法在同等规模算例情况下的求解效果。

(1) 遗传算法。

遗传算法的流程中,有 6 个主要组成部分:初始种群的产生(即编码)、适应度函数的确定、选择、交叉、变异和算法终止(停止准则)。遗传算法中的选择、交叉和变异操作是其三个基本遗传算子:选择算子可使优化的个体(或解)直接遗传到下一代或通过配对交叉产生新的个体后再遗传到下一代;交叉算子可使两个父代个体的部分结构进行替换重组而生成新个体,并可使遗传算法的搜索能力快速提高;变异算子使遗传算法具有局部的随机搜索能力,且能维持群体的多样性。下面具体介绍遗传算法。

遗传算法的第一个组成部分是初始种群的产生(即编码)。遗传算法的初始解与模拟退火算法的初始解相同,不再赘述。而遗传算法主要对基因进行操作,不能直接处理研究问题的参数,因此必须通过编码将需要求解的问题表示成遗传空间中的染色体或者个体。此处编码方式选择排列编码。排列编码可以解决排序的问题,从而应用于路径变化中。如图 6-12 所示,用一串基因编码来表示搬运机器人的任务分配及行走路径,基因编码为"０２３４５０１７９８６",编码中每出现一个"０",就表示增加一个搬运机器人。该编码具体含义为搬运机器人 0 运送货架 2、货架 3、货架 4、货架 5;搬运机器人 1 运送货架 1、货架 7、货架 9、货架 8、货架 6。此外,要进行后面的操作,首先要产生初始种群,也就是进化的第一代,种群长度一般取 20 及以上,此处取 50。

遗传算法的第二个组成部分是确定适应度函数。由于遗传算法中,适应度函数要比较排序并在此基础上计算选择概率,所以适应度函数的值要取正值。结合本章所研究的问题,取其可行解的总拣货时间作为适应度函数。

遗传算法的第三个组成部分是选择。选择的目的是把优化的个体(或解)直接遗传到下一代或通过配对交叉产生新的个体后再遗传到下一代。使用二元锦标赛选择(binary tournament selection)方法,就是在整个种群中抽取 n 个

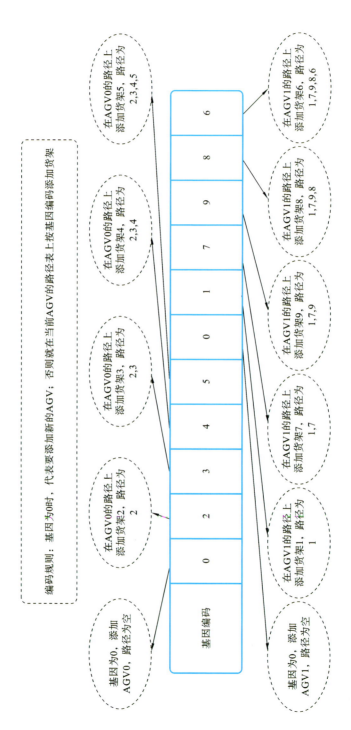

图 6-12 遗传算法编码规则

个体,让它们进行竞争(锦标赛),抽取其中最优的个体。通常取 $n=2$。

遗传算法的第四个组成部分是交叉。根据交叉概率将父代中的部分个体两两随机地交换某些基因,以产生新的基因组合。交叉运算以某一概率 P_c 交换某两个个体之间的部分染色体。遗传算法中起核心作用的是交叉算子,所以交叉概率 P_c 不应太小,本例中取 P_c 为 0.85。采用单点交叉的方法,若两父代在一定概率下需要交叉,则随机设置交叉点位置;子代的前半部分从一个父代基因复制,然后从头扫描另一个父代基因,若其某个位点在子代中没有,就把此点添加进子代中。

遗传算法的第五个组成部分是变异。变异算子的基本内容是根据概率 P_m 对群体中的个体串的某些基因座上的基因值作变动,使遗传算法具有局部的随机搜索能力,并能维持种群的多样性。变异算子概率通常都是很小的值,本章中变异算子概率 P_m 为 0.01。

遗传算法的第六个组成部分是停止准则。当最优个体的适应度达到给定的阈值,或者最优个体的适应度和群体适应度不再上升,或者迭代次数达到预设的代数时,算法终止。预设的代数与禁忌搜索算法一致,均为 1000 代,以保证实验的公平性。

(2) 禁忌搜索算法与遗传算法的对比分析。

遗传算法作为对比算法,同样需要具有求解小规模算例最优解的能力,因此选取 2~9 个货架的小规模算例,分别使用 Gurobi、遗传算法和禁忌搜索算法求解,并对比求解结果,如表 6-11 所示。分析表 6-11 中的求解结果,发现 10 个小规模算例在 Gurobi 程序和遗传程序中,由于存在多重最优解,每个算例搬运机器人的运行路径虽并不完全一致,但两种程序总拣选时间始终相同。因此可以认为在小规模算例下,Gurobi 程序和遗传程序均能有效求得问题最优解,因此可以将遗传算法作为对比算法进行大规模算例实验。在进行大规模算例实验时,设计了 6 个算例,货架规模分别为 500 个、600 个、700 个、800 个、900 个和 1000 个。每个算例的遗传算法求解结果和禁忌搜索算法求解结果均记录于表 6-11 中。

表 6-11 Gurobi、遗传算法和禁忌搜索算法算例求解结果

序号	货架数量/个	搬运机器人数量/个	Gurobi 结果/s	遗传算法结果/s	禁忌搜索算法结果/s
1	2	1	14	14	14
2	3	1	20	20	20

续表

序号	货架数量/个	搬运机器人数量/个	Gurobi 结果/s	遗传算法结果/s	禁忌搜索算法结果/s
3	3	1	33	33	33
4	3	1	37	37	37
5	4	1	40	40	40
6	5	1	53	53	53
7	6	1	56	56	56
8	7	1	72	72	72
9	8	1	73	73	73
10	9	1	73	73	73
11	500	5～35	—	17943	16669
12	600	5～35	—	22703	21323
13	700	5～35	—	32546	25310
14	800	5～35	—	41261	27650
15	900	5～35	—	51451	33247
16	1000	5～35	—	55883	36674

由表 6-11 中的数据信息,绘制大规模算例下遗传算法与禁忌搜索算法的求解结果对比图,如图 6-13 所示。

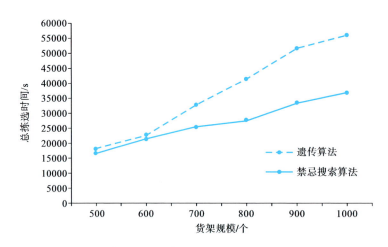

图 6-13　大规模算例下遗传算法和禁忌搜索算法的求解结果对比图

遗传算法和禁忌搜索算法求解大规模算例的运行时间见表 6-12。

表 6-12　遗传算法和禁忌搜索算法求解大规模算例的运行时间

序号	货架数量/个	搬运机器人数量/个	遗传算法运行时间/s	禁忌搜索算法运行时间/s
1	500	5～35	134.42	55.48
2	600	5～35	184.67	74.38
3	700	5～35	217.82	87.53
4	800	5～35	271.58	98.62
5	900	5～35	397.54	99.15
6	1000	5～35	498.29	112.26

根据表 6-12 中的数据信息,绘制大规模算例下遗传算法和禁忌搜索算法的运行时间对比图,如图 6-14 所示。

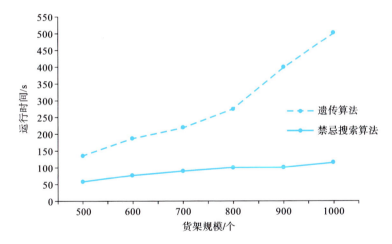

图 6-14　大规模算例下遗传算法和禁忌搜索算法的运行时间对比图

图 6-14 是将对应算法针对同一算例重复运行 10 次之后,取平均值作为最终结果而绘制出来的,以避免算法只运行一次而获得质量较差的解。由图 6-13 可知,同一规模算例下,使用禁忌搜索算法生成的解的质量要优于遗传算法。由图 6-14 可以发现,禁忌搜索算法在运行时间上更具有优势,且当算例规模慢慢扩大时,禁忌搜索算法的优势越来越明显。综上所述,针对本章所研究的问题,禁忌搜索算法更有利于找到最优的解,寻优效果更好,且禁忌搜索算法的运行时间也优于遗传算法,证明了禁忌搜索算法寻找最优解的高效性与优越性。

6.4.6.4 敏感性分析

在不同的时段,顾客订单中的商品结构会有很大不同。例如在电商促销日,由于某些特定商品的优惠力度较大,订单中这些商品被购买的频率和数量会增加。那么,不同订单中的商品结构如何影响货架选择方案呢?本小节主要分析不同订单中 SKU 种类数、每种 SKU 被订购的件数对所需货架数及货架特点的影响,旨在给决策者提供相应的管理启示。

(1) 订单中 SKU 种类数敏感度分析。

针对 200 个订单,分析订单中 SKU 种类数对所需货架数的影响。订单量越大,所需货架也就越多。对于相同规模的订单,所需货架数随 SKU 种类数的增加而增加。针对 200 个订单计算被选中和未被选中的货架上 SKU 种类数、SKU 总件数,结果见图 6-15、图 6-16。由图可见,当订单中 SKU 种类数相同时,被选中的货架上 SKU 种类数以及 SKU 总件数要大于未被选中货架。

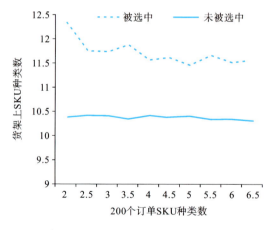

图 6-15 200 个订单 SKU 种类数对货架上 SKU 种类数的影响

(2) 每种 SKU 被订购的件数敏感度分析。

针对不同的订单规模分析每种 SKU 被订购的件数对所需货架数的影响,结果见图 6-17。对于不同规模的订单,所需货架数会随每种 SKU 被订购的件数的增加而增加。对图 6-17 中的结果用 Excel 进行线性拟合(见图 6-18),可以看出 500 个订单的拟合线的斜率高于 200 个订单的,说明订单量越大,所需货架数随 SKU 被订购的件数的变化幅度越大。针对 500 个订单的运行结果计算被选中与未被选中的货架 SKU 种类数(见图 6-19)和 SKU 总件数(见图 6-20),

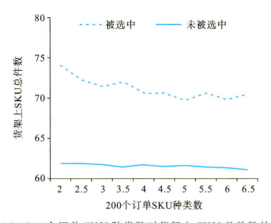

图 6-16 200 个订单 SKU 种类数对货架上 SKU 总件数的影响

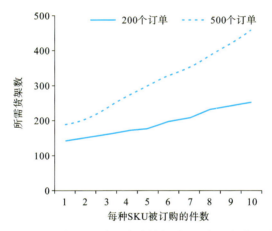

图 6-17 每种 SKU 被订购的件数对所需货架数的影响

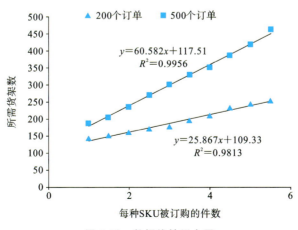

图 6-18 数据线性拟合图

当每种SKU被订购的件数相同时,被选中的货架上SKU种类数和SKU总件数比未被选中的货架要高。

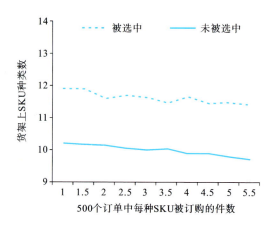

图6-19　SKU被订购的件数对货架上SKU种类数的影响

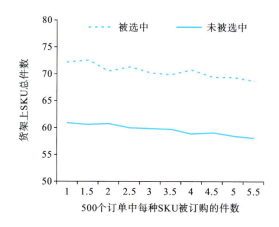

图6-20　SKU被订购的件数对货架上SKU总件数的影响

综上,不同规模订单所需货架数随订单中SKU种类数或每种SKU被订购的件数的增加而增加,且被选中的货架上SKU种类数和SKU总件数要高于未被选中的货架,因此,应该优先选择SKU种类数和SKU总件数均多的货架来提供拣货服务。货架上SKU种类数越多或SKU总件数越多,则越有利于减少所选择的货架数,使得所需要的货架越少。同时本章所提的模拟退火算法适用于同种SKU被存放在多个货架上,而不是将同种商品存放在一个货架上的情况。实际上,在大部分的移动货架仓库中,货位分配时也不会将同种商品放在一个货架上,而是在一个货架上存放多种商品,且一种商品存放在多个货架上,所以本章的研究具有一定的现实意义。

6.4.7 管理启示

在采用机器人移动货架系统的配送中心,商品被零散摆放,系统挑选货架选择方案时,最好选择商品种类数以及商品总件数较多的货架,同时决策者可以根据系统货架选择方案,将方案中的货架摆放在距离拣货台更近的位置以缩短搬运机器人行走距离,合理应对不同商品结构的订单拣选任务,提高整体的拣选效率。为了尽可能减少搬运的货架数,应该选择更少的货架来满足订单的拣选需求,因此,当决策者为商品分配货位时,先分析订单中商品的订购规律,尽可能将经常被一起订购的商品放在同一个货架上,使得货架能同时满足多种商品的拣选需求。

另外,规模较大的订单所需要的货架数随着被订购 SKU 总件数的增加而上升的趋势明显大于小批量的订单,因此,为了提高电商促销日订单的拣选效率,当商品达到安全库存需要进行补货时,决策者应该将同种商品尽可能地存放在同一个货架上,这样当面临大规模的订单时,就能将一批订单中所需要的某种商品只搬运尽可能少的货架来提供拣货服务,以减少所需要的货架数,从而提高订单的拣选效率。

6.5 工业互联网技术在仓储物流领域的应用展望

"工业互联网+数字化仓储"管理系统,将各个环节与先进数字技术深度融合,是未来工业园区仓储系统的重要发展方向,可帮助制造企业解决备品备件出入库作业不规范、资源利用率低、信息不透明、风险不可控、流程效率低等难题,实现精细化仓储管理,全面提升供应链管理一体化执行效率。利用基础数据管理、条码标签管理、物资入库管理、物资出库管理、流程管理、拣货管理、库内管理、PDA 管理等数字化管理方式,可视化展示仓库货位情况,实现库位精准定位、状态全面监控,帮助仓管员快速查找空闲库位,大幅提高仓库空间的利用率。

在当前国家大力支持工业互联网技术发展的背景下,工业园区智能仓储技术的创新得到大幅度的提升,仓储管理的综合水平以及效率不断提高。工业互联网在当前工业园区仓储物流领域有着广阔的发展前景,但在实际应用中,相应的工业互联网技术仍然处于相对低的水平,因此需要进一步对工业互联网技术的应用进行深入研究,以确保工业互联网技术在应用中不断深化,真正从工业互联网的角度进行有效的工业园区智能仓储体系构建,使仓储行业的创新度以及综合管理水平得到提升。

6.6 小结

本章针对工业互联网下仓储技术中机器人移动货架系统的拣选优化问题,基于数据挖掘、运筹优化等理论和方法,提出了机器人移动货架系统的拣选优化方法,以提高订单履行效率。主要从机器人移动货架系统的货位分配决策与优化和搬运机器人调度优化两个方面展开研究,根据问题特征构建了对应的数学模型,并分别设计了求解的启发式算法,实现了所研究问题的高效快速求解,显著提升了机器人移动货架系统的拣选效率。分别提出了货位分配决策的模拟退火算法、搬运机器人调度优化的改进的模拟退火算法和禁忌搜索算法,大幅降低了订单拣选移动货架的总次数、系统的拣选成本等。实验结果显示所提算法在求解小规模和大规模算例时均取得了较好的优化结果,验证了算法的有效性,说明所提算法具备实际仓库应用的可行性。各节内容最后均根据实验分析结果、灵敏度分析结果给出了相应的管理启示,可以为机器人移动货架系统的管理人员提供科学的决策辅助。

本章研究成果有利于提高机器人移动货架系统订单拣选的科学性和智能性,提高订单拣选效率,可有效降低机器人移动货架系统的运作成本并提升订单履行的及时性,有利于促进智慧仓储与物流的发展。同时,所提方法有利于促进运筹学和智能仓储运作优化管理的发展与应用。

第 7 章
5G 工业园区智能物流案例

根据目前的产业、供应链等现状,具有互补性服务的制造工厂聚集在一起,以节省运输和人工成本,已逐渐成为生产系统的发展趋势,5G 工业园区也因此而形成。工业园区内工厂之间的资源共享和互助互补,极大地提高了工业园区整体的经济效益。由于多种物资和设备需要互相供应,因此园区内部形成了复杂的交通运输网络。在这种情况下,建立车联网系统成为可行的解决方案。

然而,现在的制造工厂对产量的要求不断提升,对自动化设备和物料配送的数量要求也随之快速增加。因此,目前工厂在生产过程中需要传输大量繁杂的数据,导致生产效率逐渐下降,而建立车联网系统以完成调配工作成为未来发展趋势。车联网(internet of vehicles,IoV)是物联网(internet of things,IoT)在汽车领域的子应用之一[153]。物联网技术是在一个通信驱动网络中连接各种设备的技术(其中传感器和执行器与周围的环境无缝融合,实现信息共享)。而车联网是物联网系列的新兴先驱技术,旨在将车辆与互联网技术连接起来,以实现全球通信。为实现互相通信,车辆配备了传感器用于收集和交换信息,实现互相监视和管理的功能。

另外,为实现信息化和工业化的深度融合,需应用先进的通信技术,以利于工业领域内的数据收集和信息传输。目前,绝大多数制造工厂中使用的通信技术仍然是有线通信技术,具体表现在互相连接的传感器、执行器以及控制器间的通信上。现有的无线技术大多不能满足工业应用的严格要求,存在传输速度慢、实时性差、时延高、安全风险高等问题,诸如 Wi-Fi、ZigBee 等无线通信技术,均存在数据包丢失等问题,严重影响到设备安全,甚至威胁到生产线的安全。因此,未来的 5G 技术,凭借其高连接密度、低功耗、高可靠性、超低时延、高传输速率等优势可以提高网络通信的性能。目前,已经能够落地实现的通信方式包括 C-V2X 和 DSRC 两种,它们为 5G 通信技术的发展和应用打下了基础。未来,5G 通信网络将朝着性能更好、部署更智能、功能更灵活的方向发展。

下面笔者以 5G-MOBIX 欧盟项目为背景,提出了车联网系统的设计方案并进行了仿真测试,设计方案中为系统设计的工作流程如下:运输车辆由控制中心分配行驶任务,在子区域进行运输车辆的路径方案规划,最终各运输车辆分步行驶,到达目的地。在车辆行驶过程中,车载单元(OBU)及路侧单元(RSU)上配置的传感器收集实时数据,通过简单的预处理描绘全局地图。同时,结合低时延、高可靠性的通信网络,实现车联网系统中的车辆互联。而未来自动驾驶技术实现后,车联网系统将会更加高效。最后,通过 Veins 耦合 SUMO 交通仿真平台和 OMNeT++(objective modular network testbed in C++)网络仿真平台,对所提出的工业园区车联网系统进行场景搭建和仿真测试。

7.1 5G 工业园区物流的现状分析

7.1.1 车联网技术的研究现状

汽车间的联网通信是更安全、高效的自由移动方式解决方案的基础,也是未来自动驾驶技术的基础。车联网技术是将车辆自身、车载设备、基础设施等重要部分作为网络中的节点,建立一个信息高度整合的移动式交互网络。在车联网系统工作时,车辆可同时完成自身以及环境状态信息的采集,通过车到人(V2P)、车到车(V2V)、车与基础设施(V2I)、车与网络平台(V2N)实现 V2X 全方位网络连接[154,155],利用通信及互联网技术,可突破车辆信息共享等技术瓶颈,同时路侧单元可收集车辆信息并汇聚到网络服务器,经过分析和处理后,规划车辆的最佳路线,反馈路况以及控制信号灯的周期,实现交通调度与控制,保证车辆高效通行。

美国和欧洲研究车联网技术的时间较早,相关技术应用的发展也比较成熟。早在 2000 年左右,美国开始研究车辆队列控制和车路协同技术。美国联邦通信委员会于 2003 年在车载通信上采用了 5.9 GHz 频段,先后提出了专用短程通信的 DSRC 和 IEEE 802.11p 标准,并使用 IEEE 802.11p 作为其协议栈的底层(该协议栈还包括 IEEE 1609 标准,其中还定义了位置、行进方向、速度和刹车信息等)。

欧洲则主要关注车路协同的宏观问题,建立了 C-ITS 平台以在车联网的部署中发挥更加突出的作用。目前有多个项目在欧盟进行,如 C-ROADS 项目、AUTOPILOT 项目、CONCORDA 项目和 5G-MOBIX 项目等。其中,C-ROADS 项目是由欧盟成员国和运营商联合发起的,旨在测试和实施 C-ROADS 服务,以实现跨国界的协调和互操作性能。AUTOPILOT 项目布置了联网环境中自动驾驶车辆的物联网大规模试点,旨在通过物联网设备和云计算技术推动自动驾驶技术的发展。CONCORDA 项目则把重点放在研究网络通信解决方案(包括基于蜂窝网络的 3G/4G/LTE、Pre 5G LTE-V 和 MEC 等)上。

中国的车联网研究相较而言起步较晚。与美国、欧洲的研究方向不同,我国采用 C-V2X 技术(见图 7-1)以实现 V2X(V2V、V2I、V2N)的全连接与接收和发送数据信息,使用装在路边的雷达、摄像头等视觉传感器与车载传感器进行交互,并在边缘服务器或云服务器上对数据进行分析处理,然后将结果反馈给车辆终端进行操作,以提升整体车联网系统的行车安全、效率和信息服务水平[156]。具体来说,C-V2X 具备两种通信方式,分别为 Uu 接口(蜂窝通信接口)和 PC5 接口(直连通信接口)。Uu 接口需要在蜂窝网络的通信覆盖范围内,而 PC5 接口则无覆盖要求。另外,Uu 接口支持通信接口的长距离连接,而 PC5 接口则支持直连短距离连接,二者互助互补,可以协调完成通信任务[157]。

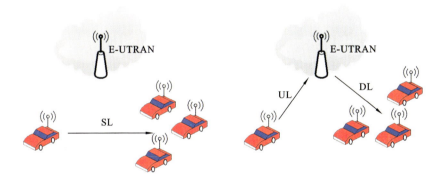

图 7-1　C-V2X 通信

车联网系统的核心功能主要集中在海量传感器和车辆直连两方面。

海量传感器,指的是在路侧和车辆终端布置的数量众多的传感器,路侧传感器将感知环境的结果传递给车辆终端的传感器,由于车联网系统的感知功能可以很容易地获得远远大于普通视觉传感器的感知数据,因此车辆视野感知能力大大提高,可以解决传统的单车智能解决不了的视觉盲点问题。

车辆直连,是指车辆通过直接连接方式进行通信,可以实现低时延、高可靠性的数据信息交互。车辆直连功能是未来自动驾驶技术的基础,因为在低时延环境下,自动驾驶的时延会被大大压缩,交通的安全性和效率也会因此提高。

为尽快推动我国 C-V2X 技术的发展与应用,工业和信息化部与部分地方政府签署了国家级应用测试基地/试点示范区相关协议,目前已完成建设的示范区包括:① 国家智能网联汽车(上海)试点示范区;② 国家智能交通综合测试基地及国家级江苏(无锡)车联网先导区[158];③ 智能汽车集成试验区(重庆);④ 国家智能汽车与智慧交通(京冀)示范区[159]。此外,我国主要城市也出台了道路测试规程。2020 年 1 月工业和信息化部表示:我们需要利用市场优势,对交通系统、道路信号灯等管理系统进行数字化、智能化的改造。中国将在道路改造方面坚决推进 5G 和 LTE-V2X 技术的发展。交通路网的信息化、数字化与车辆的信息化、数字化必须采用相同的标准,能够在数据接口上进行共享和识别。这将降低无人驾驶技术的难度,并将实现车路协调。

综上所述,车联网技术已经成为智能交通领域的重要组成部分。同时,随着 5G 技术的不断扩展与成熟,基于 5G 通信的车联网已经成为未来的发展方向。从单车智能到车间通信,再到车路协同,IoV 技术促使车、路、人逐渐形成一个有机整体,加速智慧道路和智慧城市的建设。

7.1.2 车联网仿真平台的研究现状

车联网本质上是一个特殊的移动自组织网络(MANET),它继承了传统 MANET 中节点移动速度较快、网络拓扑变化频繁的特点。但是它与传统的 MANET 有不同之处:车联网中的节点不仅会受道路静态形状的限制,也会受到实时交通状态的影响,故它需要及时做出响应和调整。因此,研究人员需要布置车联网系统的相关基础设施和终端设备,以测试系统的各项性能。在研究人员看来,虽然在现实的场景中直接部署车联网并对其进行性能测试是最有效的方法之一,但受布置成本、园区范围、安全性等因素的影响[160],基于仿真技术进行车联网系统的测试评估和研究则显得更为便捷和适用,因此构建车联网仿真平台仍然是车联网研究的主要技术手段。

车联网仿真平台需要两个基本部分:① 交通仿真平台,它主要用于生成车辆轨迹,并将其输入网络仿真平台进行下一步操作;② 网络仿真平台,它对车联网节点与计算设备、路由、链路以及信道之间流量数据的传输和接收进行消息级仿真。目前应用较多的车联网仿真平台的具体工作流程如下:根据不同的车辆运动模型,在交通仿真平台中生成真实的车辆轨迹,然后输入网络仿真平台。通过这两种仿真平台的交互,我们可以验证不同的网络协议在不同的道路交通场景下的应用情况。目前已经有多种网络仿真平台展开应用,它们不仅涵盖了多种无线网络通信协议,而且也支持节点移动模型。目前很多车联网仿真平台都是在上述平台的基础上开发的,但是对于如何将交通仿真平台和网络仿真平台深度耦合则有不同的解决方案[161]。

典型的车联网仿真平台有如下几种。

(1) TraNS。

TraNS是一个开源的车联网仿真平台,集合了NS2网络仿真平台与SUMO交通仿真平台,并通过IEEE 802.11p协议栈支持车辆通信技术,其框架结构如图7-2所示。在TraNS仿真过程中,车辆的运动轨迹是在两个仿真平台同时运行时动态生成的,而不是在交通仿真中预先生成的;TraCI(traffic control interface,流量控制接口)的使用有利于TraNS的耦合仿真操作。另外,为使交通仿真的车辆节点移动,TraCI接口使用原子移动性命令,例如停止、车辆变道、车速改变等操作,并在必要时调整车辆的可移动属性。

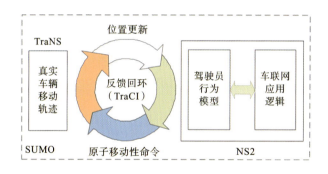

图7-2 TraNS框架结构示意图

(2) Veins。

Veins是一个开源框架,用于仿真车辆移动过程中的无线通信,其框架结构如图7-3所示。Veins同时支持并扩展了交通仿真平台SUMO和基于事件的

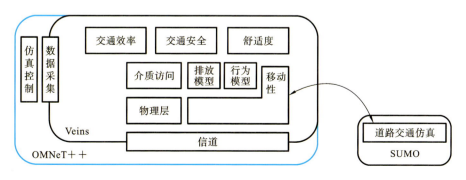

图7-3 Veins框架结构示意图

网络仿真平台 OMNeT++,它通过使用 TraCI 接口,将 SUMO 中车辆的运动映射到 OMNeT++仿真节点的运动中,以实现道路交通和网络通信的双向耦合仿真。Veins 的主要特征包括:支持多种车辆运动模式的仿真;支持 IEEE 802.11p 和 IEEE 1609.4 DSRC/WAVE 网络模型;支持蜂窝网络模型;使用 OpenStreetMap 导入整个场景,包括建筑物、车道数、交通灯等。本章就使用 Veins 框架进行仿真。

7.2 5G 工业园区物流系统框架

7.2.1 总体设计方案

为实现工业园区车联网系统与先进通信技术的结合,建立集环境感知、任务分配、路径规划和车辆行驶功能于一身的协同系统,提出工业园区车联网系统,如图 7-4 所示,包括感知及执行层、通信层、自主配置层和智能运输层四个部分。该系统的智能化主要表现在集成了四个主要功能的多层子系统结构。

7.2.2 子系统的设计方案

整个工业园区车联网系统总体可分为四个部分:感知及执行层、通信层、自主配置层和智能运输层。

7.2.2.1 感知及执行层

感知及执行层隶属于物理域,可以实时显示车联网系统的工作状态。图 7-4 中,第一层即为感知及执行层,主要组件包括相机、雷达、高性能计算机和惯性导航设备等,它们通过网络电缆、USB 或串口电缆等方式与车载单元、路侧单元连接,实现环境感知及分步执行。其中,正在行驶中的车辆通过车载单元(OBU)实现自我行驶状态的感知,同时通过路侧单元(RSU)实现周围环境状态的感知。大范围的工业园区被划分为不同的子区域,每个子区域都安装了路侧单元,当车辆行驶到各个子区域时,车载单元接收相应边缘服务器分配的任务。

7.2.2.2 通信层

通信层隶属于传输域,应用了 V2X 连接技术。图 7-4 中,第二层通信层就展示了工业园区的通信网络框架,该框架应用了云-边-端协同技术。工业园区

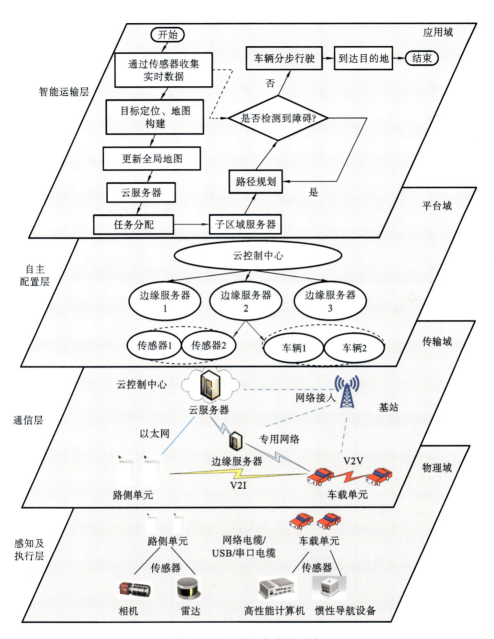

图 7-4 工业园区车联网系统

内的专用网络由整体区域的基站部署。这些基站被设计成私有单元,为工业园区内部的专用通信连接提供频谱。通信层的传输方式如下:首先车载单元通过 V2V 方式相互通信,并通过 V2I 方式向路侧单元发送消息;然后,路侧单元将收集到的数据通过以太网传输到云服务器进行存储;同时,车载单元通过专用网络将数据直接发送到边缘服务器。基站单元是独立于服务器等设备安装的,在传输过程中不会干扰数据传输和计算,能有效保护数据安全。因此,以上描述的云-边-端协同技术可以提供低时延且安全的行驶环境,以完成实时的车辆运输任务。

7.2.2.3 自主配置层

自主配置层隶属于平台域。如图 7-5 所示,行驶任务一旦发布,传感器、边缘服务器和行驶车辆将响应此任务。因此,根据云-边-端协同技术,我们可以将大量位于上层即智能运输层的输入和输出变量划分到设备端、边缘端和云端,具体划分过程可以应用分析目标级联(analytical target cascading,ATC)机制,如图 7-6 所示。自主配置层不仅在实时调整系统工作方面具有重要的作用,而且在协调整个运行方案中的多种功能子方案方面也能发挥作用。例如,不同子区域的传感器不仅可以实现环境感知功能,有助于构建实时地图,同时也对路径规划功能起着影响作用;云服务器可以分配车辆的行驶任务,同时也可收集车辆的实时状态,并根据这些状态进行路径规划和决策。

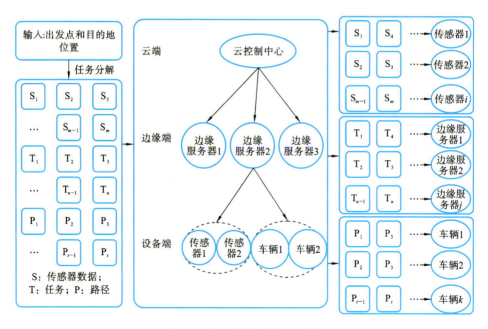

图 7-5 自主配置层的任务分解

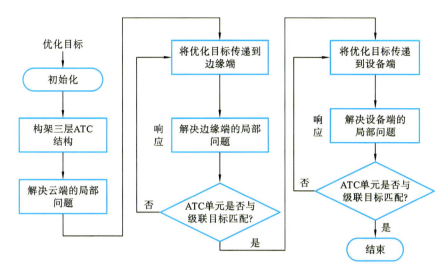

图 7-6　自主配置层的 ATC 机制

7.2.2.4　智能运输层

智能运输层隶属于应用域，为实现外部控制底层设备提供操作服务。为了缓解云控制中心的计算压力，我们将整个区域划分为几个子区域，每个子区域都配有一个服务器来针对子区域内的车辆和其他道路用户进行监督控制。因此，在智能运输层中，来自云控制中心的云服务器将实时任务分配给边缘服务器。

7.2.3　智能运输层设计及功能优化

接下来详细描述智能运输层，其涉及的主要功能包括环境感知及地图构建、任务分配、路径规划和车辆分步行驶四种。利用所提的云-边-端协同技术，将这四种主要功能的运行设备以及运算位置分开，以达到减轻云控制中心计算压力的目的。

7.2.3.1　云-边-端协同技术

在车联网场景中，配备大量传感器及设备的车辆会生成许多数据，因此需要对大量数据进行处理和计算。为了提供更准确、更细粒度的工业园区方案，云-边-端协同技术应运而生，它在车联网系统中分层次部署了云端、边缘端和设备端，这三者分别对应车联网场景中位于云控制中心的云服务器、边缘服务器以及传感器和车辆,不同计算过程的分开部署可以优化整个系统的运算复杂程度。

云计算技术要求所有的数据都上传到位于云端的云服务器,而云服务器需要发送计算结果并与控制系统和终端设备结合使用[162]。同时,随着网络性能因数据量的增加而恶化,边缘计算技术出现并开始缓解网络压力,弥补了云计算技术连接车辆数量过多而计算时间过长的不足[163]。边缘计算技术的概念最早是在 2009 年卡耐基梅隆大学开发的 Cloudlet 平台中提出的[164]。而欧洲电信标准化协会(ETSI)于 2014 年正式将边缘计算定义为一种技术,并指出该技术可在移动网络、移动用户内部和周围的无线接入网络的边缘提供 IT 服务和云计算功能[165]。

云-边-端协同技术的基本思想是在靠近数据源的计算资源上运行计算任务,边缘计算和云计算技术的部署不是互斥的关系,而是互助的关系,它们弥补了彼此的缺点,共同促进了车联网系统的发展[166]。许多研究人员提议将边-云协作技术应用于框架优化。Ha 等[167]提出了一种基于边缘云协作的架构,该架构包括三层:移动设备、Cloudlet 平台和云。Li 等[168]设计了一种智能能源使用领域的四层架构。此外,随着互联设备的迅猛增长,云-边-端协同技术未来可以与 5G 技术相辅相成。这种基于 5G 的云-边-端协同技术具有两个主要优势:一方面,它能够将云平台与边缘节点连接起来,以持续接收大量服务,然后将计算资源转移到便利设施中,具有数据共享和多设备协作的能力,从而缓解了资源拥塞状况和减轻了资源升级压力;另一方面,它还可以集成许多 5G 通信优势,例如低时延、高可靠性的传输等。这两个优势是通过数据存储、多设备同步等技术来实现的。这样,基于 5G 的云-边-端协同不仅大大提高了数据传输速率,还缩短了传输距离和降低了时延。

因此,基于云-边-端协同技术,智能运输层的工作流程如下:首先,传感器收集底层数据,数据信息被传递到划分好的位于子区域的边缘服务器;然后,云端的云服务器将车辆的运输任务分配给边缘服务器,同时边缘服务器对其区域内的车辆进行路径规划;最后,车辆分步行驶直至到达目的地。

如图 7-7 所示,智能运输层的四种主要功能以灰色块显示,它们相互协调以完成车辆运输的总体任务。

7.2.3.2 智能运输层的主要功能

1. 环境地图构建

环境信息要表示为环境地图,其表示方法主要有栅格地图表示法、几何特

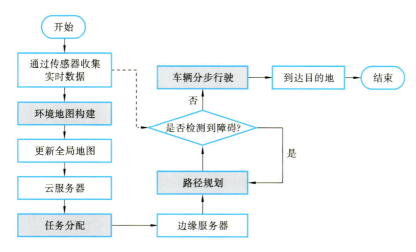

图 7-7 智能运输层的主要功能及工作流程

征地图表示法、直接表征法和拓扑地图表示法。

1）栅格地图表示法

栅格地图表示法将环境空间按照一定的分辨率划分为相同大小的栅格单元。每个栅格单元与实际环境的某个位置对应,具有相应的状态,比如栅格有无障碍或者部分被障碍占据。栅格划分的大小,即环境的分辨率,将直接影响路径规划的性能,栅格粒度越小,则环境信息越精准,同时空间存储量越大,算法搜索时间越长[169];反之,则会影响路径规划的精度。栅格地图表示法的创建和维护实现相对简单,可以更好地保存环境信息,便于移动机器人进行路径规划。已有学者针对基于栅格地图表示法的路径规划展开研究。朱庆保等[170]阐述了基于栅格法的路径规划算法问题,得到了一条基于所需精度的无碰撞最短路径。李天成等[171]针对已知环境信息,提出了一种基于扇形栅格地图的波传播路径规划算法。Draganjac 等[172]将栅格地图与无栅格缓冲区域相结合,提出了一种多车无碰撞的路径规划方法。

2）几何特征地图表示法

几何特征地图表示法通过外部传感器获取环境状态数据,并根据这些数据使用线段或曲线来描述这些对象或空间的几何特征。由于这些几何特征的提取需要精密的传感器设备,对噪声比较敏感,故几何特征地图表示法通常用于结构化物体的建模,比如在室内对墙壁和桌椅的建模。

3）直接表征法

直接表征法直接映射环境信息,将环境中的障碍物和自由空间映射成二维或三维地图。这种方法最准确地还原了真实环境,但需要进行大量的计算,而且在映射过程中需要处理产生的噪声误差。

4)拓扑地图表示法

拓扑地图表示法主要把握环境中的若干关键节点,使用直线或者弧线将这些关键节点连接起来,直线或弧线即代表节点间的通路。移动机器人的路径规划就是当移动机器人位于某一节点时,能够寻找到那些弧线的组合以更有效地抵达目标点。可见,拓扑地图表示法具有存储空间小、效率高、灵活性强等优点,但对环境中出现的比较相似的节点难以区分。针对复杂烦琐的户外场景,闫飞等[173]提出了一种基于拓扑高程模型的三维环境建模方法,建立了具有全局一致性的拓扑高程地图,实现了适应户外地形的自主路径规划。

本章案例使用相机、激光雷达和惯性导航设备等来收集环境数据,并进行数据融合计算,构建实时地图。地图包含的关键要素有运动中的车辆、静态的障碍物和可行的道路等。传感器的数量和组合方案各不相同,因此如何部署传感器是工业园区车联网系统多功能协同优化的目标之一。

本章案例环境地图模型的建立采用拓扑地图表示法,由于构建的是基于节点的双向路段,因此使用加权无向图来表示。地图中的每一个节点都对应建立了单链表,链表中的元素为该点的所有可连接点,并按照所构成边的权值从小到大排序。在遍历每个节点的链表后,得到所有节点的边。在构建的是稀疏图的情况下,选择一个优先的邻接链表存储环境数据比选择一个邻接矩阵要好得多[174],因此在本章案例的应用场景中,由于面积较大,仅当节点相邻时才能形成边,故采用加权优先邻接链表的方法来构建环境地图场景。

加权优先邻接链表数据结构如图 7-8 所示,图中 1~6 号节点分别对应一个链表,链表当中每个元素包含三个值,分别为点号、权值和下一个元素指针,链表当中的元素根据权值大小排序。

2. 任务分配

任务分配所涉及的技术问题是按照一定的分配原则,给多个位于子区域的边缘服务器分配多辆网联运输车进行监控,目的是使整个工业园区的管理控制效果最优,且网联运输车的响应速度达到最快,同时使用改进的紧凑遗传算法求解问题,增强算法的寻优能力。

我们将整体地图划分为多个区域,每一个服务器位于每个子区域的中心,即边缘端,边缘端承担监督跟踪功能,可以避免数据大量汇入云端,以达到减轻云端计算负担的目的。

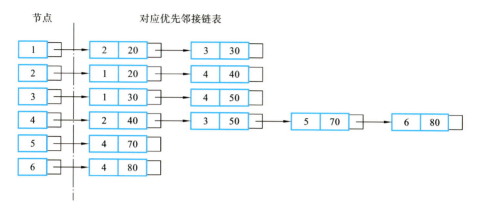

图7-8 加权优先邻接链表数据结构

1）数学模型的构建

设有 m 个边缘服务器（等于划分的子区域数量），有 n 辆车，云服务器指派这 m 个服务器去协同管控各辆网联运输车，要求每辆车都在 1 个边缘服务器的监管之下。在完成配送任务的前提下，尽量保证每个服务器的监管任务是均匀分配的。

假设第 i 个边缘服务器与第 j 辆网联运输车之间的距离为 d_{ij}，将距离矩阵定义为由 d_{ij} 组成的矩阵 $\boldsymbol{D}_{m \times n} = (d_{ij})_{m \times n}$，其中 $i = 1, 2, \cdots, m, j = 1, 2, \cdots, n$。目标分配矩阵 $\boldsymbol{A}_{m \times n}$，其元素为 a_{ij}，其中 $i = 1, 2, \cdots, m, j = 1, 2, \cdots, n; a_{ij}$ 取 0 或 1，$a_{ij} = 1$ 表示分配第 i 个边缘服务器去监管第 j 辆网联运输车，否则 $a_{ij} = 0$。

目标函数为最小化边缘服务器与网联运输车之间的距离之和，表示为 $\min J$：

$$\min J = \min \sum_{i=1}^{m} \sum_{j=1}^{n} d_{ij} \times a_{ij} \tag{7-1}$$

式(7-1)旨在解决多服务器监管多车的多目标跟踪分配问题。

对目标分配矩阵 $\boldsymbol{A}_{m \times n}$ 中的行求和：

$$\sum_{i=1}^{m} a_{ij} = 1, \quad j = 1, 2, \cdots, n \tag{7-2}$$

对目标分配矩阵 $\boldsymbol{A}_{m \times n}$ 中的列求和：

$$[n/m] \leqslant \sum_{j=1}^{n} a_{ij} \leqslant [n/m] + 1, \quad i = 1, 2, \cdots, m \tag{7-3}$$

对目标分配矩阵 $\boldsymbol{A}_{m \times n}$ 中的整体求和：

$$\sum_{i=1}^{m}\sum_{j=1}^{n}a_{ij}=m \qquad (7-4)$$

式(7-1)表示求解最优目标分配方案使得距离之和最小,即总响应时间最优;

式(7-2)表示每辆车只能位于一个边缘服务器的控制范围,在一个时刻受一个边缘云服务器管控;

式(7-3)表示云服务器给边缘服务器均匀分配多辆车,合理监控每辆车,其中[·]表示向上取整运算;

式(7-4)表示一共提供了 m 个边缘服务器。

2）改进的紧凑遗传算法

从模型可看出,本章所研究的任务分配问题属于 NP-hard 问题,当车数目较大时,采用精确算法求解将非常耗时,智能优化算法在解决这类问题上具有很大的优势。典型的智能算法包括遗传算法、蚁群算法和粒子群优化算法。紧凑遗传算法因具有执行速度快的特点,故对紧凑遗传算法加以改进,用以求解所研究的任务分配问题。

改进的紧凑遗传算法流程如下。

① 确定种群规模 m 和基因个数 n。

与构建的数学模型相对应,种群规模 m 即边缘服务器个数,基因个数 n 即车辆数。

② 初始化概率向量。

一个概率向量代表一个种群。概率向量的每个元素的值表示种群的染色体在每个位点取"1"或"0"的概率。初始概率向量的每个元素的值是 0.5,即 $\begin{bmatrix} 0.5 & \cdots & 0.5 \\ \vdots & & \vdots \\ 0.5 & \cdots & 0.5 \end{bmatrix}_{m \times n}$。

③ 产生两个个体。

由目标距离矩阵 $\boldsymbol{D}_{m \times n}=(d_{ij})_{m \times n}$ 产生对应的初始任务分配矩阵 $\boldsymbol{A}_{m \times n}^{0}$,$\boldsymbol{A}_{m \times n}^{0}$ 中的元素为 a_{ij},其中 $i=1,2,\cdots,m,j=1,2,\cdots,n$。

在目标距离矩阵 $\boldsymbol{D}_{m \times n}=(d_{ij})_{m \times n}$ 中,若有 d_{ij} 等于 d_{pq},则 $a_{pq}=1$,否则 $a_{pq}=0$。其中,d_{pq} 是目标距离矩阵 $\boldsymbol{D}_{m \times n}$ 中每行的最小值,$1 \leqslant p \leqslant m,1 \leqslant q \leqslant n$。

规定矩阵 $\boldsymbol{A}_{m \times n}^{0}$ 各行之间互为邻域关系,互换邻域位置的数值,得到另一个个体 $\boldsymbol{A}_{m \times n}^{1}$。

④ 两个个体竞争。

在产生的两个个体 $\boldsymbol{A}_{m \times n}^{0}$ 和 $\boldsymbol{A}_{m \times n}^{1}$ 中,通过竞争找出这两个个体中的优良个

体，winner(i) 为优胜个体，loser(i) 为失败个体，竞争方式根据 $\min J = \min\sum_{i=1}^{m}\sum_{j=1}^{n}d_{ij}\times a_{ij}$ 进行计算。

根据 winner(i) 中各基因位置的取值是"1"还是"0"来更新初始概率向量
$$\boldsymbol{P}^0 = \begin{bmatrix} 0.5 & \cdots & 0.5 \\ \vdots & & \vdots \\ 0.5 & \cdots & 0.5 \end{bmatrix}_{m\times n}。$$

⑤ 更新概率向量方式。

引入熵和联合熵来度量各基因的多样性和各代的多样性。设 t 代群体中的个体 $\boldsymbol{x}_t^i$ 由 n 个基因组成，为

$$\boldsymbol{x}_t^i = [x_t^{i(1)}, x_t^{i(2)}, \cdots, x_t^{i(n)}], \quad x_t^{i(n)} \text{ 为 } 0 \text{ 或 } 1 \tag{7-5}$$

设第 t 代群体的第 k 个($k=1,2,\cdots,n$)基因的熵为 H_k^t，有

$$H_k^t = -P_k^t \lg P_k^t - (1-P_k^t)\lg(1-P_k^t) \tag{7-6}$$

当 $P_k^t = 0.5$ 时，H_k^t 取得最大值 $H_{k\max}^t = \lg 2$。

设第 t 代群体的联合熵为 H^t，有

$$H^t = \sum_{k=1}^{n} H_k^t \tag{7-7}$$

当 $P_1^t = P_2^t = \cdots = P_n^t = 0.5$ 时，H^t 得到最大值 $H_{\max}^t = n\lg 2$。

概率向量 $\boldsymbol{P}^t$ 中的每一项 P_i^t 更新为

$$P_i^t = P_i^t + (H^t/H_{k\max}^t)V(i)/n \tag{7-8}$$

$$V(i) = (1-P_i^t)\times(1+\text{winner}(i)-\text{loser}(i)) - P_i^t\times(1-\text{winner}(i)-\text{loser}(i)) \tag{7-9}$$

则概率向量 $\boldsymbol{P}^t$ 为

$$\boldsymbol{P}^t = [P_1^t, P_2^t, \cdots, P_i^t], \quad i=1,2,\cdots,n \tag{7-10}$$

⑥ 判断。

如果概率向量 $\boldsymbol{P}^t$ 收敛，则算法运行终止；若概率向量 $\boldsymbol{P}^t$ 不收敛，转到"产生两个个体"这一步骤。

3) 仿真和结果分析

在 Windows 7 系统环境下运行 MATLAB 进行仿真实验。假设在 5 km×5 km 的正方形区域内，有 4 个边缘服务器和 10 辆车，其中每个边缘服务器的坐标如表 7-1 所示，网联运输车坐标如表 7-2 所示。优化的目标是为边缘服务器合理安排和分配车辆，实现对多辆车的协同管控，而且所有服务器与车辆间的距离之和最小。仿真实验的结果如图 7-9 所示，图中红点表示边缘服务器，黑点

表示车辆。

表 7-1 边缘服务器坐标

边缘服务器编号	1	2	3	4
坐标	(830,1300)	(1400,3800)	(2900,4700)	(4000,1500)

表 7-2 网联运输车坐标

网联运输车编号	1	2	3	4	5
坐标	(430,1000)	(1200,1300)	(1700,3500)	(700,3500)	(1100,2700)
网联运输车编号	6	7	8	9	10
坐标	(2700,3600)	(3300,3700)	(3800,4300)	(4000,820)	(3000,2000)

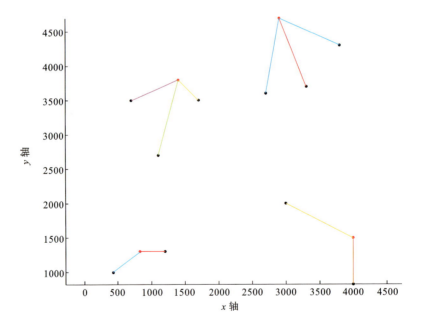

图 7-9 仿真实验结果

那么多服务器多车的目标距离矩阵 $D_{4 \times 10}$ 如下：

$$D_{4\times 10}=\begin{bmatrix} 500.0 & 2963.3 & 4448.7 & 3604.8 \\ 370.0 & 2508.0 & 3801.3 & 2807.1 \\ 2365.8 & 424.3 & 1697.1 & 3048.0 \\ 2203.8 & 761.6 & 2506.0 & 3858.8 \\ 1425.8 & 1140.2 & 2690.7 & 3138.5 \\ 2964.2 & 1315.2 & 1118.0 & 2469.8 \\ 3444.0 & 1902.6 & 1077.0 & 2308.7 \\ 4221.4 & 2451.5 & 984.9 & 2807.1 \\ 3206.1 & 3954.8 & 4033.0 & 680.0 \\ 2280.1 & 2408.3 & 2701.9 & 1118.0 \end{bmatrix}$$

由仿真实验结果可以看出,车辆的管控任务均匀合理地分配给了各个服务器,且仿真实验得出多车的任务分配方案如下面矩阵 $A_{4\times 10}$ 所示,距离的最小适应度值为 8174,实现了所有服务器与车辆节点之间的距离之和最小的目标。

$$A_{4\times 10}=\begin{bmatrix} 1 & 1 & 0 & 0 & 0 & 0 & 0 & 0 & 0 & 0 \\ 0 & 0 & 1 & 1 & 1 & 0 & 0 & 0 & 0 & 0 \\ 0 & 0 & 0 & 0 & 0 & 1 & 1 & 1 & 0 & 0 \\ 0 & 0 & 0 & 0 & 0 & 0 & 0 & 0 & 1 & 1 \end{bmatrix}$$

3. 路径规划

多车路径规划问题需要在建立好环境电子地图的前提下进行计算。首先,边缘服务器通过 WHCA*(windowed hierarchical cooperative A*)算法计算子区域内的路径,然后网联运输车分步执行。同时边缘服务器对所有网联运输车的状态和路径进行跟踪和管控,在发生紧急状况时及时做出反应。

(1) A* 算法。

经典 A* 算法是一种启发式搜索算法,通过不断搜索接近的目标来获得机器人到达目的地的最佳路径。该方法的优点是计算过程简单而快速,由于其隶属于启发式搜索算法,具有很强的针对性,因此它只需要搜索部分状态空间就可以缩小搜索范围,达到降低问题复杂度的目的。因此,经典 A* 算法拥有很高的路径搜索效率。

A* 算法通过计算距离代价函数来评估搜索效率,其中,距离代价函数定义为

$$f(n)=g(n)+h(n) \tag{7-11}$$

式中：$f(n)$代表从起点到目标点的路径长度估计值；$g(n)$为从起点到当前点n的实际路径长度；$h(n)$为从当前点n到目标点的路径长度估计值。如果启发式估计函数$h(n)$是真实路径代价的下界，只要该路径存在，就可以得到一条最优路径。

A^*算法流程如图7-10所示。

（2）WHCA*算法。

由于A^*算法仅适用于单个车辆的寻路问题，我们发展了WHCA*算法以求解多车协同路径规划问题。起初，我们针对多车路径规划问题引入了扩展的A^*算法——CA*（cooperative A^*）算法。CA*算法是一种解决协同寻路问题的新算法，它的主要思想是：首先，按照优先级顺序为各个车辆使用A^*算法进行路径搜索；然后，保留该路径，并将其存储在一个同时具有空间和时间维度的预订表中，预订表中的$(n_i;t_i)$信息表示节点n_i在t_i时刻被占用；最后，为优先级最高的网联运输车安排好路径后，在查找下一辆网联运输车的路径时，会优先考虑预订表，避免在同一时刻同样位置发生碰撞。但是CA*算法存在两个缺点：一是它对多辆网联运输车的进入顺序非常敏感，一旦为一辆车找到了路径，它就会停止合作，这可能导致计算性能低下，甚至在某些情况下出现死锁；二是如果网联运输车数量过大，预订表会出现存储过载问题。为了解决以上问题，我们进一步提出了WHCA*算法，该算法流程如图7-11所示。

WHCA*算法的工作原理与CA*算法相似，但是使用了时间窗口与分步执行两种策略。与CA*算法为车辆保留整个路径不同，WHCA*算法只保留了前W个步骤中的路径片段，使WHCA*成为一个在线算法，这意味着已经找到的路径只保证在前W步中没有冲突。然后网联运输车在各自的路径上移动K步，$K \leq W$。接下来，网联运输车的顺序重新排列，预订表清空，算法重新开始计算。重复这个过程，直到所有的车辆都到达它们的目的地。在算法的每次迭代中重新排列车辆的顺序，通过赋予新的车辆最高的优先级，通常可以保证新计算的车辆能够找到走出死锁的路径。因为只保留了前W步中的路径片段，缩小了表的大小，预订表的过载问题也得到了解决。

4. 车辆分步行驶

多辆车在接收到配送指令后，分步骤行驶，直至到达目标送货地点。然而，在运行时由于存在运输任务变更、车辆故障、遇到障碍物等不确定因素，需要对所发生的突发情况进行响应，对局部路径进行重新规划，以提高车辆系统协同

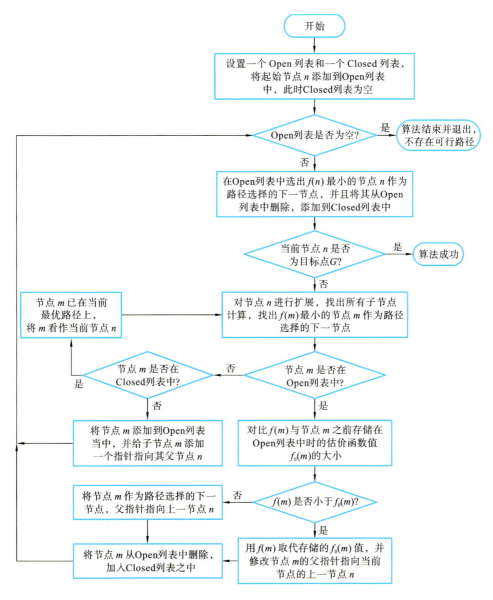

图 7-10 A* 算法流程

运输的鲁棒性。因此,必须对车辆的位置信息和搬运货物状态进行监控,以便能够及时做出应急处理。

本章采用的信息更新方式如下:车辆以时间间隔的方式进行信息更新,车

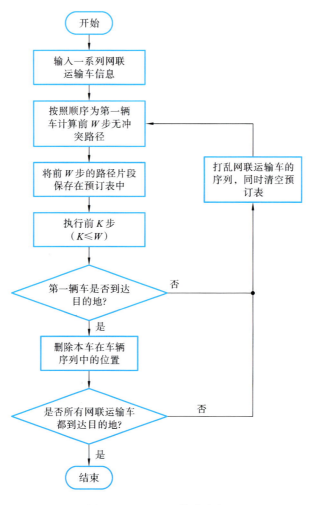

图 7-11　WHCA* 算法流程

间以事件驱动的方式进行信息更新,并发布搬运任务。车辆在工作时,当有新的运输任务下达,或者车辆到达下一个路径片段的时候,边缘服务器对车辆的路径信息和时间信息进行检查和更新。与此同时,车辆在运输过程中会将位置和状态信息上传给边缘服务器,边缘服务器在得到车辆的信息反馈后进行信息的更新;同样,边缘服务器在得到车辆的故障信息或路径阻塞信息时做出应急响应,将信息上传到云控制中心处的云服务器进行存储以及重新规划局部路径,重复 WHCA* 算法的计算过程。

7.3 5G 工业园区智能物流方法

7.3.1 分析目标级联方法

分析目标级联(ATC)方法起源于优化设计领域,是一种基于分解协调的具有收敛性的层次优化方法[175]。它的基本原理是根据可用的决策区间将整个框架分解为由独立决策要素组成的分布式框架。ATC 机制允许框架内的每个要素独立进行决策,然后可以通过多轮迭代获得最佳的全局解决方案。Talgorn 等[176]进一步开发了 ATC 方法,以协调分布式多学科设计优化问题和计算机科学实践,使其更灵活、更容易实现。Jung 等[177]提出了一种在非分层 ATC 中并行化的方法,并用车顶装配问题进行了验证。由于 ATC 机制中的要素可以主动响应并相互动态交互,因此我们将 ATC 机制用于工业园区自主配置层,以获得最佳组合方案。

7.3.2 自主配置层的架构及工作流程

整个工业园区车联网系统的应用场景如图 7-12 所示,包括设备端、边缘端和云端,其应用了 7.2 节提到的云-边-端协同技术。将其与 ATC 机制结合,可以分层次地进行车联网系统配置和评估的工作。

(1) 设备端。

设备端包括联网车辆、OBU 和 RSU 上的传感器。首先,利用这些传感器感知工业园区的周围环境,然后通过 V2N 连接技术将收集的数据传输到边缘端和云端。此外,车辆的分段行驶也在此处发生。

(2) 云端。

云端包括云控制中心处的云服务器。云服务器从全局角度考虑环境,它将地图分为多个有界子区域,这些子区域用于确定联网车辆的最佳区域行驶顺序。在将任务从云服务器分配到子区域后,最近的子区域和车辆将接收行驶任务。

(3) 边缘端。

边缘端包括位于子区域中心的边缘服务器。根据在云端获得的行驶顺序,边缘服务器规划其区域内车辆的路径,然后形成全局路由方案。

同时,在车辆分段行驶时也要注意周围的环境。在每个子区域内,需要协调车辆的运动,以避免死锁和碰撞。OBU 传感器检测到障碍物后,向其边缘服

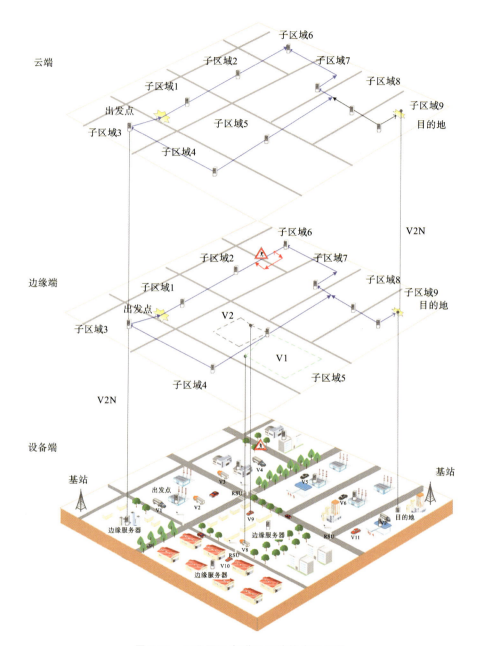

图 7-12 工业园区车联网系统的应用场景

务器和云服务器发送请求以更新实时地图。此外，边缘服务器重新规划路径以避免冲突。

ATC 机制应用在自主配置层，图 7-13 所示为基于 ATC 机制的配置。从云服务器开始,优化范围从整个工业园区到子区域,将其后代的目标层叠在一起,直至达到设备端。

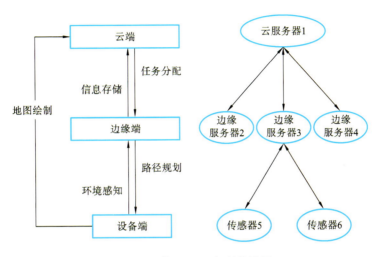

图 7-13 基于 ATC 机制的配置

工业园区车联网系统中的自主配置层负责整体评价,它将工作流程划分到设备端、边缘端和云端三个位置进行管理和计算。首先,在设备端,传感器收集数据,数据信息融合后向上传输,边缘端的边缘服务器获取整个交通区域的信息,绘制实时地图;然后,在云端,地图信息被传递并保存在云服务器,其中运输任务被分配给子区域的边缘服务器,边缘服务器负责子区域内的车辆路径规划;最后,在设备端,车辆分步行驶直至到达目的地。这些功能主要是在云服务器和边缘服务器中实现的,因此云-边-端协同技术致力于降低时延和减少冲突事故。

为了应用 ATC 机制,我们进一步描述了工业园区车联网系统的配置步骤,并从架构中提取了 ATC 单元。ATC 单元(指空中交通管制单元,在图 7-13 中被虚拟化了)可以实现主动响应和评估规划。此外,每个功能都是通过建立函数来优化的,目标是最大限度地减小总体偏差。我们将安装费用、执行时间和能源成本作为优化目标,其中安装费用代表实施所选方案的成本;而执行时间代表与时间相关的资源成本;至于能源成本,它表示行驶中的车辆支付的费用,与路线的总距离成比例。因此,这三个目标的单位是相同的,可以通过对它们进行加权来获得操作目标。

7.3.3 应用于工业园区车联网系统的 ATC 机制

本小节介绍的 ATC 机制中使用的符号及含义如下：

i：设计方案数量；

j：子区域（边缘服务器）数量；

φ_i：组合方案的有限集；

S^j：子区域 j 内候选方案的有限集；

S_i^j：第 j 个子区域的第 i 个方案；

TC_i：组合方案的总安装费用；

TT_i：组合方案的总执行时间；

TE_i：组合方案的总能源成本；

$C_{S_i^j}$：S_i^j 方案的安装费用；

$E_{S_i^j}$：S_i^j 方案的能源成本；

$t_{S_i^j}$：S_i^j 方案的时间成本；

C_i：ATC 单元的局部安装费用；

T_i：ATC 单元的局部时间成本；

E_i：ATC 单元的局部能源成本；

t_i^C：来自 i 单元父级的安装费用目标；

t_i^T：来自 i 单元父级的时间成本目标；

t_i^E：来自 i 单元父级的能源成本目标；

w^C：安装成本的加权系数；

w^T：时间成本的加权系数；

w^E：能源成本的加权系数；

$l_{S_i^j}$：布尔变量，当选择方案 S_i^j 时 $l_{S_i^j}=1$，否则 $l_{S_i^j}=0$。

7.3.3.1 工业园区车联网系统的优化

整个 ATC 模型的目标是最小化加权总安装成本、执行时间成本和能源成本的总和，其表达式如下：

$$X_i = \min(w^C \cdot TC_i + w^T \cdot TT_i + w^E \cdot TE_i) \quad (7-12)$$

其中

$$TC_i = C_i + \sum_{k \in \varphi_i} TC_k \quad (7-13)$$

$$\mathrm{TT}_i = \begin{cases} T_i + \max\{\mathrm{TT}_k \mid k \in \varphi_i\}, & \text{组合方案集} \\ T_i + \sum_{k \in \varphi_i} \mathrm{TT}_k, & \text{其他} \end{cases} \quad (7\text{-}14)$$

$$\mathrm{TE}_i = E_i + \sum_{k \in \varphi_i} \mathrm{TE}_k \quad (7\text{-}15)$$

$$C_i = \sum_{s_i^j \in s^j} l_{s_i^j} \cdot C_{s_i^j} \quad (7\text{-}16)$$

$$T_i = \sum_{s_i^j \in s^j} l_{s_i^j} t_{s_i^j} \quad (7\text{-}17)$$

$$E_i = \sum_{s_i^j \in s^j} l_{s_i^j} \cdot E_{s_i^j} \quad (7\text{-}18)$$

$$\sum_{s_i^j \in s^j} l_{s_i^j} = 1 \quad (7\text{-}19)$$

其中,式(7-12)解释了整个系统 X_i 的优化目标,式(7-13)~式(7-19)是对式(7-12)的解释和约束。

7.3.3.2 云端中的 ATC 优化

在云端中,ATC 模型旨在最小化当前要素与较高要素目标之间的响应偏差。选择位于云端的一个 ATC 单元,即第 y 个集中云服务器 Y_y 的目标函数:

$$Y_y = \min \mid w^C \cdot (\mathrm{TC}_y - t_y^C) + w^T \cdot (\mathrm{TT}_y - t_y^T) + w^E \cdot (\mathrm{TE}_y - t_y^E) \mid_2^2$$
$$+ \sum_{i=1}^{7} \varepsilon_y^i \quad (y = 1, 2, \cdots) \quad (7\text{-}20)$$

式(7-20)解释了 Y_y 指标的加权和。式(7-21)~式(7-31)是对式(7-20)的解释和约束。如果 $y=1$,即考虑了图 7-13 中的云服务器 1,则

$$\mathrm{TC}_1 = C_1 + \mathrm{TC}_2 + \mathrm{TC}_3 + \mathrm{TC}_4 \quad (7\text{-}21)$$

$$\mathrm{TT}_1 = T_1 + \max\{\mathrm{TT}_2, \mathrm{TT}_3, \mathrm{TT}_4\} \quad (7\text{-}22)$$

$$\mathrm{TE}_1 = E_1 + \mathrm{TE}_2 + \mathrm{TE}_3 + \mathrm{TE}_4 \quad (7\text{-}23)$$

$$C_1 = \sum_{j=1}^{2} l_{s_1^j} C_{s_1^j} \quad (7\text{-}24)$$

$$T_1 = \sum_{j=1}^{2} l_{s_1^j} t_{s_1^j} \quad (7\text{-}25)$$

$$E_1 = \sum_{j=1}^{2} l_{s_1^j} E_{s_1^j} \quad (7\text{-}26)$$

$$l_{s_1^j} = \begin{cases} 1, & \text{如果方案 } S_1^j \text{ 被选中,且} \sum_{j=1}^{2} l_{s_1^j} = 1 \\ 0, & \text{其他} \end{cases} \quad (7\text{-}27)$$

其中

$$|(TC_2-t_2^C)|_2^2 \leq \varepsilon_1^1, \quad |(TC_3-t_3^C)|_2^2 \leq \varepsilon_1^2, \quad |(TC_4-t_4^C)|_2^2 \leq \varepsilon_1^3 \quad (7\text{-}28)$$

$$|\max\{TT_2,TT_3,TT_4\} - \max\{t_2^T,t_3^T,t_4^T\}|_2^2 \leq \varepsilon_1^4 \quad (7\text{-}29)$$

$$|(TE_2-t_2^E)|_2^2 \leq \varepsilon_1^5, \quad |(TE_3-t_3^E)|_2^2 \leq \varepsilon_1^6, \quad |(TE_4-t_4^E)|_2^2 \leq \varepsilon_1^7 \quad (7\text{-}30)$$

$$\begin{aligned}&TC_2 \geq 0, TC_3 \geq 0, TC_4 \geq 0, TT_2 \geq 0, TT_3 \geq 0, TT_4 \geq 0,\\ &TE_2 \geq 0, TE_3 \geq 0, TE_4 \geq 0\end{aligned} \quad (7\text{-}31)$$

式中：$\varepsilon_1^1, \varepsilon_2^2, \cdots, \varepsilon_1^7$ 为给定的很小的精度值。

7.3.3.3 边缘端中的 ATC 优化

在边缘端中，局部要素的优化目标是在上述单元中将当前单元与目标之间的响应偏差最小化。它的优化过程类似于云端，其中第 z 个边缘服务器的目标函数由公式(7-32)表示。

$$Z_z = \min |w^C \cdot (TC_z - t_z^C) + w^T \cdot (TT_z - t_z^T) + w^E \cdot (TE_z - t_z^E)|_2^2 + \sum_{i=1}^{9} \varepsilon_z^i \quad (z=1,2,3,\cdots) \quad (7\text{-}32)$$

如果 $z=3$，意味着要考虑图 7-13 中的边缘服务器 3，则

$$TC_3 = C_3 + TC_5 + TC_6 + TC_7 \quad (7\text{-}33)$$

$$TT_3 = T_3 + TT_5 + TT_6 + TT_7 \quad (7\text{-}34)$$

$$TE_3 = E_3 + TE_5 + TE_6 + TE_7 \quad (7\text{-}35)$$

$$C_3 = \sum_{j=1}^{2} l_{S_3^j} C_{S_3^j} \quad (7\text{-}36)$$

$$T_3 = \sum_{j=1}^{2} l_{S_3^j} t_{S_3^j} \quad (7\text{-}37)$$

$$E_3 = \sum_{j=1}^{2} l_{S_3^j} E_{S_3^j} \quad (7\text{-}38)$$

$$l_{S_3^j} = \begin{cases} 1, & \text{如果方案 } S_3^j \text{ 被选中,且 } \sum_{j=1}^{2} l_{S_3^j} = 1 \\ 0, & \text{其他} \end{cases} \quad (7\text{-}39)$$

其中

$$|(TC_5-t_5^C)|_2^2 \leq \varepsilon_3^1, \quad |(TC_6-t_6^C)|_2^2 \leq \varepsilon_3^2, \quad |(TC_7-t_7^C)|_2^2 \leq \varepsilon_3^3 \quad (7\text{-}40)$$

$$|(TT_5-t_5^T)|_2^2 \leq \varepsilon_3^4, \quad |(TT_6-t_6^T)|_2^2 \leq \varepsilon_3^5, \quad |(TT_7-t_7^T)|_2^2 \leq \varepsilon_3^6 \quad (7\text{-}41)$$

$$|(TE_5-t_5^E)|_2^2 \leq \varepsilon_3^7, \quad |(TE_6-t_6^E)|_2^2 \leq \varepsilon_3^8, \quad |(TE_7-t_7^E)|_2^2 \leq \varepsilon_3^9 \quad (7\text{-}42)$$

$$TC_5 \geq 0, \quad TC_6 \geq 0, \quad TC_7 \geq 0, \quad TT_5 \geq 0, \quad TT_6 \geq 0,$$
$$TT_7 \geq 0, \quad TE_5 \geq 0, \quad TE_6 \geq 0, \quad TE_7 \geq 0 \tag{7-43}$$

7.3.3.4 设备端中的ATC优化

在设备端中,ATC模型的建立类似于上述两个单元,其中第m辆车的优化目标由式(7-44)~式(7-50)表示。式(7-44)解释了目标M_m等于第m辆车的指标的加权总和,因为设备端至少包含一辆车,所以该单元的目标函数为$M(\sum_{i=1}^{m}M_m)$,其中

$$M_m = \min | w^C \cdot (TC_m - t_m^C) + w^T \cdot (TT_m - t_m^T)$$
$$+ w^E \cdot (TE_m - t_m^E) |_2^2 \quad (m=1,2,\cdots,6,\cdots) \tag{7-44}$$

以车辆单元6为例,目标函数可以表示为

$$TC_6 = C_6, \quad TT_6 = T_6, \quad TE_6 = E_6 \tag{7-45}$$

其中

$$C_6 = \sum_{j=1}^{2} l_{S_6^j} C_{S_6^j} \tag{7-46}$$

$$T_6 = \sum_{j=1}^{2} l_{S_6^j} t_{S_6^j} \tag{7-47}$$

$$E_6 = \sum_{j=1}^{2} l_{S_6^j} E_{S_6^j} \tag{7-48}$$

$$l_{S_6^j} = \begin{cases} 1, & \text{如果方案} S_6^j \text{被选中,且} \sum_{j=1}^{2} l_{S_6^j} = 1 \\ 0, & \text{其他} \end{cases} \tag{7-49}$$

其中

$$|(TC_5 - t_5^C)|_2^2 \leq \varepsilon_3^1, \quad |(TC_6 - t_6^C)|_2^2 \leq \varepsilon_3^2, \quad |(TC_7 - t_7^C)|_2^2 \leq \varepsilon_3^3 \tag{7-50}$$

根据收敛准则,ATC单元i的目标函数的相对变化应小于指定的阈值:

$$\frac{|f_i^k - f_i^{k-1}|}{f_i^{k-1}} \leq \varepsilon_i \tag{7-51}$$

其中,f_i^k是ATC单元i的目标函数的第k代。

7.3.4 ATC和AIO在应用场景中的比较分析

将ATC机制用于本章中的工业园区场景配置方案。同时,我们采用了AIO(all in one)机制进行比较[178,179]。AIO的核心是集成所有子方案,并将整

个分析过程视为一个完整的黑匣子方法。在所研究的场景中，AIO 机制意味着应在云服务器同时计算集合多功能的组合方案。而所采用的 ATC 机制，可以基于分层结构执行以得到最优处理结果，最终验证其适用性。

利用地图构建功能形成全局地图，子区域及子任务数量和后续子区域都在表 7-3 中展示。整个方案从 SA 开始，到 SB 结束。表 7-4 给出了每个 ATC 单元的信息，它们都没有单位，但是都与费用有关。这些 ATC 单元的数据是根据合作公司给出的数据进行转换的，执行时间范围为 0～80，安装费用范围为 0～700，能源成本范围则为 0～500。

表 7-3 方案中每个单元的信息

子区域序号	子任务数量	后续子区域数量	后续子区域
A1	3	3	A2,A3,A5
A2	2	2	A6,A7
A3	2	1	A4
A4	2	1	A5
A5	2	3	A7,A8,A9
A6	1	1	A7
A7	2	1	A8
A8	2	1	A9
A9	1	0	—

表 7-4 每个单元的所有方案选项的信息

要素序号	服务信息			配置和评价指标		
	集	SC	选项	执行时间	安装费用	能源成本
SA	CLS	T	S_A^1	0	0	0
A1	CLS	T	S^1	35	200	120
	ELS,DLS	M,P	V_1^1	40	520	215
	ELS,DLS	M,P	V_2^1	46	470	275
	ELS,DLS	M,P	V_3^1	34	580	280
A2	CLS	T	S^2	40	220	135
	ELS,DLS	M,P	V_1^2	45	460	260
	ELS,DLS	M,P	V_2^2	50	450	250

续表

要素序号	服务信息集	SC	选项	执行时间	安装费用	能源成本
A3	CLS	T	S^3	28	190	128
	ELS,DLS	M,P	V_1^3	35	430	230
	ELS,DLS	M,P	V_2^3	40	400	280
A4	CLS	T	S^4	58	290	188
	ELS,DLS	M,P	V_1^4	65	680	410
	ELS,DLS	P	V_2^4	60	620	402
A5	CLS	T	S^5	59	288	198
	ELS,DLS	M,P	V_1^5	70	700	390
	ELS,DLS	M,P	V_2^5	77	650	405
A6	CLS	T	S^6	23	160	118
	ELS,DLS	M,P	V_1^6	67	280	220
A7	CLS	T	S^7	25	200	128
	ELS,DLS	M,P	V_1^7	30	255	155
	ELS,DLS	M,P	V_2^7	38	300	138
A8	CLS	T	S^8	22	170	130
	ELS,DLS	M,P	V_1^8	35	310	120
	ELS,DLS	M,P	V_2^8	30	300	118
A9	CLS	T	S^9	25	208	100
	ELS,DLS	M,P	V_1^9	30	290	150
SB	CLS	T	S_B^9	0	0	0

注:S 表示方案;A 表示子区域;DLS 表示设备单元集;CLS 表示云计算单元集;ELS 表示边缘计算单元集;SC 表示方案类型;M 表示地图绘制;T 表示任务分配;P 表示路径规划。

设计的对比实验以最小化安装费用、执行时间和能源成本的加权值为优化目标,同时还讨论了目标变量的加权系数(w^T, w^C, w^E)。根据高级、中级与低级不同的需求,分别设置了加权系数,其中节省时间、节约成本、节省能耗模式下中级水平的加权系数为(0.50,0.25,0.25),(0.25,0.50,0.25)和(0.25,0.25,0.50),并分别测试节约成本、节省时间和节省能耗三种方案模式。将需求级别较高的加权系数与需求级别较低的加权系数进行对比,然后更改需求级别较高的加权系数。

现使用 MATLAB R2018b 软件进行仿真,比较 ATC 和 AIO 两种配置机制。利用改进的先进智能算法——遗传算法,以获得最优解。遗传算法在 AIO 和 ATC 两种机制下的编码方法和演进过程不同。AIO 机制将染色体整体编码,包括地图构建、任务分配和路径计划方案。车辆的逐步运行功能需要在实际场景中执行,因此我们不在模拟场景中测试。然后整个染色体进行交叉、变异和选择操作。而 ATC 机制需要分别对子方案的染色体进行编码,同时它们的进化过程通过分层方法来执行,层次之间的优化和响应通过优化函数相互联系。由于运算设备的位置不同,在保存并传输计算结果方面先进的通信方式发挥着至关重要的作用。为了更好地进行比较,我们将两种机制运算时的种群总体数量设为 50,将迭代次数统一设为 100。另外,将方程的值视为适应度值,适应度值的得分越低,相对应的方案越好。

图 7-14 所示为中级节省时间模式下 ATC 和 AIO 机制的组合方案的比较,其中它们的任务分配方案相同,而地图构造和路径计划方案不同。如表 7-5 中"节省时间"项的第二行所示,ATC 机制的平均运行时间小于 AIO 机制,但其目标得分值并不如 AIO 机制表现更佳。同时表 7-5 中的结果显示,节约成本和节省能耗模式下 ATC 机制的目标得分值比 AIO 机制的低。在这个初始比较方

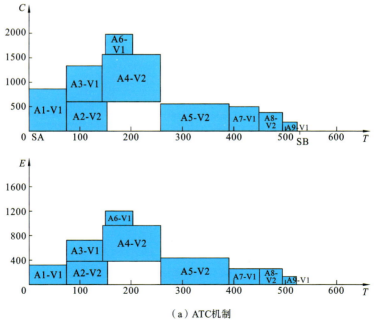

(a) ATC机制

图 7-14 两种机制的组合方案比较(中级节省时间模式)

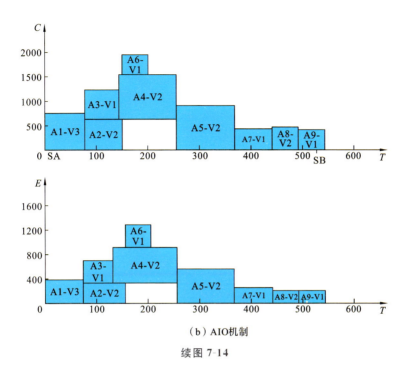

(b) AIO机制

续图 7-14

案中,中级水平节省时间模式的加权系数取为(0.50,0.25,0.25),这意味着组合方案会将成本的一半投入其中一个方面,而投入 25% 成本给另外两个方面。

表 7-5　三种模式下的 ATC 和 AIO 机制优化结果

模式	(w^T, w^C, w^E)	得分值(目标函数)			平均运行时间			平均偏差率		
		ATC	AIO	与 AIO 的比较	ATC	AIO	与 AIO 的比较	ATC	AIO	与 AIO 的比较
节省时间	高级 (0.6,0.2,0.2)	2148.6	1818.2	+18.17%	1.613	1.871	−13.79%	92.8%	99.6%	−6.83%
	中级 (0.50,0.25,0.25)	2417.6	2272.8	+6.37%	1.631	1.903	−14.29%	94.2%	99.3%	−5.14%
	低级 (0.4,0.3,0.3)	2686.7	2727.3	−1.49%	1.620	1.888	−14.19%	93.3%	99.5%	−6.23%
节约成本	高级 (0.2,0.6,0.2)	3607.8	4072.6	−11.41%	1.631	1.860	−12.31%	92.3%	99.6%	−7.33%
	中级 (0.25,0.50,0.25)	3336.5	3685.5	−9.47%	1.602	1.882	−14.88%	95.4%	98.7%	−3.34%
	低级 (0.3,0.4,0.3)	3055.2	3295.4	−7.29%	1.641	1.911	−14.13%	95.0%	98.6%	−3.65%

续表

模式	(w^T, w^C, w^E)	得分值(目标函数)			平均运行时间			平均偏差率		
		ATC	AIO	与AIO的比较	ATC	AIO	与AIO的比较	ATC	AIO	与AIO的比较
节省能耗	高级 (0.2,0.2,0.6)	2823.2	3173.0	-11.02%	1.623	1.904	-14.76%	91.4%	97.8%	-6.54%
	中级 (0.25,0.25,0.50)	2841.4	3120.3	-8.94%	1.639	1.911	-14.23%	95.1%	99.5%	-4.42%
	低级 (0.3,0.3,0.4)	2856.2	3066.3	-6.85%	1.623	1.892	-14.22%	93.3%	99.6%	-6.33%

表 7-5 中大多数对比结果显示，ATC 机制的解决方案要优于 AIO 机制的解决方案，这意味着 ATC 机制得到的解决方案在执行时间、安装费用和能源消耗方面都比传统方法要好。但是，在节省时间模式的高级和中级水平下获得的结果却相反。需要注意的是，这里的"高级"和"中级"表示重视的程度差异，例如，低级水平的节省时间模式中 ATC 机制仍然可以得到更好的性能，表明通过 ATC 机制获得了对执行时间稍加重视的最优组合方案。此外，随着重视程度的降低，ATC 和 AIO 机制结果间的偏差也减小了。

仿真实验是在虚拟场景中执行的，将仿真软件在采用 Intel Core i7 处理器和 16 GB RAM 的 Windows 7（64 位）系统的计算机上运行。表 7-5 展示了 ATC 和 AIO 机制在平均运行时间以及平均偏差率上的表现。表 7-5 中的对比结果表明，ATC 机制可以更快地获得解决方案，但是结果的稳定性不如 AIO 机制。这证明了 ATC 机制基于分层结构进行自主配置的可行性。而未来场景将对计算速度有较高的要求，同时也将对工业园区车联网系统的自主配置层的优化和响应速度有所要求。此外，表 7-5 中平均运行时间和平均偏差率这两组数据的比较并未显示出与方案模式的关联性。

总之，应用 ATC 机制实现工业园区车联网系统的自主配置具有以下优点。

（1）集成主要功能并实现共同决策。本场景中工业园区车联网系统配置有环境地图构建、任务分配、路径规划和车辆分步行驶这四个功能。由于无法使用传统的优化目标序列的配置方法来考虑彼此之间的约束，因此总计算时间将会增加。

（2）利用基于云-边-端协同技术的 ATC 机制，可以实时自主动态地配置运算。同时，以往的配置方式一般是基于以前计算或记录好的数据建立的，这可能无法跟上不断变化的进度。一旦发生干扰，若使用传统的 AIO 机制，则只能重新计算,降低了配置的效率。

(3) 可以选择不同的优化算法。例如,在小规模问题中,采用遍历算法就可计算最优解;而对于大规模问题,为了提高计算效率,可以使用高级人工智能搜索算法来获取次优解决方案,如遗传算法、蚁群算法和粒子群优化算法等。

7.4　5G 工业园区智能物流案例分析

7.4.1　工业园区车联网系统仿真平台设计

传统的道路交通仿真模型分为宏观模型、细观模型和微观模型。宏观模型适用于大规模的交通模拟,它将交通流类比为流体,并将流体力学中的相关理论应用于车辆行为中。细观模型关注整个车队的运动,使用聚合的速度-密度函数来建模它们的行为。然而,车联网场景的模拟涉及节点之间相互作用的精确建模,因此需要模拟节点的精确位置。无论是宏观模型还是细观模型都不能提供这种程度的细节情况,因此只有采用微观模型,即模拟单个车辆的行为和它们之间的相互作用,微观模型也被认为是模拟车联网节点的移动模型[180]。

Veins 中的交通仿真由微观道路交通仿真平台 SUMO 执行,它使用车辆的移动模型,并从各种文件格式中导入环境地图。SUMO 允许使用简单的路权规则或交通灯,对由多条车道组成的巨大网络以及这些道路上十字路口的内部交通进行高性能模拟。车辆类型可以根据静态分配的路线、动态生成的路线或根据配置的时间表自由配置。OMNeT＋＋是一个基于事件的网络仿真平台,它通过定期调度节点来处理移动性,因此可以与 SUMO 配合,缩短离散步骤的仿真时间。如图 7-15 所示,OMNeT＋＋和 SUMO 集成的控制模块能够缓冲任何在一个时间步长之内到达的命令,以确保在定义的时间间隔内车辆和交通灯同步执行。在每个时间步长中,OMNeT＋＋将向 SUMO 发送所有缓冲命令,并触发道路交通仿真的相应时间步。道路交通仿真达到时间步长后,SUMO 将向 OMNeT＋＋模块发送一系列命令和所有实例化车辆的位置,使得 OMNeT＋＋可以通过引入新节点、删除已经到达目的地的节点以及根据相应的道路交通仿真移动节点来对接收到的移动节点信息做出反应。在处理完所有接收到的命令并根据信息移动所有节点之后,OMNeT＋＋将推进仿真,直至达到下一个预定的时间步,才允许节点对更改的环境条件做出反应。

将这种微观道路交通仿真与网络仿真相结合进行车辆间通信协议分析,比单独使用 VANET 协议能更深入地了解 VANET 协议的行为。这样的评估需

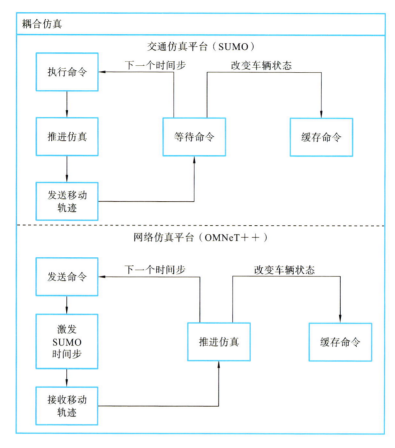

图 7-15 耦合仿真框架(包括交通仿真平台和网络仿真平台通信模块)

要两个仿真平台的双向耦合。为此,我们使用场景用例,实现了道路交通仿真平台 SUMO 和网络仿真平台 OMNeT++这两个框架的双向耦合,每个框架都扩展了专用的通信模块。在仿真运行期间,这些通信模块通过 TCP 连接来实现交换命令和移动跟踪。

图 7-16 所示为网络仿真平台和交通仿真平台的通信模块之间交换消息序列图,它展示了由 Veins 产生的耦合仿真的两个阶段。在第一阶段,命令发送到 SUMO;在第二阶段,触发命令的执行并接收生成的移动轨迹。两个仿真平台都紧密耦合,SUMO 只有在网络仿真中处理了一个时间步长内的所有事件之后,才能够执行交通仿真步骤,而网络仿真平台 OMNeT++仅以固定的时间间隔推进交通仿真,因此,需要对间隔的粒度进行充分细化才能获得更加符合实际的结果。

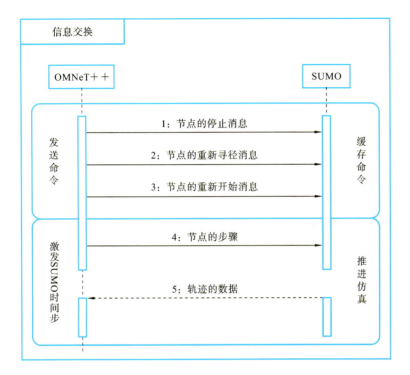

图 7-16　网络仿真平台和交通仿真平台的通信模块之间交换消息序列图

7.4.2　工业园区车联网系统交通仿真

7.4.2.1　SUMO 交通仿真平台介绍

SUMO 的开发始于 2000 年，由德国航空航天中心提供支持，SUMO 的出现为交通研究界提供了实现和评估交通算法的工具。SUMO 允许使用简单的交通通行规则或交通信号灯，对包含单车道和多车道的道路以及十字路口的内部交通进行高性能仿真，可以根据静态分配的路线、动态生成的路线或根据配置的时间表自由地配置车辆类型。

建立 SUMO 仿真时，首先使用 NetConvert 工具建立行驶车辆的交通道路网络。NetConvert 导入从其他来源生成的数字交通网络，可以自由构建任何拓扑结构的道路网络，用于 SUMO 模型中。在仿真测试中，我们使用 XML 格式描述，同时使用 NetConvert 工具导入 XML 格式文件并生成道路网络，该道路网络以网格形式构成，网格中最左端且最底端的节点（车辆）用坐标

(0,0)标识。仿真的车辆路线可以使用边的列表来表示,而每辆行驶车辆都应该知道自己的路线,可以使用的方式如下:① 在道路网络上描述明确的路线;② 使用预定义的路线并激活一部分;③ 随机生成路线;④ 导入现有路线。如果需要的话,还要计算动态用户分配和使用给定的度量校准模拟。最后执行仿真。

7.4.2.2 SUMO 模型

图 7-17 为针对本场景所建立的 SUMO 交通仿真模型。工业园区道路网络被划分为 13 个子区域,其中三车道和二车道并存。在创建包含路段(即边)和节点(即起点/终点)的道路过程中,需要创建三类 XML 文件。

(1) 基于节点的 XML:此文件描述了路段起点/终点的坐标。

(2) 基于边的 XML:此文件描述了在基于节点的 XML 文件中所包含的两个节点之间的边(即每个路段的边)。

(3) 连接类型的 XML:此文件描述了基于边的 XML 文件中所包含的边的属性。

在本场景中,使用的是包含三车道和两车道的道路网络,三车道和两车道放大图分别如图 7-17(b)、(c)所示。在本模型中,有 100 个车流将随机在各个道路产生,最终设定的仿真时间为 7200 s。

另外,可以使用路线 XML 文件(rou.xml)将车辆分布在预定义的道路网络上。此路线 XML 文件描述了车辆参数以及每辆车在道路网络上可行驶的路线。车辆参数可以是车辆长度、路线 ID、车辆 ID、最大速度和最大加速度等。现用 ID 标记每辆车,其中领先车辆的 ID 为 Node 0,后面第一车辆的 ID 为 Node 1,依次类推。例如,编号为 Node 0 的车流,可将其类型定义为 type 1,颜色定义为(1,1,0),对应黄色,最大加速度为 2.6 m/s^2,最大减速度为 4.5 m/s^2,车辆为理想的自动驾驶,其中,行驶中的最大速度为 14 m/s,而其他参数设置为默认值。在模型中,轿厢长度设定为 2.5 m,静止时相邻车辆之间的期望距离为 2.5 m,行进时间为 0.7 s。当考虑轿厢长度时,相邻车辆在行驶时的期望距离为

$$2.5 \text{ m} + 2.5 \text{ m} = 5.0 \text{ m}$$

因此,将路线 XML 文件中使用的初始距离设置为车队稳定行驶时的期望距离(即 5.0 m),从而确保车队从不稳定状态过渡到稳定状态所需时间不会很长。

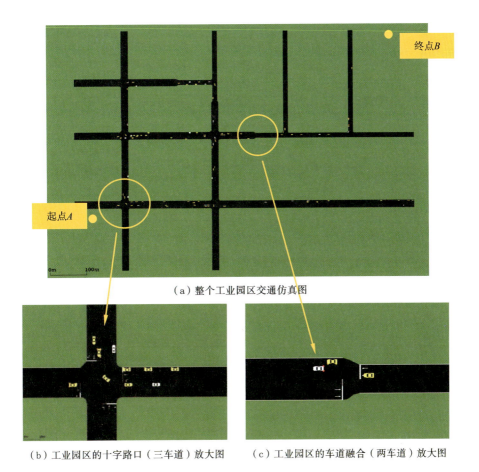

(a) 整个工业园区交通仿真图

(b) 工业园区的十字路口（三车道）放大图　　(c) 工业园区的车道融合（两车道）放大图

图 7-17　SUMO 交通仿真模型

7.4.3　工业园区车联网系统通信网络仿真

在仿真通信网络时，通常先对网络配置进行建模，然后将其部署到真实的环境中。通信网络仿真可以比较不同网络设置的性能，从而可以识别和解决性能问题，避免多次进行成本昂贵的现场测试。通信网络仿真也可用于评价新开发的网络协议。大多数情况下使用基于离散事件的网络仿真平台来分析网络协议，相关领域有大量的开源仿真框架，例如 NS-2、OMNeT++、J-Sim 和 JiST/SWANS，以及商用工具 OPNET。现选择 OMNeT++ 网络仿真平台。图 7-18 为工业园区车联网系统应用场景的通信网络示意图，可以看出，未来部署 5G 通信基站后，V2X 连接得以实现，同时应用多接入边缘计算和云计算技术,可以实现云-边-端协同网络通信框架。

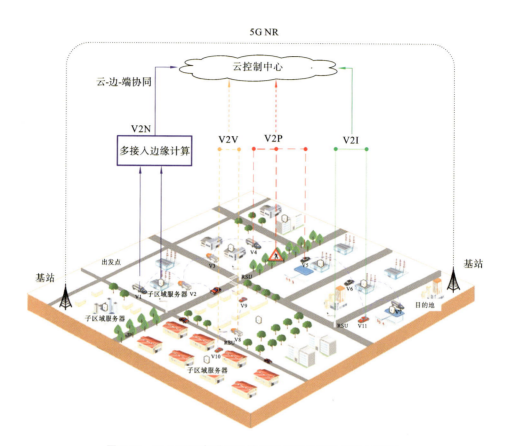

图7-18 工业园区车联网系统应用场景的通信网络示意图

7.4.3.1 OMNeT++网络仿真平台介绍

OMNeT++是一个可扩展的、基于模块化组件的仿真库和框架,可在Linux、Mac OS X、其他类似Unix和Windows的不同操作系统上运行[181]。最初的OMNeT++是为构建网络仿真平台而开发的,用于交通网络建模、通信协议建模、排队网络建模、多处理器分布式系统建模等,还可应用离散事件方法进行任何其他系统建模。OMNeT++可以在图形环境中进行交互式仿真,也可以用命令行执行应用程序。其典型框架——iNET(增强遥测综合网)提供了OMNeT++模块组,代表Internet协议套件的各个层次结构,如 TCP、UDP、IPv4 和 ARP 协议;它还提供了允许节点移动的空间关系和符合 IEEE 802.11

传输标准的模块构建。

OMNeT++提供了模型的组件体系结构,这些C++编程组件是分层嵌套的,可以使用高级语言NED(network description)将简单的组件组装成复合组件和模型。使用NED,我们可以定义简单模块并将它们连接到复合模块,然后可以将某些复合模块标记为网络,这些复合模块是独立的仿真模型。通信信道与某些复合模块可以定义为另一种组件类型,然后将其实例化并在复合模块中使用。

模型的可重用性使OMNeT++构建过程变得灵活,模块嵌套的深度也不受限制,模型结构反映了实际系统的逻辑结构。模块之间的通信可通过包含任意复杂的数据结构的消息传递实现,模块可以直接将消息发送到它们的目的地,也可以通过门和连接沿预定义的路径发送消息。

OMNeT++模型使用信标来实现合作机制。信标发送使用的是简单计时器,当计时器计时到期时,节点将发送信标,然后此计时器将重置。利用调整值可以改变信标发送速率/频率。每个信标包需要携带每辆车的加速度信息和车辆ID。这是因为通信装置仅需要发送前一车辆加速度信息。在每辆车收到一个信标后,它将判断此信标是否已由其前车发送,该前车具有确定的ID。如果使用了10辆车,那么所使用的车辆ID会在0到9之间变化。因此,如果接收信标车辆的ID比信标中车辆ID大1,则认为该信标由其前车发送并被馈送到控制器;否则,该信标将不被使用并会被丢弃。

7.4.3.2 MEC模型框架

引入多接入边缘计算(MEC)技术以后,应用于工业园区的车联网系统的部分计算单元从云端下沉到网络的边缘端,这样的网络部署不仅提高了通信的可靠性,同时也极大地降低了传输时延,有利于未来与5G技术的结合,实现基础设施建设的新发展。MEC的平台部署架构如图7-19所示,它将为云-边-端协同框架的实现提供基础。

7.4.4 车联网系统仿真的测试评估方法

在正式投入使用之前,我们需要对车联网系统的运行进行仿真评估,因此需要执行许多测试,找到合适的KPI值。

首先确定要进行测试的车联网系统中控制观察点(point of control and observation,PCO)的位置。PCO是被测系统中的关键节点,用于观察和记录被测车联网系统。PCO主要包括发送端设备、网络接入点、网络接出点和接收端设

图 7-19　MEC 的平台部署架构

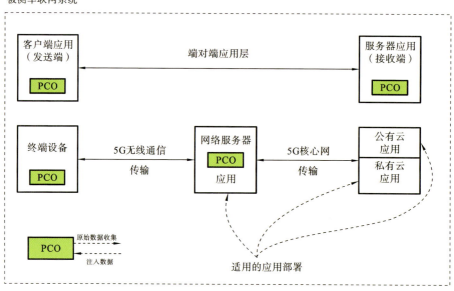

图 7-20　被测车联网系统及其 PCO

备及其所有组件，它们的具体连接如图 7-20 所示。该车联网系统配备了 5G 通信网络，因为基于 5G 的工业园区将是未来基础设施建设的主流方向之一。被测车联网系统的主要节点如图 7-21 所示。

整个车联网系统中的 PCO 按等级可分为三类，如图 7-22 所示。

① 层级 0：位于 LTE、5G 通信网络等的访问层。该等级的 PCO 可以获得

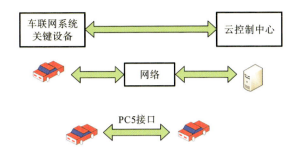

图 7-21 被测车联网系统的主要节点

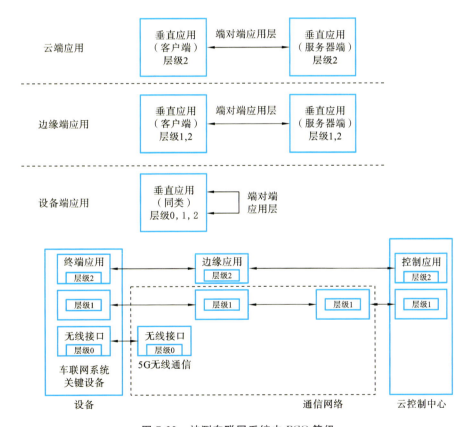

图 7-22 被测车联网系统中 PCO 等级

有关无线电接入网络参数的相关信息(如信号强度、单元标识等)。

② 层级 1:位于 IP 网络/传输层。该等级的 PCO 可以获得有关网络容量的相关信息(如吞吐量、时延等)。

③ 层级2:位于车联网系统的关键设备间或设备与云控制中心之间的应用层,作用为交换交通消息或其他应用数据(例如视频流)。此等级的PCO可以获取相关的测试数据,用于评估相应的KPI,例如端到端时延、用户体验的数据速率、可靠性等。

7.4.4.1 车联网系统中的PCO层级

车联网系统按照关键单元,可分为关键设备单元、通信网络单元以及控制中心单元,它们也有对应的PCO节点,具体描述如下。

1. 关键设备单元

车联网系统关键设备单元中的PCO层级如图7-23所示。

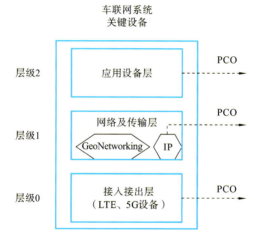

图7-23 车联网系统关键设备中的PCO层级

① 层级0:位于LTE、5G网络等的访问层(接入接出层)。此等级的PCO允许对网络信息、信号强度和质量以及协议消息交换进行测试,同时也可以识别何时进行网络切换。

② 层级1:位于IP网络/传输层。此等级的PCO允许评估QoS指标(例如TCP/IP或UDP/IP吞吐量、UL和DL、单向时延、数据包丢失等)并监视接收到的流量。

③ 层级2:位于应用设备层,记录关键设备和控制中心(或关键设备之间)交换的交通流消息,以及发送和接收这些消息的时间戳。此等级的PCO用来评估相关参数,例如等待时间、数据包间隙、可靠性等。

2. 通信网络单元

对于应用场景范围较大的 LTE 或 5G NSA 网络，通信网络单元中的 PCO 层级如图 7-24 所示。

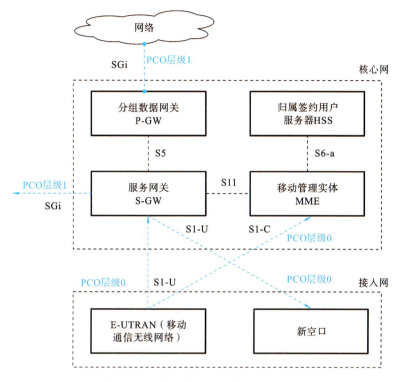

图 7-24　通信网络单元中的 PCO 层级

图 7-24 中的专业术语解释如下：

① P-GW(PDN 网关)：主要功能包括合法侦听、IP 地址分配、上/下行链路中数据包传输层标记、基于业务的上/下行速率控制等。

② S-GW(服务网关)：主要功能包括数据包的路由和前传、在上行和下行传输层进行分组标记、空闲状态下下行分组缓冲和发起网络触发的服务请求等。

③ E-UTRAN(移动通信无线网络)：指在 LTE 网络中，基于演进关系的接入网络部分。

④ HSS(归属签约用户服务器)：这是 3GPP(第三代合作伙伴计划)提出的概念。HSS 可处理的信息包括用户识别、编号和地址信息、用户安全信息和用

户定位信息以及用户清单信息。

⑤ MME(移动管理实体):采用 3GPP 协议的 LTE 接入网的关键控制节点,负责空闲模式下用户设备(UE)的定位、传呼以及中继过程。

通信网络单元中的 PCO 层级划分如下。

① 层级 0:位于 LTE、5G 网络等的访问层,PCO 由基站(NodeB 或 gNodeB)和 MME 的记录功能提供,它将提供与关键设备的连接信息以及关键设备的数量信息。

② 层级 1:位于传输层,传输网络层的相关信息。它位于 S-GW 之后或 P-GW 之后,能够在 SGi 接口上监视流量。车联网系统关键设备(PCO 层级 1)与核心网(PCO 层级 1)之间的端点应可用于测试通信链路。

3. 控制中心单元

图 7-25 所示为车联网系统中控制中心单元的 PCO 层级。控制中心有两个组件——MEC 服务器和远程交通控制中心,它们通过通信网络连接到核心网络。

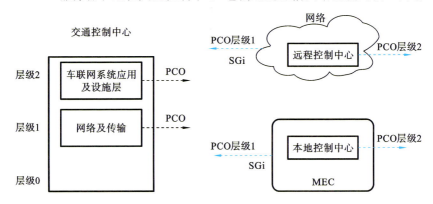

图 7-25 被测车联网系统中控制中心单元的 PCO 层级

(1) MEC 服务器。

MEC 服务器位于网络边缘,通过 SGi 接口连接到核心网络 S-GW 或 P-GW,其包含的 PCO 层级如下。

① 层级 1:属于传输层,PCO 节点位于 MEC 内部,以允许注入和监视 IP 流量。

② 层级 2:属于关键设备层,PCO 节点提供 MEC 服务器的记录功能。

(2) 远程交通控制中心。

远程交通控制中心使用 SGi 接口通过通信网络连接到核心网络,其包含的 PCO 层级如下。

① 层级1：属于传输层，PCO节点位于支持远程服务的服务器内部，以允许注入和监视IP流量。

② 层级2：属于关键设备层，PCO节点由支持远程服务的日志功能提供。车联网系统支持关键设备之间及与控制中心的消息交换。日志记录功能允许记录由控制中心发送的交通消息及其相关的时间戳。

综上，车联网系统从定义的PCO层级（层级2、层级1、层级0）收集信息，并将其与相关的时间和位置信息一起记录，包括时间戳、精确位置、标识、PCO节点对象及其相关层级的特定信息。

7.4.4.2 PCO层级的特定信息

1. 层级2的特定信息

① 数据速率：测试每个数据流每秒的瞬时数据量。

② 错误代码：测试期间的错误代码，以防错误导致无法执行测试，例如由于连接丢失而无法执行吞吐量测试。

③ 错误：描述测试过程中错误的文本。

④ 网络和通信信息：包括移动网络代码，移动国家代码，物理小区标识，eNB ID、gNB ID、LTE的参数，接收信号强度指示器（RSSI），参考信号接收功率（RSRP），参考信号接收质量（RSRQ），信号噪声比（SNR），信道质量指示器（CQI）等。

2. 层级1的特定信息

① 吞吐量：最好以kbps为单位存储。

② 单向延迟：从起点到目的地传输数据包所需的时间。

③ 抖动：与预期的接收时间（周期性信号）的偏差。

④ 丢包率：测试中所丢数据包占所发送数据包的比例。

⑤ 往返时间（RTT）：从发送数据包的瞬间到确认收到数据包为止的时间。

⑥ 错误代码：测试期间的错误代码。

⑦ 错误：描述测试过程中错误的文本。

3. 层级0的特定信息

① 信令跟踪：至少记录KPI计算所需的信令日志，如连接建立和释放等。

② 网络和通信信息：与层级1相比，层级0提供了更深入的网络信息访问功能。

虽然我们可以测试的相关信息有很多，但是在实际应用场景中，往往不会对以上信息全部进行测试，而是根据网络应用的实际情况进行选择。如图7-26

所示，现采用端对端的测试评价方法，即将每个 PCO 节点的 KPI 值叠加，得到最终的车联网系统的综合评价结果。

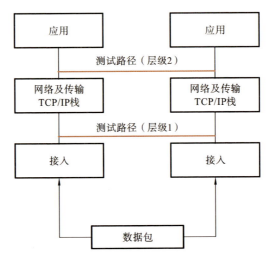

图 7-26　测试评价方法示意图

7.4.5　车联网系统仿真实验

7.4.5.1　交通仿真实验

在仿真区域中搭建无信号双向三车道十字路口，这是工业园区大范围中的一个小场景仿真，如图 7-27 所示。本实验采用了 SUMO 交通仿真平台与 OMNeT++网络通信仿真平台的 Veins 耦合模型，其中仿真的规模为 10000 m×10000 m。

表 7-6 所示为交通仿真的主要参数。

表 7-6　交通仿真的主要参数

主　要　参　数	取　值　范　围
最高限速	14 m/s
最小车间距	2.5 m
车长	2.5 m
最大加速度	2.6 m/s^2
最大减速度	4.5 m/s^2

图 7-27 SUMO 下的十字路口场景仿真图

如图 7-28 所示,在 SUMO 交通仿真平台中,第一台车辆 Node 0 被重点标

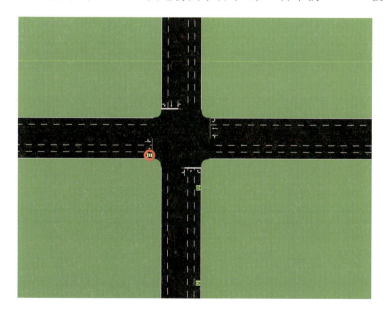

图 7-28 Node 0 在 SUMO 中运行

注出来。接下来将 Node 0 的关键参数拿出来研究,它具有一定的代表性,我们将其类型定义为 type 1,其中颜色为(1,1,0),对应黄色,车辆为理想的自动驾驶车,其最大加速度为 2.6 m/s^2,最大减速度为 4.5 m/s^2,行驶中的最大速度为 14 m/s,其他参数设置为默认值。另外,在模型中,轿厢长度设定为 2.5 m,而静止时相邻车辆之间的期望距离为 2.5 m,因此当考虑轿厢长度时,相邻车辆在行驶时的期望距离等于 5 m(2.5 m+2.5 m=5.0 m)。

如图 7-29 所示,Node 0 车辆在运行过程中的主要参数包括加速度(acceleration)、碳排放量(CO_2 emission)、x、y 位置坐标(posx,posy)以及速度(speed)。

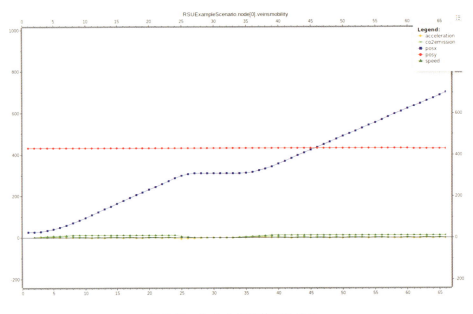

图 7-29　Node 0 的整体运行结果

图 7-30 中,蓝色线条代表 x 坐标位置变化情况,红色线条代表 y 坐标位置变化情况,其中:横坐标轴代表车辆的行驶时间,单位为 s;纵坐标轴代表行驶距离,单位为 m。从图 7-30 中可看出,x 坐标增加后停止了一段时间,然后继续增加,而 y 坐标基本保持不变,说明 Node 0 实际上是自西向东通过十字路口的,并在通过十字路口时为了与其他车辆协同通过,停止了一段时间。

图 7-31 中,蓝色线条代表车辆行驶时的速度变化情况,其中:横坐标轴为行驶时间,单位为 s;纵坐标轴为行驶速度,单位为 m/s。从图 7-31 中可看出,

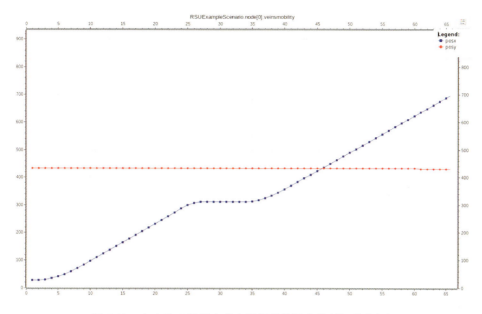

图 7-30 十字路口场景中单车运行的位置变化(横、纵坐标)

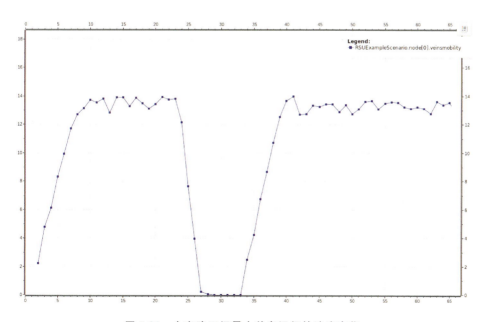

图 7-31 十字路口场景中单车运行的速度变化

Node 0 行驶时车速在 12～14 m/s。行驶过程中,当运行时间在 25～35 s 时,车辆减速至停止,然后又重新加速到原来的车速范围继续行驶,合理推测是 Node 0 在这段时间行驶到了十字路口处,并为了与其他车辆协同通过十字路口而作了减速停车的退让。有效速度揭示了车联网系统在车辆拥堵条件下重新规划车辆路线的能力。

图 7-32 和图 7-33 中的折线代表车辆行驶过程中的加速度变化情况,两图中蓝色线条均表示 Node 0 的行驶加速度变化情况,而图 7-33 中的红色和绿色线条分别表示 Node 1 和 Node 2 两辆车的加速度变化情况。在图 7-32 中,横坐标轴为行驶时间,单位为 s;纵坐标轴为行驶加速度,单位为 m/s^2。可以看出: Node 0 在前 10 s 左右是处在加速状态的;在第 11 至 23 秒里,Node 0 的加速度在 $-1\ m/s^2$ 和 $1\ m/s^2$ 间起伏不定;到了第 25 秒,Node 0 的加速度达到最小,即 $-4.6\ m/s^2$ 左右;然后又开始逐步增大,在第 29 至 33 秒期间加速度保持为 0;Node 0 在第 34 至 40 秒间处于加速状态,并通过十字路口。

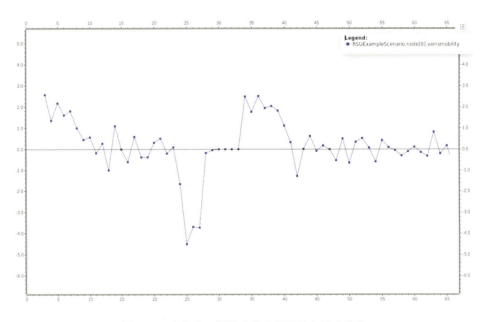

图 7-32　十字路口场景中单车运行的加速度变化

图 7-33 中展示的加速度变化趋势与图 7-32 中的基本一致,只是由于车辆进入十字路口的时间不同,它们加减速对应的时间有所区别。

图 7-34 中,蓝色线条代表车辆的等待时间变化情况,其中:横坐标轴为行驶

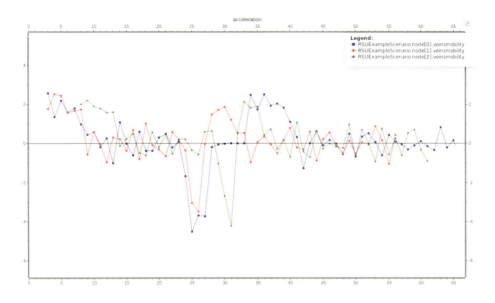

图 7-33 十字路口场景中多车(3 辆车)运行的加速度变化

时间,单位为 s;纵坐标轴为行驶中的等待时间,单位为 s。从图 7-34 中可看出,Node 0 行驶到 28 s 左右时开始等待,直到 39 s 左右时,车辆等待时间归 0,然后继续行驶,合理推测是 Node 0 在行驶到十字路口处时,为了与其他车辆协同通过十字路口而作了等待其他车辆先通过的避让。

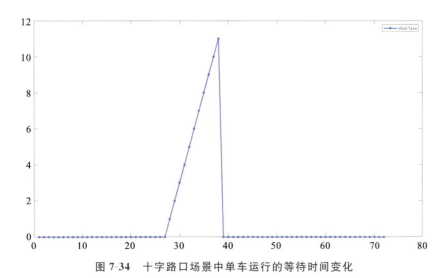

图 7-34 十字路口场景中单车运行的等待时间变化

图 7-35 中,蓝色线条代表车辆的碳排放量变化情况,其中:横坐标轴为时间,单位为 s;纵坐标轴为行驶中的碳排放量,单位为 kg。从图 7-35 中可看出,Node 0 在行驶过程中碳排放量在 1～7.5 kg 间变化,在车辆减速至停止期间(24～34 s),碳排放量在 1 kg 左右,基本不排放,而在紧随其后的加速时间里,碳排放量大大增加,达到了最大值 7.5 kg。

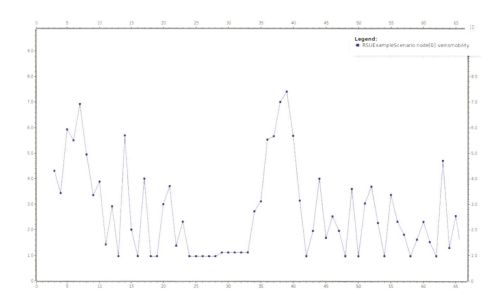

图 7-35　十字路口场景中单车运行的碳排放量变化

7.4.5.2　网络仿真实验

图 7-36 所示为 OMNeT＋＋网络仿真平台中云-边-端协同网络架构,包括发送端、接收端和云控制中心,其中云控制中心可以集中下层的数据信息并进行管理控制。

另外,根据云-边-端协同,所提出的车联网系统按照"云-边-端"分层次进行多级部署,其中,云服务器负责全局算法,实现任务分配;边缘服务器可以实现局部的路径规划,由于边缘服务器将网络业务面功能下沉到无线网络边缘,降低了端到端的传输响应时延。

图 7-37 所示为 OMNeT＋＋中十字路口场景的 RSU 配置图。

图 7-38 所示为 OMNeT＋＋中十字路口场景的车辆配置图。

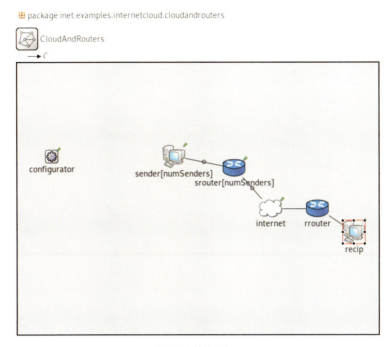

(a)局部结构示意图

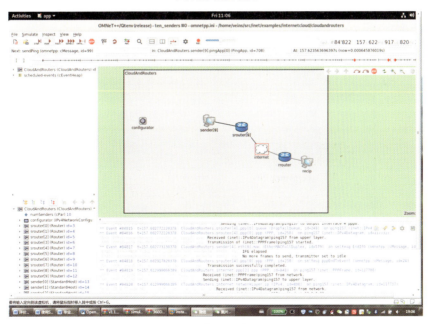

(b)整体运行示意图

图 7-36　OMNeT++网络仿真平台中云-边-端协同网络架构

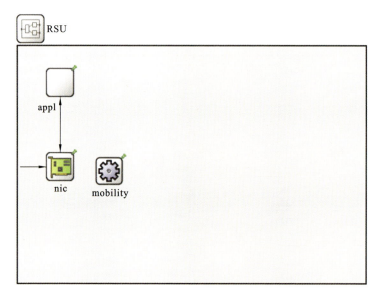

图 7-37　OMNeT++中十字路口场景的 RSU 配置图

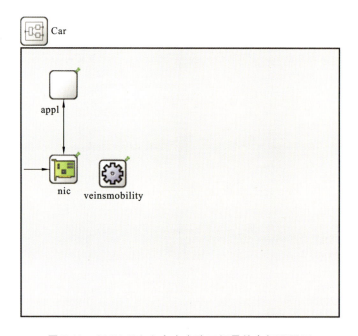

图 7-38　OMNeT++中十字路口场景的车辆配置图

表 7-7 为网络仿真过程中一些关键参数的设定。整个仿真过程时间为 500 s,最小时间单位为 0.1 s。仿真场景中,十字路口的四个方向共有 4 个入口和 4 个出口。车辆进入时初始速度为 0。每一辆车在进入道路后,按照已制定的路线行驶。

表 7-7 网络仿真的主要参数

主 要 参 数	取 值 范 围
网络仿真平台	OMNeT++
仿真范围	10000 m×10000 m
仿真时间	500 s
数据传输速率	uniform(100 kbps,1 Mbps)
时延	20 ms+truncnormal(200 ms,60 ms)
丢包率	uniform(0,1)

在通信仿真平台 OMNeT++ 中,我们将每一辆车定义为一个节点,它们分别具有独立的 ID。车辆从进入道路十字路口的区域后,每隔 0.1 s 将自身车辆信息以包的形式向边缘节点(网络接入点、接出点)广播。边缘节点接收到车辆信息后,向位于云端的云服务器汇总,云服务器经过处理和判断后再将车辆控制信息通过边缘节点发送至每一个单独的车辆。

然而,通信仿真平台中各个功能复杂,所以我们需要将多个简单模块组装成复合模块。同时,我们应用了点对点协议,它位于数据链路层,是一种用于等效单元之间传输数据包的简单链路层协议。点对点协议提供了传输多协议数据包的标准方法,通过连接多个网络节点以测试整体通信网络的功能。在通信的过程中,点对点协议之下连接的是以太网和串口等物理层;之上连接的是 TCP/IP 协议等网络层。数据发送过程中,TCP/IP 数据包经点对点协议打包后通过串口发送;数据接收过程中,来自串口的数据被点对点协议解压并报告给 TCP/IP 协议层。

图 7-39 所示为根据图 7-36 描述的云-边-端协同网络架构来配置的十字路口场景的网络通信情况,其中 PCO 节点包括发送端、网络接入点、网络接出点以及接收端四个部分,运行结束后的结果分别如表 7-8~表 7-11 所示。

在车联网系统仿真中,较为经典的网络仿真指标如下。

(1)网络容量(network capacity,NC)。网络容量是用来描述无线网络性

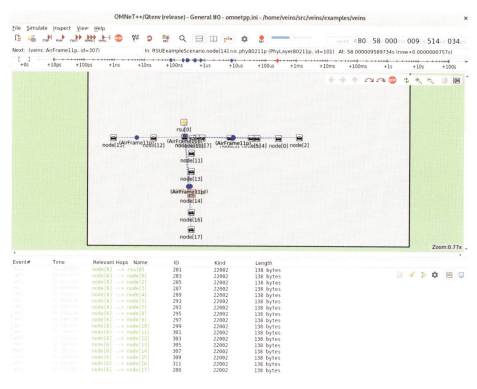

图 7-39 OMNeT++网络仿真平台下十字路口场景的网络通信

表 7-8 发送端的数据包情况

主 要 参 数	数 值
反馈到上层的数据包次数/次	486
反馈到上层的数据包平均字节/B	84.0
接收上层数据包的次数/次	486
接收上层的数据包平均字节/B	91.0
得到来自上层的数据包的次数/次	500
得到来自上层的数据包平均字节/B	84.0

表 7-9 网络接入点的数据包情况

主 要 参 数	数 值
接收上层数据包的次数/次	500
接收上层数据包平均字节/B	84.0
本层得到上层数据包的次数/次	486
本层得到的上层数据包平均字节/B	91.0
反馈到上层的数据包次数/次	486
反馈到上层的数据包平均字节/B	84.0

表 7-10 网络接出点的数据包情况

主 要 参 数	数 值
接收上层数据包的次数/次	490
接收上层的数据包平均字节/B	91.0
本层得到上层数据包的次数/次	490
本层得到的上层数据包平均字节/B	84.0
反馈到上层的数据包次数/次	490
反馈到上层的数据包平均字节/B	84.0

表 7-11 接收端的数据包情况

主 要 参 数	数 值
接收上层数据包的次数/次	490
接收上层的数据包平均字节/B	84.0
本层得到上层数据包的次数/次	490
本层得到的上层数据包平均字节/B	91.0
反馈到上层的数据包次数/次	490
反馈到上层的数据包平均字节/B	84.0

能的重要指标之一,理论上是指可以传输的数据数量。本实验定义的场景中网络容量范围为 100 kbps～1 Mbps,并服从一维均匀分布。

(2) 吞吐量(throughput,TH)。吞吐量是指单位时间内从源节点传输到目标节点的数据量,又可分为节点吞吐量和网络吞吐量。节点吞吐量是指在单位时间内目标节点接收到的数据包数量;而网络吞吐量是指在单位时间内网络中所有节点接收到的数据包数量总和。

发送端的吞吐量:486×91.0 B$=44226$ B;
网络接入点的吞吐量:500×84.0 B$=42000$ B;
网络接出点的吞吐量:490×91.0 B$=44590$ B;
接收端的吞吐量:490×84.0 B$=41160$ B。

由于本场景中采用的是点对点协议,因此,网络节点的吞吐量是发送端、网络接入点、网络接出点以及接收端的数据包之和,即

$$TH = 44226 \text{ B} + 42000 \text{ B} + 44590 \text{ B} + 41160 \text{ B} = 171976 \text{ B}$$

(3) 时延(delay,DE)。时延是数据包从源节点正确传输到目标节点所需

要的时间,其平均值即平均时延。在我们研究的车联网场景中,车辆的跟随速度较快,距离较小。因此,必须将车辆之间的通信时延压缩到一个非常低的范围内。在本场景中,发送端的时延均值为 220 ms,方差为 60。

(4) 数据包投递率(packet delivery ratio,PDR)。数据包投递率是指目标节点接收到的数据包数量与源节点发送的数据包数量的比值,主要反映了车联网系统的网络可靠性和通信状态,计算公式为

$$PDR = \frac{Pr}{Ps}$$

式中:Pr 为目标节点接收到的数据包数量;Ps 为源节点发送的数据包数量。

因此,发送端的 PDR 为 $\frac{486 \times 84.0}{500 \times 84.0} = 0.972$;

接收端的 PDR 为 $\frac{490 \times 84.0}{490 \times 91.0} = 0.923$。

(5) 可靠性。可靠性用来描述数据是否传输,以及预期数据传输成功的程度。通常情况下,应用对通信协议的可靠性的需求与低时延和高吞吐量的需求存在冲突,因此为满足所有或大多数应用的需求,需要不断调整协议。通过对仿真中故障数量的评估,可以估计出系统的可靠性,进而建立系统的可靠性指标。这种可靠性评估是基于数据包传送率的。数据包传送率为发送端发送的数据包与接收端得到的数据包的百分比,对于本场景,数据包传送率为

$$\frac{486 \times 84.0}{490 \times 91.0} \times 100\% = 91.55\%$$

7.5 小结

本章以解决工业园区的制造任务和运输任务的协同问题为背景,对 5G 工业园区智能物流系统进行了研究。在建立车联网系统框架的基础上,对智能运输和自主配置子部分进行设计,最终对系统进行仿真测试。

本章的主要内容可以总结为以下几个方面。

(1) 工业园区智能物流系统的总体设计,以及该系统的四个部分——感知及执行层、通信层、自主配置层、智能运输层在框架中的位置及其工作方式。

(2) 工业园区智能物流系统的智能运输层。智能运输层包含了工业园区的主要功能:环境地图构建、任务分配、路径规划以及车辆分步行驶。其中:环境地图构建使用了拓扑地图表示法中的加权优先邻接链表进行表示;任务分配方

案通过设计改进的紧凑遗传算法进行优化；路径规划问题建模成多车协同路径规划问题，然后在 A^* 算法的基础上发展出 $WHCA^*$ 算法来求解；车辆分步行驶以执行任务，直至到达配送的制造工厂。结合先进的云-边-端协同技术，明确这些重要功能在工业园区中的工作流程以及计算位置，使得它们能够相互协调、同步实现，最终取得组合优化方案。

（3）工业园区智能物流系统的重要组成部分——自主配置层，介绍了其配置和评价方法，即 ATC 方法。根据智能运输层的主要功能以及云-边-端协同框架，我们可以对整个工业园区车联网系统的运行进行自主配置，在运行过程中实现较快响应。另外，与传统 AIO 方法相比，ATC 方法更加适用于所研究的场景。

（4）工业园区智能物流系统仿真测试。笔者使用 SUMO 平台进行交通仿真，使用 OMNeT++ 平台进行网络仿真，同时使用 Veins 将二者进行耦合，实现通信网络和道路交通的相互配合。通过仿真十字路口的交通场景和云-边-端协同通信框架、RSU 网络框架，验证了在所研究场景中应用车联网系统的适用性。

随着 5G 技术的不断成熟，在工业园区内布置 5G 基站已逐渐成为可能，而我们设计的智能物流系统的响应速度以及通信质量未来也会有极大的提升。

参考文献

[1] 梅宏. 操作系统变迁的 20 年周期律与泛在计算[J]. 中国工业和信息化, 2021(1):54-57.

[2] 梅宏,曹东刚,谢涛. 泛在操作系统:面向人机物融合泛在计算的新蓝海[J]. 中国科学院院刊,2022,37(1):30-37.

[3] 工业互联网:打破智慧与机器的边界[J]. 中国经济报告,2015(8):70-73.

[4] 邹雅婷. 当"中国制造 2025"遇上德国"工业 4.0"[N/OL]. 人民日报,2016-06-15[2022-12-28]. http://www.gov.cn/xinwen/2016-06/15/content_5082309.htm.

[5] 臧冀原,刘宇飞,王柏村,等. 面向 2035 的智能制造技术预见和路线图研究[J]. 机械工程学报,2022,58(4):285-308.

[6] 余晓晖,刘默,蒋昕昊,等. 工业互联网体系架构 2.0[J]. 计算机集成制造系统,2019,25(12):2983-2996.

[7] 王柏村,易兵,刘振宇,等. HCPS 视角下智能制造的发展与研究[J]. 计算机集成制造系统,2021,27(10):2749-2761.

[8] 江泽民. 新时期我国信息技术产业的发展[J]. 上海交通大学学报,2008,42(10):1589-1607.

[9] 周佳军,姚锡凡,刘敏,等. 几种新兴智能制造模式研究评述[J]. 计算机集成制造系统,2017,23(3):624-639.

[10] 赵宏,黄洪钟. 支持计算机辅助概念设计的机械产品创新过程动态建模[J]. 机械工程学报,2006,42(10):190-196.

[11] 吴轩宇,洪兆溪,刘继红,等. 复杂定制产品智能化设计与验证协同模式[J]. 计算机集成制造系统,2022,28(9):2700-2717.

[12] 史彦军,韩俏梅,沈卫明,等. 智能制造场景的 5G 应用展望[J]. 中国机械工程,2020,31(2):227-236.

[13] 柴天佑,刘强,丁进良,等. 工业互联网驱动的流程工业智能优化制造新模

式研究展望[J]. 中国科学(技术科学),2022,52(1):14-25.

[14] 张卫,石涌江,唐任仲,等. 基于工业互联网的制造与服务融合技术[J]. 中国科学(技术科学),2022,52(1):104-122.

[15] 某钢铁企业工业互联网安全集成项目[J]. 自动化博览,2022,39(1):100-101.

[16] 任磊,贾子翟,赖李媛君,等. 数据驱动的工业智能:现状与展望[J]. 计算机集成制造系统,2022,28(7):1913-1939.

[17] 杨明亮,吴春明,沈丛麒,等. 基于IEEE 802.1的TSN交换机队列调度技术研究[J]. 电子学报,2022,50(9):2090-2095.

[18] 胡金有,王靖杰,朱志强,等. 冷链物联网监测数据质量评估与优化研究进展分析[J]. 农业机械学报,2019,50(8):1-14.

[19] 朱向,雷定猷. 带平衡约束三维装箱问题的双层混合遗传算法[J]. 交通运输系统工程与信息,2015,15(2):203-209.

[20] 张国伍. 路带经济中的综合交通运输发展——"交通7+1论坛"第三十六次会议纪实[J]. 交通运输系统工程与信息,2014,14(5):1-9,243.

[21] 李树广,赵彦峻,徐诚. 装备维修备件需求预测与决策方法研究[J]. 兵工学报,2011,32(7):901-905.

[22] 周亚勤,汪俊亮,吕志军,等. 密集仓储环境下多AGV/RGV调度方法研究[J]. 机械工程学报,2021,57(10):245-256.

[23] 高丽,徐克林,朱伟,等. 柔性生产中人员配置模型及其调度算法[J]. 哈尔滨工业大学学报,2012,44(5):144-148.

[24] 孙玉砚,杨红,刘卓华,等. 基于无线传感器网络的智能物流跟踪系统[J]. 计算机研究与发展,2011,48(z2):343-349.

[25] 徐泉,王良勇,刘长鑫. 工业云应用与技术综述[J]. 计算机集成制造系统,2018,24(8):1887-1901.

[26] YANG C,SHEN W M,WANG X B. The internet of things in manufacturing:key issues and potential applications[J]. IEEE Systems, Man, and Cybernetics Magazine,2018,4(1):6-15.

[27] 薛塬,臧冀原,孔德婧,等. 面向智能制造的产业模式演变与创新应用[J]. 机械工程学报,2022,58(18):303-318.

[28] YANG C, LAN S L, ZHAO A H,et al. Edge-cloud blockchain and IoE-enabled quality management platform for perishable supply chain logis-

tics[J]. IEEE Internet of Things Journal,2023,10(4):3264-3275.

[29] YANG C,WANG Y C,LAN S L,et al. Cloud-edge-device collaboration mechanisms of deep learning models for smart robots in mass personalization[J]. Robotics and Computer-Integrated Manufacturing:An International Journal of Manufacturing and Product and Process Development,2022,77:1-10.

[30] YANG C,LAN S L,WANG L H,et al. Big data driven edge-cloud collaboration architecture for cloud manufacturing:a software defined perspective[J]. IEEE Access,2020,8(1):45938-45950.

[31] YANG C,LAN S L,SHEN W M,et al. Software-defined cloud manufacturing with edge computing for industry 4.0[C]//Proceedings of 2020 International Wireless Communications and Mobile Computing Conference. New York:IEEE,2020.

[32] 姚锡凡,雷毅,葛动元,等. 驱动制造业从"互联网+"走向"人工智能+"的大数据之道[J]. 中国机械工程,2019,2(30):134-142.

[33] 屈挺,张凯,闫勉,等. 物联网环境下面向高动态性生产系统优态运行的联动决策与控制方法[J]. 机械工程学报,2018,54(16):24-33.

[34] PETHIG F,NIGGEMANN O,WALTER A. Towards industrie 4.0 compliant configuration of condition monitoring services[C]// Proceedings of 2017 IEEE 15th International Conference on Industrial Informatics(INDIN). New York:IEEE,2017.

[35] 张映锋,郭振刚,钱成,等. 基于过程感知的底层制造资源智能化建模及其自适应协同优化方法研究[J]. 机械工程学报,2018,54(16):1-10.

[36] IIC. The industrial internet of things. Volume G1:reference architecture [R/OL]. [2022-12-28]. https//www.iiconsortium.org/pdf/IIRA-v1.9.pdf.

[37] 周济. 智能制造——"中国制造2025"的主攻方向[J]. 中国机械工程,2015,26(17):2273-2284.

[38] 陶飞,戚庆林. 面向服务的智能制造[J]. 机械工程学报,2018,54(16):11-23.

[39] LI J Q,YU R,DENG G,et al. Industrial internet:a survey on the enabling technologies,applications,and challenges[J]. IEEE Communications Surveys and Tutorials,2017,19(3):1504-1526.

参考文献

[40] LEE J,BAGHERI B,KAO H. A cyber-physical systems architecture for industry 4. 0-based manufacturing systems[J]. Manufacturing Letters,2015,3:18-23.

[41] CHEN W H,YAGUCHI Y,NARUSE K,et al. A study of robotic cooperation in cloud robotics:architecture and challenges[J]. IEEE Access,2018,6:36662-36682.

[42] 黄强,李宁. 5G 边缘计算演进[J]. 邮电设计技术,2018(11):68-73.

[43] KELTSCH M,PROKESCH S,GORDO O P,et al. Remote production and mobile contribution over 5G networks:scenarios,requirements and approaches for broadcast quality media streaming[C]//Proceedings of 2018 IEEE International Symposium on Broadband Multimedia Systems and Broadcasting. New York:IEEE,2018.

[44] CHALLA R,JEON S,RAZA S M,et al. SuperFlex:network slicing based super flexible 5G architecture[C/OL]. [2022-12-28]. https://dl.acm.org/doi/10. 1145/3164541. 3175683.

[45] WANG H C,CHEN S Z,AI M,et al. Mobility driven network slicing:an enabler of on demand mobility management for 5G[J]. Journal of China Universities of Posts and Telecommunications,2017,24(4):16-26.

[46] WALIA J S,HÄMMÄINEN H,KILKKI K,et al. 5G network slicing strategies for a smart factory[J]. Computers in Industry,2019,111:108-120.

[47] ORDONEZ-LUCENA J,AMEIGEIRAS P,LOPEZ D,et al. Network slicing for 5G with SDN/NFV:concepts,architectures,and challenges[J]. IEEE Communications Magazine,2017,55(5):80-87.

[48] SCHNEIDER S,PEUSTER M,BEHNKE D,et al. Putting 5G into production:realizing a smart manufacturing vertical scenario[C]//Proceedings of 2019 European Conference on Networks and Communications. New York:IEEE,2019.

[49] DOPPLER K,RINNE M,WIJTING C,et al. Device-to-device communication as an underlay to LTE-advanced networks[J]. IEEE Communications Magazine,2009,47(12):42-49.

[50] BOTSOV M,KLÜGEL M,KELLERER W,et al. Location dependent re-

source allocation for mobile device-to-device communications[C]//Proceedings of 2014 IEEE Wireless Communications and Networking Conference. New York:IEEE,2014.

[51] LIEN S,CHIEN C,LIU G S,et al. Enhanced LTE device-to-device proximity services[J]. IEEE Communications Magazine,2016,54(12):174-182.

[52] SINGH D,GHOSH S C. Mobility-aware relay selection in 5G D2D communication using stochastic model[J]. IEEE Transactions on Vehicular Technology,2019,68(3):2837-2849.

[53] A working party of ZVEI. 5G for connected industries and automation (white paper-second edition)[R/OL].[2022-12-28]. https://www.zvei.org/fileadmin/user_upload/Presse_und_Medien/Publikationen/2019/Maerz/5G_for_Connected_Industries_and_Automation/WP_5G_for_Connected_Industries_and_Automation_Download_19.03.19.pdf.

[54] MUNZ H A,ANSARI J. An empirical study on using D2D relaying in 5G for factory automation[C]// Proceedings of 2018 IEEE Wireless Communication and Networking Conference Workshops. New York:IEEE, 2018.

[55] CARDARELLI E,DIGANI V,SABATTINI L,et al. Cooperative cloud robotics architecture for the coordination of multi-AGV systems in industrial warehouses[J]. Mechatronics,2017,45:1-13.

[56] 中国信息通信研究院,工业互联网产业联盟. 离散制造业边缘计算解决方案白皮书[R/OL].[2022-12-28]. https://wap.miit.gov.cn/cms_files/filemanager/oldfile/miit/n973401/n5993937/n5993968/c7887097/part/7887102.pdf.

[57] 苏小进. 机械加工车间设备布局建模与算法研究[D]. 上海:上海交通大学,2009.

[58] 齐继阳,竺长安,曾议. 遗传算法在设备布局设计中的应用[J]. 中国设备工程,2005(10):4-6.

[59] 郑晓军. 生产车间设施布局优化方法研究[D]. 大连:大连理工大学,2010.

[60] 竺长安,齐继阳,曾议. 基于遗传禁忌混合搜索算法的设备布局研究[J]. 系统工程与电子技术,2006,28(4):630-632,636.

参考文献

[61] 李火生,李志华,钟毅芳,等.生产车间设备布局线性模型及算法研究[J].计算机工程与应用,2002,38(11):221-224,236.

[62] 赵保华.基于遗传算法的设备布局设计及软件开发[D].武汉:武汉理工大学,2012.

[63] 曹战.基于遗传算法的车间设备布局问题研究[D].大连:大连交通大学,2007.

[64] KIM C W,TANCHOCO J M A. Bidirectional automated guided vehicle systems (AGVs)[M]//TANCHOCO J M A. Material flow systems in manufacturing. Berlin:Springer,1994:239-272.

[65] GONZÁLEZ D,ROMERO L,ESPINOSA M D M,et al. An optimization design proposal of automated guided vehicles for mixed type transportation in hospital environments[J/OL]. [2022-12-28]. https://journals.plos.org/plosone/article/file? id=10.1371/journal.pone.0177944&type=printable.

[66] 陆琳.不确定信息车辆路径问题及其算法研究[D].南京:南京航空航天大学,2007.

[67] PILLAC V,GENDREAU M,GUÉRET C,et al. A review of dynamic vehicle routing problems[J]. European Journal of Operational Research,2013,225(1):1-11.

[68] 王征,胡祥培,王旭坪.带二维装箱约束的物流配送车辆路径问题[J].系统工程理论与实践,2011,31(12):2328-2341.

[69] JUAN A A,FAULIN J,JORBA J,et al. On the use of Monte Carlo simulation,cache and splitting techniques to improve the Clarke and Wright savings heuristics[J]. Journal of the Operational Research Society,2011,62(6):1085-1097.

[70] LEUNG S C H,ZHANG Z Z,ZHANG D F,et al. A meta-heuristic algorithm for heterogeneous fleet vehicle routing problems with two-dimensional loading constraints[J]. European Journal of Operational Research,2013,225(2):199-210.

[71] TANCHOCOF J,SINRIECH D. OSL—optimal single-loop guide paths for AGVs[J]. International Journal of Production Research,1992,30(3):665-681.

[72] SINRIECH D,TANCHOCO J M A. An introduction to the segmented flow approach for discrete material flow systems[J]. International Journal of Production Research,1995,33(12):3381-3410.

[73] 朱国军,王修齐,孙军. 工业互联网平台企业成长演化机理——交互赋能视域下双案例研究[J]. 科技进步与对策,2020,37(24):108-115.

[74] ASEF-VAZIRI A,LAPORTE G. Loop based facility planning and material handling[J]. European Journal of Operational Research,2005,164(1):1-11.

[75] REZAPOUR S,ZANJIRANI-FARAHANI R,MIANDOABCHI E. A machine-to-loop assignment and layout design methodology for tandem AGV systems with single-load vehicles[J]. International Journal of Production Research,2011,49(12):3605-3633.

[76] SOBIESZCZANSKI-SOBIESKI J. Sensitivity of complex,internally coupled systems[J]. AIAA Journal,1990,28(1):153-160.

[77] ALBA E,TROYA J M. A survey of parallel distributed genetic algorithms[J]. Complexity,1999,4(4):31-52.

[78] ALBA E,TOMASSINI M. Parallelism and evolutionary algorithms[J]. IEEE Transactions on Evolutionary Computation,2002,6(5):443-462.

[79] ROSIN C D,BELEW R K. New methods for competitive coevolution[J]. Evolutionary Computation,1997,5(1):1-29.

[80] 韩毅,蔡建湖,李延来,等. 野草算法及其研究进展[J]. 计算机科学,2011,38(3):20-23.

[81] 潘洁. 加快构建现代物流体系 促进经济高质量发展——国家发展改革委新闻发布会聚焦《"十四五"现代物流发展规划》[N/OL]. 新华社,2022-12-30[2022-12-30]. http://www.gov.cn/xinwen/2022-12/30/content_5734164.htm.

[82] 赵西三. 数字经济驱动中国制造转型升级研究[J]. 中州学刊,2017(12):36-41.

[83] 唐隆基,潘永刚,张婷. 工业互联网赋能供应链数字化转型研究[J]. 供应链管理,2020,1(7):53-77.

[84] 刘海军,李晴. 新基建加速制造业转型升级[J]. 当代经济管理,2020,42(9):26-31.

[85] ULUSOY G,SIVRIKAYA-SERIFOĞLU F,BILGE Ü. A genetic algorithm approach to the simultaneous scheduling of machines and automated guided vehicles[J]. Computers & Operations Research,1997,24(4):335-351.

[86] 梁爽. 柔性制造系统实验平台的设计与控制[D]. 广州:华南理工大学,2010.

[87] EGBELU P J,TANCHOCO J M A. Characterization of automatic guided vehicle dispatching rules[J]. International Journal of Production Research,1984,22(3):359-374.

[88] MEERSMANS P J M. Optimization of container handling systems[J]. Public Performance & Management Review,2002,7(2):35-40.

[89] CONFESSORE G,FABIANO M,LIOTTA G. A network flow based heuristic approach for optimising AGV movements[J]. Journal of Intelligent Manufacturing,2013,24(2):405-419.

[90] NISHI T,MORINAKA S,KONISHI M. A distributed routing method for AGVs under motion delay disturbance[J]. Robotics and Computer-Integrated Manufacturing,2007,23(5):517-532.

[91] WU L H,MOK P Y,ZHANG J. An adaptive multi-parameter based dispatching strategy for single-loop interbay material handling systems[J]. Computers in Industry,2011,62(2):175-186.

[92] 徐立云,陈延豪,高翔宇,等. 混流柔性加工单元自动导引小车的调度优化[J]. 同济大学学报(自然科学版),2017,45(12):1839-1846.

[93] 唐敦兵,陆晓春,郑堃. 基于神经-内分泌协调机制的多AGV调度研究[J]. 机械制造与自动化,2015,44(4):112-115.

[94] 杜亚江,郑向东,亢丽君. 基于遗传禁忌搜索算法的AGV物料输送调度问题研究[J]. 物流科技,2013,36(7):1-4.

[95] 金芳,方凯,王京林. 基于排队论的AGV调度研究[J]. 仪器仪表学报,2004(z1):844-846.

[96] 肖海宁,楼佩煌,严伟国,等. 柔性作业车间中机床与自动导引车在线调度方法[J]. 农业机械学报,2013,44(4):280-286.

[97] 秦芙蓉,罗朝晖,董鹏. 基于GTSP问题的舰艇编队海上补给规划[J]. 兵工自动化,2018,37(10):28-31.

[98] HARTMANN S,KOLISCH R. Experimental evaluation of state-of-the-art heuristics for the resource-constrained project scheduling problem [J]. European Journal of Operational Research,2000,127(2):394-407.

[99] ARTIGUES C,MICHELON P,REUSSER S. Insertion techniques for static and dynamic resource-constrained project scheduling[J]. European Journal of Operational Research,2003,149(2):249-267.

[100] GONZALEZ-PARDO A,DEL SER J,CAMACHO D. Comparative study of pheromone control heuristics in ACO algorithms for solving RCPSP problems[J]. Applied Soft Computing,2017,60:241-255.

[101] 徐进,费少梅,张树有,等. 自适应粒子群求解资源动态分配项目调度问题[J]. 计算机集成制造系统,2011,17(8):1790-1797.

[102] 邓林义. 资源受限的项目调度问题及其应用研究[D]. 大连:大连理工大学,2008.

[103] 王巍,赵国杰. 粒子群优化在资源受限工程调度问题中的应用[J]. 哈尔滨工业大学学报,2007,39(4):669-672.

[104] 张松. 资源受限项目调度若干问题研究[D]. 安徽:中国科学技术大学,2014.

[105] WAUTERS T,KINABLE J,SMET P,et al. The multi-mode resource-constrained multi-project scheduling problem[J]. Journal of Scheduling,2016,19(3):271-283.

[106] LIU S X,CHEN D,WANG Y F. Memetic algorithm for multi-mode resource-constrained project scheduling problems[J]. Journal of Systems Engineering and Electronics,2014,25(4):609-617.

[107] 侯强,刘志霞,秦毅. 基于遗传算法的多模式资源受限项目调度问题[J]. 辽宁工程技术大学学报(社会科学版),2012,14(2):152-155.

[108] 贾艳. 资源受限项目调度问题的仿真优化方法及其应用研究[D]. 武汉:华中科技大学,2012.

[109] 程晓梅. 基于微粒群算法的多模式资源受限项目调度优化问题研究[D]. 合肥:合肥工业大学,2007.

[110] DAMAK N,JARBOUI B,SIARRY P,et al. Differential evolution for solving multi-mode resource-constrained project scheduling problems [J]. Computers & Operations Research,2009,36(9):2653-2659.

[111] 喻瑛.多模式资源受限项目调度问题的混合遗传算法[J].东南大学学报（自然科学版），2008，38(4)：736-740.

[112] 梁晓辉，黄骁，张骥，等.工业网络新技术研究与趋势展望[J].通信与信息技术，2022(S2)：43-47.

[113] 赖李媛君，张霖，任磊，等.工业互联网智能调度建模与方法研究综述[J].计算机集成制造系统，2022，28(7)：1966-1980.

[114] ZHANG H，TAM C M，LI H. Multimode project scheduling based on particle swarm optimization[J]. Computer-Aided Civil and Infrastructure Engineering，2006，21(2)：93-103.

[115] MOON G，KIM G P. Effects of relocation to AS/RS storage location policy with production quantity variation[J]. Computers & Industrial Engineering，2001，40(1-2)：1-13.

[116] XIAO J，ZHENG L. A correlated storage location assignment problem in a single-block-multi-aisles warehouse considering BOM information[J]. International Journal of Production Research，2010，48(5)：1321-1338.

[117] LARSON T N，MARCH H，KUSIAK A. A heuristic approach to warehouse layout with class-based storage[J]. IIE Transactions，1997，29(4)：337-348.

[118] FONTANA M E，NEPOMUCENO V S. Multi-criteria approach for products classification and their storage location assignment[J]. The International Journal of Advanced Manufacturing Technology，2017，88(9-12)：3205-3216.

[119] 韩彩云.基于遗传算法的自动化立体仓库的货位优化研究[D].太原：太原科技大学，2009.

[120] 李明琨，张杨平.基于COI与作业负荷平衡的多巷道仓库储位分配策略[J].工业工程，2015，18(1)：37-41.

[121] 朱铖程，吴兆东，张建东.基于关联规则与聚类分析的储位分配问题研究[J].物流技术，2019，38(7)：96-103.

[122] 孙春玲，陈智斌，李建平.装箱问题的一种新的近似算法[J].云南大学学报（自然科学版），2004，26(5)：392-396.

[123] 于洪霞，张绍武，张立卫.二维装箱问题非线性规划模型和算法[J].大连理工大学学报，2008，48(2)：308-312.

[124] BORTFELDT A,MACK D. A heuristic for the three-dimensional strip packing problem[J]. European Journal of Operational Research,2007,183(3):1267-1279.

[125] MARTELLO S,PISINGER D,VIGO D. The three-dimensional bin packing problem[J]. Operations Research,2000,48(2):256-267.

[126] 张德富,彭煜,朱文兴,等. 求解三维装箱问题的混合模拟退火算法[J]. 计算机学报,2009,32(11):2147-2156.

[127] 周方圆,李珍萍. 基于"货到人"拣选模式的储位分配模型与算法[J]. 物流技术,2015,34(9):242-246.

[128] 周佳慧. 大数据驱动下移动货架的货位优化研究[J]. 商业经济,2019(8):118-119.

[129] 李珍萍,李文玉. 网上书店智能仓库系统储位优化研究[J]. 物流技术,2014,33(12):340-342.

[130] 袁瑞萍,王慧玲,李俊韬,等. 基于移动机器人的订单拣选系统货位优化模型和算法研究[J]. 系统科学与数学,2020,40(6):1050-1060.

[131] XIANG X,LIU C C,MIAO L X. Storage assignment and order batching problem in Kiva mobile fulfilment system[J]. Engineering Optimization,2018,50(11):1941-1962.

[132] 刘凯,彭玲玲. 基于智能仓储拣选系统的订单分批问题研究[J]. 中国储运,2019(8):147-148.

[133] 冯爱兰,杨腾,孔继利. 移动机器人履行系统的订单处理研究[J]. 计算机工程与应用,2020,56(20):243-250.

[134] 李珍萍,田宇璇,卜晓奇,等. 无人仓系统订单分批问题及 K-max 聚类算法[J]. 计算机集成制造系统,2021,27(5):1506-1517.

[135] VALLE C A,BEASLEY J E. Order allocation,rack allocation and rack sequencing for pickers in a mobile rack environment[J]. Computers & Operations Research,2021,125:1-26.

[136] FREGO M,BEVILACQUA P,DIVAN S,et al. Minimum time-minimum jerk optimal traffic management for AGVs[J]. IEEE Robotics and Automation Letters,2020,5(4):5307-5314.

[137] NISHI T,AKIYAMA S,HIGASHI T,et al. Cell-based local search heuristics for guide path design of automated guided vehicle systems

with dynamic multicommodity flow[J]. IEEE Transactions on Automation Science and Engineering,2020,17(2):966-980.

[138] XING L N,LIU Y Y,LI H Y,et al. A novel tabu search algorithm for multi-AGV routing problem[J/OL].［2022-12-28］.https://doi.org/10.3390/math8020279.

[139] 蔺一帅,李青山,陆鹏浩,等. 智能仓储货位规划与AGV路径规划协同优化算法[J]. 软件学报,2020,31(9):2770-2784.

[140] 赵雨亭,叶峰,赖乙宗,等. 面向智能仓储系统的多AGV运行策略优化[J]. 自动化与仪表,2017,32(11):67-71.

[141] 于赫年,白桦,李超. 仓储式多AGV系统的路径规划研究及仿真[J]. 计算机工程与应用,2020,56(2):233-241.

[142] 焦福明. 自动化仓储系统AGV调度研究与实现[D]. 济南:山东大学,2013.

[143] CHANG H C,CHEN Y P,LIU T K,et al. Solving the flexible job shop scheduling problem with makespan optimization by using a hybrid Taguchi-genetic algorithm[J]. IEEE Access,2015,3:1740-1754.

[144] LI J,MENG X H,DAI X. Collision-free scheduling of multi-bridge machining systems:a colored traveling salesman problem-based approach [J]. IEEE/CAA Journal of Automatica Sinica,2018,5(1):139-147.

[145] MIYAMOTO T,INOUE K. Local and random searches for dispatch and conflict-free routing problem of capacitated AGV systems[J]. Computers & Industrial Engineering,2016,91:1-9.

[146] NOVAS J M,HENNING G P. Integrated scheduling of resource-constrained flexible manufacturing systems using constraint programming [J]. Expert Systems with Applications,2014,41(5):2286-2299.

[147] DIGANI V,HSIEH M A,SABATTINI L,et al. Coordination of multiple AGVs:a quadratic optimization method[J]. Autonomous Robots,2019,43(3):539-555.

[148] FAZLOLLAHTABAR H,HASSANLI S. Hybrid cost and time path planning for multiple autonomous guided vehicles[J]. Applied Intelligence,2018,48(2):482-498.

[149] ZHAO Y L,LIU X P,WANG G,et al. Dynamic resource reservation

based collision and deadlock prevention for multi-AGVs[J]. IEEE Access,2020,8:82120-82130.

[150] YOSHITAKE H,KAMOSHIDA R,NAGASHIMA Y. New automated guided vehicle system using real-time holonic scheduling for warehouse picking[J]. IEEE Robotics and Automation Letters,2019,4(2):1045-1052.

[151] CORRÉA A I,LANGEVIN A,ROUSSEAU L M. Scheduling and routing of automated guided vehicles: a hybrid approach[J]. Computers & Operations Research,2007,34(6):1688-1707.

[152] EL KHAYAT G,LANGEVIN A,RIOPEL D. Integrated production and material handling scheduling using mathematical programming and constraint programming[J]. European Journal of Operational Research,2006,175(3):1818-1832.

[153] KUMAR P M,DEVI U G,MANOGARAN G,et al. Ant colony optimization algorithm with internet of vehicles for intelligent traffic control system[J]. Computer Networks,2018,144:154-162.

[154] TOLBA A. Content accessibility preference approach for improving service optimality in internet of vehicles[J]. Computer Networks,2019,152:78-86.

[155] LI F,CHEN W,SHUI Y S,et al. Connectivity probability analysis of VANETs at different traffic densities using measured data at 5.9 GHz[J]. Physical Communication,2019,35:100709.1-100709.11.

[156] 郄广,张岩. 智能车与网联技术分析[J]. 移动通信,2020,44(1):80-85.

[157] VUKADINOVIC V,BAKOWSKI K,MARSCH P,et al. 3GPP C-V2X and IEEE 802.11p for vehicle-to-vehicle communications in highway platooning scenarios[J]. Ad Hoc Networks,2018,74:17-29.

[158] 崔硕,姜洪亮,戎辉,等. 关于C-V2X的标准组成及研究现状分析[J]. 汽车电器,2018(9):47-48,52.

[159] 赵鹏超,胡鑫,苑寿同,等. 浅谈我国车联网先导区建设思路[J]. 时代汽车,2020(1):107-110.

[160] 曲殿阁. Veins-HLA车联网仿真平台开发及性能测试[D]. 大连:大连理工大学,2015.

[161] 周斌. 基于车联网仿真平台的城市交通信号控制[D]. 杭州:浙江大

学,2016.

[162] CASAS P,SCHATZ R. Quality of experience in cloud services:survey and measurements[J]. Computer Networks,2014,68:149-165.

[163] FENG J Q,LI F P,XU C,et al. Data-driven analysis for RFID-enabled smart factory:a case study[J]. IEEE Transactions on systems,Man,and Cybernetics-Systems,2020,50(1):81-88.

[164] JARARWEH Y,TAWALBEH L,ABABNEH F,et al. Scalable cloudlet-based mobile computing model[J]. Procedia Computer Science,2014,34:434-441.

[165] SATYANARAYANAN M. The emergence of edge computing[J]. Computer,2017,50(1):30-39.

[166] MAO Y Y,YOU C S,ZHANG J,et al. A survey on mobile edge computing:the communication perspective[J]. IEEE Communications Surveys and Tutorials,2017,19(4):2322-2358.

[167] HA K,CHEN Z,HU W L,et al. Towards wearable cognitive assistance [C/OL]. [2022-12-28]. https://www.pdl.cmu.edu/PDL-FTP/CloudComputing/ha-mobisys2014.pdf.

[168] LI Q, QI Z Q, LIN W W,et al. Smart energy station terminal 5G adaptation strategy based on genetic-algorithm task offloading method[C]// 2021 IEEE 21st International Conference on Communication Technology (ICCT). New York:IEEE, 2021:559-564.

[169] 徐开放. 基于D* Lite算法的移动机器人路径规划研究[D]. 哈尔滨:哈尔滨工业大学,2017.

[170] 朱庆保,张玉兰. 基于栅格法的机器人路径规划蚁群算法[J]. 机器人,2005,27(2):132-136.

[171] 李天成,孙树栋,高扬. 基于扇形栅格地图的移动机器人全局路径规划[J]. 机器人,2010,32(4):547-552.

[172] DRAGANJAC I,MIKLIĆ D,KOVAČIĆ Z,et al. Decentralized control of multi-AGV systems in autonomous warehousing applications[J]. IEEE Transactions on Automation Science and Engineering,2016,13 (4):1433-1447.

[173] 闫飞,庄严,白明,等. 基于拓扑高程模型的室外三维环境建模与路径规

划[J]. 自动化学报,2010,36(11):1493-1501.

[174] 王柯飞. 制造车间无人搬运系统调度方法研究[D]. 大连:大连理工大学,2018.

[175] TALGORN B,KOKKOLARAS M. Compact implementation of non-hierarchical analytical target cascading for coordinating distributed multidisciplinary design optimization problems[J]. Structural and Multidisciplinary Optimization,2017,56(6):1597-1602.

[176] TALGORN B,KOKKOLARAS M,DEBLOIS A,et al. Numerical investigation of non-hierarchical coordination for distributed multidisciplinary design optimization with fixed computational budget[J]. Structural and Multidisciplinary Optimization,2017,55(1):205-220.

[177] JUNG Y,KANG N,LEE I. Modified augmented lagrangian coordination and alternating direction method of multipliers with parallelization in non-hierarchical analytical target cascading[J]. Structural and Multidisciplinary Optimization,2018,58(2):555-573.

[178] GHOSH S,MAVRIS D N. A methodology for probabilistic analysis of distributed multidisciplinary architecture(PADMA)[C]//Proceedings of 17th AIAA/ISSMO Multidisciplinary Analysis and Optimization Conference,2016.

[179] GUARNERI P,LEVERENZ J T,WIECEK M M,et al. Optimization of nonhierarchically decomposed problems[J]. Journal of Computational and Applied Mathematics,2013,246:312-319.

[180] 周国志. 面向信号交叉口的微观交通仿真系统开发[D]. 北京:北京交通大学,2019.

[181] 张俊. 基于OMNeT++的无线传感器网络仿真平台的设计与实现[D]. 南京:南京邮电大学,2016.